Ernst Köhler

Die Geschichte der Oberlausitz vom Jahre 1815 bis zur Gegenwart

Ernst Köhler

Die Geschichte der Oberlausitz vom Jahre 1815 bis zur Gegenwart

ISBN/EAN: 9783337756888

Hergestellt in Europa, USA, Kanada, Australien, Japan

Cover: Foto ©ninafisch / pixelio.de

Weitere Bücher finden Sie auf **www.hansebooks.com**

Die

Geschichte der Oberlausitz

vom

Jahre 1815 bis zur Gegenwart,

bearbeitet

von

Dr. Joh. August Ernst Köhler.

Görlitz.
H. Wollmann's Verlag
(G. Köhler's Buchhandlung.)

Der,

das wissenschaftliche Leben in der Oberlausitz pflegenden

und

besonders um die Geschichtsschreibung der
Provinz hochverdienten

oberlausitzischen Gesellschaft der Wissenschaften

zu

Görlitz

als ein Zeichen der Hochachtung und treuen Theilnahme

gewidmet von ihrem

correspondirenden Mitgliede.

Vorwort.

Beim Erscheinen der zweiten Auflage meiner Geschichte der Oberlausitz bis zum Jahre 1815 sprach der neue Verleger, Herr Buchhändler H. Wollmann in Görlitz, den Wunsch aus, auch die jüngste Geschichte der Provinz bearbeitet zu sehen, und dieser Wunsch wurde von einer Persönlichkeit gut geheißen, die neben der oberlauf. Gesellschaft der Wissenschaften und den Herren Ständen des Markgrafenthums preußischen Antheils noch besonderen Anspruch auf meine Dankbarkeit hat. Als auf Veranlassung oben genannter Gesellschaft und unterstützt von den Herren Ständen meine Geschichte der Provinz bis zum Jahre 1815 erschien und eine zweite Auflage nöthig wurde, da erbot sich der edle Herr Oekonomierath J. F. Neu in Görlitz zum Ankauf so vieler Exemplare dieser Schrift, daß jede Schule innerhalb der preußischen Oberlausitz eins davon als Geschenk für ihre Bibliothek erhalten konnte. Durfte ich demnach zögern, wenn Herr Oekonomierath Neu den Wunsch des Buchhändlers in Bezug einer Geschichte der Gegenwart auch zu dem seinigen machte und noch andere Männer es für angemessen erachteten, daß ich noch einmal die Feder ergreifen solle, um auch die Entwickelung der oberlausitzer Verhältnisse im Verlaufe der letzten 50 Jahre niederzuschreiben? Ich gestehe, daß ich dennoch nur mit Zagen an diese Arbeit ging, weil ich mir nicht die Schwierigkeiten und Bedenken verhehlen konnte, welche sich bei dem Beginnen, über die Gegenwart, in der wir selbst noch stehen, zu schreiben, von allen Seiten aufdrängen mußten. Doch es ist geschehen, und ich durfte bei dem nur kurzen Zeitraume, welcher in Betracht kommt, auch eingehender verfahren, als es bei der Geschichte der Provinz bis zum Jahre 1815 geschehen ist; es konnten Einzelheiten berührt werden, die natürlich da, wo das Gebiet ein größeres wird, unberücksichtigt bleiben müssen. Trotzdem wird vielleicht Der und Jener manche Thatsachen auf dem gewerblichen und landwirthschaftlichen, manche Erscheinungen auf dem literarischen Gebiete nicht erwähnt finden; diese, sowie andere Lücken, wenn sie vorhanden sein sollten, sind bei dem gewaltigen Reichthum des Materials und bei der theilweise ins Vergessen gekommenen ephemerischen Tagesliteratur, die nicht immer aufzutreiben war, leicht verzeihlich. Benutzt habe ich außer dem N. lausitz. Magazin eine große Zahl von Chroniken, z. B. die Arbeiten

Pescheck's, Th. Richters, Knothes, Korschelts, Böhlands, Holschers und Anderer, ferner Gretschel und Bülau, Geschichte des sächsischen Volkes und Staates, 3. B. (1863), Schumann und Schiffner, Lexikon von Sachsen, die Kirchengallerie der sächsischen Oberlausitz, Mischke, das Markgrafthum Oberlausitz, kgl. preuß. Antheils (1861), und sodann, was insbesondere die industriellen Verhältnisse anlangt, die Berichte der Handels- und Gewerbekammer in Zittau, sowie von Ohneforge, Darstellung der statistischen Verhältnisse des rothenburger Kreises (1842) und von Seydewitz, Statistische Nachrichten über den görlitzer Kreis (1863). Manches Material boten mir auch die Bemerkungen zu H. Langes Atlas von Sachsen, Einzelnes fand ich in dem Exposé über das Seminarwesen im Königreich Sachsen (als Manuscript gedruckt 1867), in Lenners Geschichte des landständischen Lehrerseminars in Budissin (1867), ferner in einzelnen Schulprogrammen und verschiedenen Tageblättern. Leider war der Druck schon so weit vorgeschritten, daß mehrere Bemerkungen nur in einem Nachtrage gegeben werden konnten und ich bitte deshalb die geehrten Leser zu den Seiten 37. 39. 47. 48. 49. 56. 60. 62. 67. 74. 94. 95. 96. u. 99. das Nöthige am Schlusse nachzulesen.

Möge mein Buch den Wünschen Vieler entgegenkommen und ihre Herzen noch inniger an die Heimath fesseln! Manchen, welche die Schrift zur Hand nehmen oder auch nur ihren Titel in den Anzeigeblättern lesen, dürfte es vielleicht bedenklich erscheinen, in einer Zeit, da so viele Schranken gefallen sind und manche alte Grenze verwischt wurde, noch an der Oberlausitz als einem abgeschlossenen Gebiete festzuhalten und ihre Geschichte bis zur Gegenwart fortzuführen; „das heißt den Partikularismus bis auf das Aeußerste vertreten!" ruft dann wohl eine Stimme aus. Aber, frage ich, läßt sich nicht Liebe zur engeren Heimath neben der zum großen deutschen Vaterlande denken? Ist der ein lauer Angehöriger des großen Gesammtstaates, der nicht vergessen kann, daß seine Väter einst durch Kampf und Ausdauer manche Rechte sich erwarben, die Andern versagt blieben? Jedenfalls ist es gerathen, die Geschichte einer Provinz, welche sich bis in die neueste Zeit verschiedene Eigenthümlichkeiten zu erhalten wußte, auch abgesondert von der allgemeinen Landesgeschichte zu behandeln, und es ist dies umsomehr gerathen, als in der Provinz viele Kräfte und Veranstaltungen vorhanden gewesen sind oder noch zu Recht bestehen, durch welche sie vor vielen anderen gleich großen oder noch größeren Landestheilen vortheilhaft ausgezeichnet ist.

Reichenbach im Voigtlande, den 18. März 1868.

I.

Landeshoheit und Regierung.

Die im wiener Frieden am 18. Mai 1815 festgesetzte Theilung des Königreichs Sachsen traf auch die Oberlausitz. Friedrich August III., als König der Erste dieses Namens, unterzeichnete am 21. Mai nach erfolgloser Protestation die Urkunde, durch welche er einen großen Theil seiner Länder mit beinahe einer Million Bewohner abtrat. Und zwar wurde in derselben für unser Markgrafthum die Grenze zwischen dem Sachsen verbleibenden und dem preußischen Theile also festgesetzt: „Die Linie wird anheben von der böhmischen Grenze bei Wiese, in der Gegend von Seidenberg, indem sie daselbst dem Flußbette des Baches Wittich bis zu seinem Einflusse in die Neiße folgt. Von der Neiße wird sie sich an den eigenschen Kreis wenden, indem sie zwischen Tauchritz, das an Preußen kommt, und Bertsdorf, das Sachsen behält, durchgeht; sodann wird sie der nördlichen Grenze des eigenschen Kreises folgen bis zu dem Winkel zwischen Paulsdorf und Oberfohland; von da wird sie weiter gehen bis zur Grenze, welche den görlitzer Kreis von dem bautzner Kreise trennt, so daß Ober-, Mittel-, und Niederfohland, Oehlisch und Klein-Radmeritz bei Sachsen verbleiben. Die große Poststraße zwischen Görlitz und Bautzen wird bis an die Grenze der beiden genannten Kreise preußisch sein. Sodann wird die Linie der Grenze des Kreises folgen bis Dubrauke, hierauf sich über die Höhen zur Rechten des löbauer Wassers ziehen, sodaß dieser Bach mit seinen beiden Ufern und den daran gelegenen Ortschaften bis Neudorf, mit Einschluß dieses Dorfes selbst, bei Sachsen verbleiben. Die Linie wendet sich hierauf über die Spree und das Schwarzwasser; Liske, Hermsdorf, Kotten und Solschwitz werden preußisch. Von der schwarzen Elster bei Solschwitz wird man eine grade Linie ziehen bis zur Grenze der Herrschaft Königsbrück bei Großgrabchen. Diese Herrschaft verbleibt bei Sachsen, und die Linie folgt der nördlichen Grenze dieser Herrschaft bis zur Grenze des Amtes Großenhain in der Gegend von Ortraud."

Von dem budissiner Kreise wurden die Standesherrschaft Hoherswerda, ferner die Städtchen Wittichenau, Ruhland, Marklissa, Wiegandsthal und Goldentraum, vom görlitzer Kreise aber, außer Görlitz selbst, noch Lauban, Reichenbach, Radmeritz, Rothenburg, Schönberg und Halbau, ferner die herrnhuter Kolonie Nicoly, die Standesherrschaft Muskau und der kleinere Theil der Standesherrschaft Seidenberg abgeschnitten. Der größere bei Sachsen bleibende Theil der letztgenannten Herrschaft erhielt von nun an die Bezeichnung reibersdorfer Standesherrschaft, so daß der sächsischen Oberlausitz noch zwei Standesherrschaften, — außer der eben angeführten die zu Königsbrück, — geblieben sind. Bei Sachsen blieben von dem Markgrafthume Oberlausitz die alten Bundesstädte Budissin, Zittau, Löbau und Kamenz, ferner die Städtchen Ostritz, Bernstadt, Weißenberg, Pulsnitz, Elstra und Königsbrück, die Marktflecken Baruth, Großhennersdorf und Königswartha, das früher als „Städtlein", jetzt jedoch als Flecken angeführte Hirschfelde, Herrnhut, der Hauptsitz der Brüdergemeinde, nebst der Kolonie Klein-Welka, die Nonnenklöster Marienthal und Marienstern, sowie endlich 468 Dörfer, von denen die größten und zugleich gewerbreichsten im südlichen Theile der Provinz zu finden sind.

Der preußisch gewordene Theil der Oberlausitz sollte mit den übrigen einst sächsischen Provinzen dem neuen Herzogthume Sachsen angehören, doch ward er, mit Ausnahme der Herrschaft Hoyerswerda, in der Folge zu Schlesien geschlagen. Dadurch kam er gleich anfangs zu dem Regierungsbezirke Liegnitz, während die eben genannte Herrschaft Hoyerswerda dem frankfurter Regierungskreise zugewiesen ward. Bereits im Jahre 1825 aber trat insofern eine Aenderung ein, als der hoyerswerdaer Kreis, welchen man, so lange er unter der frankfurter Regierung stand, mit dem spremberger Kreise vereinigt hatte, ebenfalls zu Schlesien und insbesondere zum liegnitzer Regierungsbezirke gezogen ward.

Während die gesammte sächsische 39 Quadratmeilen umfassende Oberlausitz mit noch einigen erbländischen Orten dem Kreisdirektionsbezirke Bautzen angehört, zerfällt der preußische Theil des Markgrafthums in den görlitzer, rothenburger, hoyerswerdaer und laubaner Kreis. Den größten Flächenraum, nämlich 23 Quadratmeilen, umfaßt der zweitgenannte, während sowohl der görlitzer als auch der hoyerswerdaer je 16, und der laubaner Kreis nur etwa 8 Quadratmeilen enthalten mag. Außerdem ist noch ein kleiner Antheil von 3 Quadratmeilen dem bunzlauer und ein noch kleinerer von noch nicht einer Meile im Gevierte dem saganer Kreise zugefallen. Es gehört zu letzterem das Städtchen Halbau an der kleinen Tschirne, zum Antheile des Kreises Bunzlau aber kommen vierzehn Dörfer, unter ihnen Walban, das größte Dorf der preußischen Oberlausitz. In der Niederlausitz finden wir die beiden zum rothenburger Kreise gehörigen Enklaven Zilmsdorf und Haasel, im Kreise Sagan desgleichen Schönborn, Zibelle und Bernsdorf, welche ebenfalls dem letztgenannten Kreise der Oberlausitz angehören, und endlich hat auch der laubaner Kreis zwei Einschlußgebiete über dem Queiße, nämlich Wingendorf und Friedersdorf. Zusammen umfaßt die preußische Oberlausitz 66 Meilen im Gevierte, und sie dehnt sich von der Tafelfichte, dem südlichsten und höchsten Punkte, bis nach Halbau, in einer Länge von 9 deutschen Meilen aus. Die größte Ausdehnung der sächsischen Oberlausitz von Süden nach Norden, ungefähr von Oberfriedersdorf bis nördlich von Kliz, da wo die sächsische Landesgrenze die Spree überschreitet, und in der Richtung der Linie, welche die budissiner Amtshauptmannschaft von der zittauer (löbauer) scheidet, dürfte dagegen nicht mehr als 5 Meilen betragen.

Auf Grund der Theilungsurkunde von 1815 sollte der König von Sachsen fortfahren, den Titel eines Markgrafen der Oberlausitz zu führen, und ebenso war auch der König von Preußen durch das Besitzrecht ein Markgraf der Ober- und Niederlausitz geworden.

Nachdem der König Friedrich August unterm 22. Mai des genannten Jahres die auf den abgetretenen Landestheilen angesessenen Unterthanen ihres Eides entbunden und ihnen anempfohlen hatte, dem neuen Landesherrn treu und gehorsam zu sein, ward am 11. Juni 1816 von den Kanzeln in der abgetretenen Lausitz die Besitznahme derselben durch König Friedrich Wilhelm III. bekannt gemacht, die eigentliche kirchliche Huldigungsfeier aber auf den Geburtstag des Königs, den 3. August verlegt. Während der öffentlichen Bekanntmachung der Besitzergreifung entlud sich ein furchtbares Gewitter über einem Theile der Oberlausitz, so daß die Redensart, die Lausitzer seien unter Donner und Blitz preußisch geworden, entstehen konnte.

Wenn ich, so weit es thunlich ist, die Geschichte unsers Markgrafthums als eines Ganzen, obgleich zweien Herrschern angehörig, vorführe, und deshalb die Kulturentwickelung, die Bildungselemente, die Industrie und die Fortschritte der Gewerbe, des Landes edle Söhne, sowie seine aus dem Kreise enger Häuslichkeit herausgetretenen Frauen nach Bedeutsamkeit zu würdigen suche, so muß doch hinsichtlich der Regierung und aller mit staatlichen Eigenthümlichkeiten zusammenhängenden Erscheinungen die Geschichte der Oberlausitz als eine sächsische und preußische geschieden werden. Es trete demnach zunächst

die sächsische Oberlausitz

in den Vordergrund.

König Friedrich August I., den nach seiner Rückkehr aus der Gefangenschaft des Volkes treue Liebe empfing und welcher sich mit väterlichem Sinne der schönen Aufgabe, die Wunden, welche der Krieg geschlagen, nach Möglichkeit zu heilen, zuwandte, sah den Abend seines Lebens durch die 50jährige Jubelfeier seiner Regierung, den 20. September 1818, sowie durch das goldene Ehejubiläum, den 19. Januar 1819 verherrlicht. Während letzteres mehr im Familienkreise gefeiert ward, betheiligte sich bei der Feier der ein halbes Jahrhundert umfassenden Regierung das gesammte Land, und die Rectoren der Gelehrtenschulen in der Oberlausitz verfaßten zur Erinnerung des seltenen Jubeltages besondere Programme. Der Direktor des zittauischen Gymnasiums M. Rudolph behandelte in seiner Einladungsschrift „den Namen des Gerechten", Rector Siebelis in Bautzen aber beantwortete die Frage, ob auch die Gelehrtenschulen unsers Vaterlands Ursache hätten an der frohen Feier des Regierungs-Jubiläums Antheil zu nehmen. Eine lateinische Rede des gelehrten Siebelis geht von dem Gedanken aus, daß das Nützliche stets mit dem Guten verbunden sein müsse, sie verfolgt hierauf die persönlichen und Regententugenden des hohen Jubilars und schließt mit Glück- und Segenswünschen für das Wohl desselben. Wenn diese Rede ausschließlich für die engen Kreise der Gelehrten bestimmt gewesen ist, so haben Andere in schlichter Weise zu dem Volke gesprochen, bei Versammlungen im Freien, auf den Kanzeln in den Gotteshäusern. Ja selbst auf Dörfern ging der Jubeltag des Königs, der auch ein Jubeltag des treuen Volkes war, nicht vorüber, ohne durch irgend eine sinnige Feier in den Herzen der Zeitgenossen eine Erinnerung zurückgelassen zu haben. In Großschönau zum Beispiel war auf der waldentblößten, der Kirche zugelehrten Fläche des malerisch gelegenen Hutberges eine hohe Pyramide und ein riesiges Gemälde mit entsprechenden, den Dank und Segenswunsch des Volkes ausdrückenden Sprüchen aufgestellt und am Abend strahlten von da aus hunderte von Lampen ihr Licht nieder in das Thal. Mit Lichterglanz am Abende schloß auch in Berthelsdorf und Herrnhut die Festlichkeit und Zittau feierte den Tag durch ein Kinder- und ein Schützenfest. In mannichfacher Weise gab sich aller Orten in der sächsischen Oberlausitz die Freude zu erkennen, und besonders geschah es recht im Sinne Friedrich Augusts, wenn der Gnadentag durch Ausflüsse des wohlthätigen Sinnes und durch Stiftungen ausgezeichnet wurde. So veranstaltete man in Großschönau für die Armen eine Sammlung um auch ihnen durch ein Festmahl den Tag zu einem unvergeßlichen zu machen. — Die Regierungs-Jubelfeier Friedrich Augusts nicht blos zu notiren, sondern etwas eingehender zu besprechen, dazu veranlaßt mich die Seltenheit eines solchen Festes und das Verdienst des Fürsten um das Land, Wohlbefinden in demselben nach den harten Schlägen wieder anzubahnen. Seine letzte Arbeit, die ihm durch den Ruf seiner Unparteilichkeit und weisen Umsicht, seiner rechtlichen Gesinnungen erwuchs, war die Schlichtung eines Streites über die Erbfolge der Ernestiner nach dem Tode des Herzogs Friedrich IV. von Sachsen-Gotha und Altenburg. König Friedrich August I., von der Geschichte auch „der Gerechte" genannt, starb den 5. Mai 1827, an demselben Tage und 6 Jahre später, da Napoleon, der so verhängnißvoll für Sachsen und auch die Oberlausitz wurde, auf der kleinen Felseninsel St. Helena sein Leben beschlossen hatte. Marie Amalie Auguste, eine Tochter des Prinzen Friedrich von Pfalz-Zweibrücken, mit welcher Friedrich August beinahe 60 Jahre verbunden gewesen, überlebte ihn nur um 1½ Jahre, denn sie folgte ihm am 15. November 1828.

Obschon Friedrich August der Gerechte nie gewillt war, eine völlige Umänderung der Verfassung vorzunehmen, so war er doch der Meinung, daß Manches daran, indem den neuen Anschauungen Rechnung getragen würde, verbessert werden könne. Doch glaubte er, diese Verbesserungen, besonders hinsichtlich des Geschäftsganges der Landtage, könnten füglich auf Grundlage der alten Verfassung vorgenommen werden. Deßhalb ließ er schon vor der Theilung seines Landes, im Jahre 1813, und auch bald darnach, zu Ende 1815 Deputationstage abhalten, in denen aber einzig und allein die Bewilligung von Geldmitteln zur Besprechung kam. Gehört dies zwar zunächst der allgemeinen sächsischen Geschichte an, so kann ich doch nicht gänzlich davon absehen, da auch die Oberlausitz mit bei diesen sächsischen Deputations- und Landtagen vertreten war. An dem Deputationstage 1815, welcher speziell die Aufgabe hatte, über das Geldbedürfniß wegen der Leistungen für die verbündeten Heere (Friedrich August war nämlich schon am 27. Mai 1815 der Allianz gegen Napoleon beigetreten und hatte sich verpflichtet, ein Heer von 16,000 Mann zu stellen), ferner über die Entschädigung zu berathen, welche den Quartiergebern des russischen Armeekorps zu gewähren sei, nahmen auch die beiden Landesältesten des budissinischen Kreises und ein Vertreter der Stadt Budissin theil. — In dem Schoße der Stände selbst, welche seit 1769 gewöhnlich aller 6 Jahre in Dresden, außerdem aber auch in außergewöhnlichen Fällen theilweise zu einem Ausschußtage zusammen kamen, und die sich in drei Klassen, die Prälaten, die Ritterschaft oder die altadeligen Rittergutsbesitzer und die Abgeordneten der Städte schieden, brach sich besonders in dem Jahre 1820 die Ansicht Bahn, daß die Landtagsordnung wesentlicher Veränderungen bedürftig sei. Ging nun auch König Friedrich August nicht auf die ihm ausgesprochenen Wünsche ein, da nach einem Erlaß vom 2. Juni 1821 „wesentliche Veränderungen in der durch lange Erfahrung und nützliche Resultate bewährten Landtagsverfassung nicht für räthlich" angesehen wurden, so hatte er doch gleich anfangs, als ihm Anträge gestellt worden waren, eine Anzahl von Abänderungen einzuführen nicht unterlassen. Die Oberlausitz wurde insofern mit davon berührt, als der Decan des Domstifts Budissin, welcher auf dem Landtage von 1817 bis 18 vorläufig unter den Prälaten gesessen hatte, seine Stelle in dem engern Ausschusse der Ritterschaft und zwar gleich nach den Standesherren angewiesen erhielt. Ebenso dehnte die königliche Verordnung die Landtagsfähigkeit auch auf alle neuschriftsässigen Rittergüter, d. h. solche, die erst seit 1804 (ehemals galt 1660 als Normaljahr) schriftsässig geworden waren, aus, und es wurde eine Zahl von bürgerlichen und neuadeligen Rittergutsbesitzern, die bisher nicht in Person, sondern nur durch Deputirte für landtagsfähig gegolten hatten, als Ständemitglieder zugelassen; ihre Wahl erfolgte auf besondern Kreistagen. Dadurch erhielt die oberlausitzische Ritterschaft 16 Stellen im engeren und 14 im weiteren Ausschusse. Der engere Ausschuß berathschlagte über die wichtigern, der weitere über die weniger wichtigeren Angelegenheiten; die allgemeine Ritterschaft hatte aber das Recht, die vom engern oder weitern Ausschusse gefaßten Beschlüssen nach Befinden wieder aufzuheben.

In der Oberlausitz bestand als zweite Instanz, die nur noch den geheimen Rath in Dresden über sich hatte, das Oberamt und Iudicium ordinarium. Durch eine landesherrliche Verordnung vom 12. März 1821 wurde dasselbe aufgehoben, und das Markgrafthum erhielt „auf vernommenes Dafürhalten der Stände von Land und Städten und erstattete Gutachten der Landesbehörden, verschiedene neue Einrichtungen bei der Verfassung und Verwaltung." Es wurde eine „Ober-Amts-Regierung" eingesetzt, welche die in Justiz-, Polizei-, Grenz- und Hoheits-, Lehn-, Kirchen- und Schulsachen vorkommenden Geschäfte in oberer Instanz besorgen sollte. Doch blieb sie immer dem geheimen Rathe und „in geistlichen und Schulsachen der evangelischen Glaubensgenossen den Conferenzministern, oder den künftig mit Auftrag zu versehenden, der augsburgischen Confession zugethanen Mitgliedern des geheimen Rathes" untergeordnet. Bestehen sollte die neue Ober-Amts-Regierung aus einem Präsidenten, vier weltlichen Räthen und einem geistlichen Beisitzer, welchem der Titel eines Kirchen- und Schulraths verliehen ward; von den vier weltlichen Räthen sollten zweie adeligen und zweie bürgerlichen Standes sein. In der betreffenden, den Wirkungskreis der Ober-Amts-Regierung speziell umschreibenden Verordnung wird auch unter Anderem gesagt, daß der genannten Behörde die Prüfung, Aufnahme und Verpflichtung der oberlausitzischen Advokaten, sowie die Entscheidung über deren etwa nöthig werdende einstweilige Dienstentsetzung oder förmliche Absetzung zustehe. Es sollten jedoch in der Oberlausitz jährlich nur fünf Sachwalter zur Ausübung des Berufs zugelassen werden.

Aufgelöst wurde die aus dem Landeshauptmann und Gegenhändler bestandene Landeshauptmannschaft, an deren Stelle als Mittelbehörde in Regierungsangelegenheiten der Amtshauptmann trat. Obgleich die Verwaltung der Polizei und die Polizeigerichtsbarkeit den Räthen der Vierstädte und den Patrimonialgerichten vom Lande in ihren Gerichtsbezirken blieb, so hatte doch der Amtshauptmann darüber die Aufsicht zu führen und insbesondere lag demselben die Revision der Gefängnisse in den Städten und auf dem Lande ob. Was die Polizei betrifft, so wurde solche in eine Religions- und Unterrichtspolizei, mit der Aufsicht über Sonntagsfeier und Besuch der Schulen, in eine Sicherheitspolizei, der nicht blos die Aufsicht über Bettelei, Löschanstalten, Schankwirthschaften u. dgl., sondern auch über Unterhaltung und Herstellung von Wegen und Brücken der Privatpersonen zufiel, in eine Gesundheits-, Landwirthschafts-, Gewerbe- und Handelspolizei, in eine Nahrungs-, Sitten- und Armenpolizei unterschieden. Die Gesundheitspolizei hatte unter Anderem auf die Steuerung und Verhütung von ansteckenden Krankheiten, auf da und dort ihr Unwesen treibende Afterärzte ihr Augenmerk zu richten; die Nahrungspolizei überwachte Maaß und Gewicht, die Sittenpolizei suchte Zucht und Ordnung zu erhalten und verbotene Spiele zu verhüten; die Armenpolizei führte die Aufsicht über Unterstützung und Versorgung der Bedürftigen, und die Landwirthschafts-, Gewerbs- und Handelspolizei galt der Steuerung des unbefugten Hausirens, der Handhabung gehöriger Ordnung auf Jahr- und Wochenmärkten, sie führte Aufsicht wegen der verbotenen Aus- und Einfuhr von Waaren.

Aus diesen Angaben wird klar, welch' großer Geschäftskreis dem Amtshauptmanne zugewiesen war; er hatte mit den ihm zur Verfügung stehenden Organen die verschiedensten Verhältnisse nicht außer Acht zu lassen, mußte die Provinz von Zeit zu Zeit bereisen, die Beobachtungen und Kenntnisse auf jede Weise zum Besten des Landes zu benutzen suchen und Beschwerden und Mängel zugleich mit Vorschlägen zur Abhülfe zur Kenntniß der Ober-Amts-Regierung bringen. Endlich hatte noch der Amtshauptmann den Vorsitz in einer ständischen Deputation zu führen, welche zur Besorgung der dem Lande und den Städten gemeinschaftlichen Militärangelegenheiten eingesetzt worden war. Dieser Deputation waren nämlich alle die Geschäfte zugewiesen, welche sich auf Einquartierungen, Naturallieferungen bei Märschen und Feldübungen, Stallung der zum Armeebedürfniß erforderlichen Pferde bezogen; doch wurden von ihr außerdem noch die gemeinschaftlichen Kassenangelegenheiten der Provinz besorgt, wobei aber der Amtshauptmann nicht mit zugezogen wurde.

Nach dem Tode Friedrich Augusts des Gerechten folgte sein 5 Jahre jüngerer Bruder Anton (geb. 1755), welcher in der Geschichte den Beinamen „der Gütige" führt. Bereits den 20. October 1827 geschah in Budissin die Huldigung. Zu derselben gelangte das königliche Paar am Tage vorher an, nachdem es an der Grenze der Oberlausitz gegen das Meißensche in der Gegend des Gasthofes zum sächsischen Reiter von einer ständischen Deputation begrüßt worden war. Schon im Dorfe Göda, eine der Marken der wendischen Kirchengemeinden in der Lausitz, begrüßten den hohen Besuch slavische Leute, indem ihm von der daselbst mit ihrem Lehrer und dem Ortsgeistlichen aufgestellten Schuljugend ein wendisches Gedicht überreicht wurde. Das Geläute der fünf neuen Glocken der St. Petrikirche trug die Kunde weithin, daß der König und seine Gemahlin an Budissins Weichbilde angelangt seien. An einer Ehrenpforte bei der Spreebrücke harrten Beider der Stadtrath von Budissin und die Abgeordneten der Städte Zittau, Kamenz und Löbau; auf einem blausammtnen, mit Gold verzierten Kissen wurden unter feierlicher Ansprache des budissiner Bürgermeisters die Schlüssel der Stadt überreicht. Innungen, Militär und Bürgergarde bildeten eine Doppelreihe, zwischen welcher die Herrschaften in die Stadt einzogen. An der, nicht auf dem Schlosse, sondern in der Stadt bereitgehaltenen Wohnung wurde das königliche Paar von den ständischen Abgeordneten und Mitgliedern der Ober-Amts-Regierung empfangen und weißgekleidete Jungfrauen streuten Blumen auf den Weg. Ein zur Huldigungsfeier eigens gedichtetes Festspiel und eine Oper beschlossen den ersten Festtag. Am 20. October nahmen nach beendigtem evangelischen Gottesdienste die Stände des Markgrafthums das schriftliche Versprechen, daß ihre Rechte und Freiheiten nicht angetastet werden sollten, entgegen; der König und seine Gemahlin aber besuchten den katholischen Gottesdienst, bei welchem die Huldigungspredigt wie in der evangelischen Kirche über den Text: „Fürchtet Gott, ehret den König!"

(1. Petri 2, 17) gehalten wurde. Zu dem evangelischen Gottesdienste hatten sich außer dem königlichen Staatsgefolge die Landstände, die Glieder des Stadtraths, sowie die Abgeordneten der übrigen Vierstädte und das Offiziercorps eingefunden. Die Huldigung erfolgte mittags in dem budissiner Landhause. Auf dem Throne sitzend nahm der König nach den Vorträgen des sächsischen Conferenzministers und des Landesbestallten für die Oberlausitz den Eid von den ritterschaftlichen Abgeordneten, der katholischen Geistlichkeit, den Abgeordneten der Vierstädte, der protestantischen Geistlichkeit Budissins und den bürgerschaftlichen Vertretern in der eben angeführten Reihenfolge entgegen. Von den darauf folgenden Festlichkeiten, welche zur Unterhaltung und zu Ehren des königlichen Paares veranstaltet worden waren, hebe ich, als für die Lausitz besonders charakteristisch, nur den Aufzug eines wendischen Brautpaares in ihrer Nationaltracht hervor. Es fehlte nicht der Dudelsack und das zahlreiche Gefolge mit den Züchtjungfern und der Slonka oder Salzmeste. *)

Als am 22. Oktober der Landesfürst mit seiner Gemahlin das freudig erregte Budissin verließ, da ahnte man nicht, daß der Todesengel ihnen folgte. Denn bereits am 27. November 1827 starb in Leipzig die Königin Maria Theresia, eine Tochter des Kaisers Leopold II., an den Folgen einer auf der Huldigungsreise sich zugezogenen Erkältung.

Ein sächsischer Geschichtsschreiber sagt, daß bei der Huldigung in Bautzen „die gewohnte Loyalität der Lausitz, dieser treuen Provinz" dargelegt worden sei. Wenn bei der Feier, — der letzten Huldigung, welche sächsische Fürsten entgegennahmen, — an einem Orte (in Dresden) nicht die rechte freudige Herzensstimmung herrschte, so mag dies in dem Mißtrauen zu suchen sein, welches im Volke vielfach die Thronbesteigung König Antons begleitet haben soll. Befürchtungen, daß derselbe einer frömmelnden Richtung sich zuneige, ganz besonders aber die beim Antritte der Regierung ausgesprochene Erklärung, Alles beim Alten lassen zu wollen, mochten die Veranlassung zu diesem Mißbehagen sein. Doch Eigenschaften, welche sich sehr bald beim Könige zeigten, der als Prinz in stiller Zurückgezogenheit gelebt hatte und nur wenig mit dem Volke in Berührung gekommen war, bewirkten, daß sich letzteres mit Liebe an ihn anschloß. Aber dessenungeachtet waren die neuen Anschauungen der Art, daß sich endlich gewaltsam die Forderungen nach einer Umgestaltung der Verfassung Bahn brachen. Da die neue Verfassung auch die Oberlausitz als einen Theil des Königreichs mit berührte, muß ich ihrer Einführung an dieser Stelle mit wenigen Worten ebenfalls gedenken. Nachdem es schon längere Zeit in den verschiedenen Schichten der Bevölkerung gegährt und wie unter der Decke eines scheinbar kalten Vulkans geglüht hatte, brachen besonders in der Hauptstadt des Landes und in Leipzig bei Gelegenheit der Jubelfeier der augsburgischen Confession 1830 Unruhen aus, die auch auf dem Lande hier und dort, in der Oberlausitz z. B. in einigen Weberdörfern, einen Widerhall fanden. König Anton, welcher in den stürmischen Auftritten, bei denen die Polizeigewalt wohl auch ihre Befugnisse überschritten haben mochte, zeitig genug das Verlangen des Volkes nach einer zeitgemäßen Staatsverfassung erkannte, entließ den verhaßten Kabinetsminister von Einsiedel und umgab sich, nachdem er seinen Neffen, den vom Volke geliebten Prinzen Friedrich August zum Mitregenten (13. Sept.

---

*) Es ist dies eine ältere Frau, häufig die Pathe der Braut, welche derselben gewissermaßen als Hofmeisterin zur Seite gesetzt wird.

1830) angenommen hatte, mit einem constitutionellen Ministerium. Durch dasselbe und unter Beihülfe der Landstände wurde das neue Verfassungswerk, welches am 4. September 1831 in Kraft trat, von dem Könige und dem Mitregenten dem sächsischen Volke verliehen, und die Aufregung der Gemüther war beschwichtigt.

Von Hermann Just in Zittau, einem Rechtsgelehrten, welcher sich auch durch die Herausgabe zweier Zeitschriften, „das Communalblatt" (1831) und die „oberlausitzer Blätter" (1832), in denen die neuesten Angelegenheiten, besonders der Oberlausitz zur Besprechung kamen, ein wesentliches Verdienst um die politische Bildung des Volkes erworben hatte, erschien zum Jahrestage der Verfassung ein Schriftchen: „die Geschichte der sächsischen Verfassung." Es wird diese Schrift deshalb hier erwähnt, weil sie verfaßt wurde, um insbesondere in der Oberlausitz das Verständniß der neuen Staatsverhältnisse zu befördern, ihren Werth an's Licht zu stellen und die Bürger dafür zu erwärmen. Hingewiesen wird in ihr darauf, daß beim sächsischen Volke schon seit Jahrhunderten die Grundideen der neuen Einrichtung in Anwendung gewesen seien, daß „die gegenwärtige Verfassung die frühere nicht sowohl umgestürzt, als vielmehr aus derselben sich vollkommener entwickelt habe." Das Verfassungswerk sei der Gegenwart gegeben worden, eine spätere Zeit werde aber neue Anschauungen auf Grund gemachter Erfahrungen erwecken; den folgenden Geschlechtern sei jedoch gerathen, das von der Gegenwart Hervorgebrachte nicht völlig zu vernichten, sondern weiter zu entwickeln und dem jedesmaligen Bedürfniß passend auszubauen. Eine andere gleichzeitig erschienene Schrift des Dr. Georg Friedrich Wiesand: „Beiträge zur gründlichen Beurtheilung der besonderen staatsrechtlichen Verhältnisse der königl. sächsischen Oberlausitz," welche besonders mit Rücksicht auf die Constitution verfaßt wurde, sucht die Vorzüge der alten freieren Verfassung, die ehrwürdigen Verträge, welche der Provinz aus geschichtlichen Gründen ganz eigenthümlich sind, in ihrer Würde darzustellen, und dahin zu wirken, daß in einer Zeit, da die Verfassung in Gefahr war, unterdrückt zu werden, die Theilnahme für alte Rechte nicht erlösche.

Wenn in Sachsen früher bereits Landstände zusammen berufen wurden, so galten dabei doch nur lehnsrechtliche Verhältnisse; die neue Verfassung aber verlangte Stände, hervorgegangen aus der freien Wahl des Volks, und besonders sollte der Bauernstand mit vertreten sein. Dieser letztere war auch in der Oberlausitz niemals zu den provinziellen Landtagen hinzugezogen worden, ein Mangel, der gewiß Manches, was noch zur gedeihlichen Entwickelung des Markgrafthums hätte dienen können, zurückgehalten hat.

Als eine Frucht des neuen Verfassungswerks wurden 1831 in allen Städten der Oberlausitz Kommunalgarden unter frei gewählten Kommandanten und Offizieren errichtet, 1832 wurde nach manchem Kampfe die allgemeine Städteordnung eingeführt, deren ich bei dem Gemeindeleben noch weiter gedenke; aber eine für die Oberlausitz sehr wichtige Veränderung ist die durch das Gesetz vom 17. März 1832 ausgesprochene Aufhebung der Erbunterthänigkeit, welche auch mit dem 1. April des genannten Jahres eintrat. Obwohl die Ritterschaft gegen manche Bestimmungen kämpfte, so fiel doch dieser so die Freiheit des Einzelnen und der Familie beschränkende Ueberrest mittelalterlicher Verhältnisse (s. meine Gesch. d. O. L. bis 1815 pag. 243) um so leichter, da auch die Städte bei dieser Frage zur Regierung hielten.

In der, die Anwendung der Verfassung des Königreichs Sachsen auf die Einzelverfassung der Oberlausitz näher erörternden Urkunde vom 17. November 1834 wird bestimmt, daß die Verwaltung des Steuer- und Abgabenwesens mit dem 1. Januar 1835 an das Finanzministerium übergehe. In Folge dessen wurden nach und nach die Abgaben der Oberlausitz mit denen der Erblande gleichmäßig eingerichtet; erstere sollte von nun an nicht mehr, wie dies bisher geschehen, blos zu einzelnen Bedürfnissen durch Bewilligung bestimmter Summen, sondern nach einem gewissen Verhältnisse zu dem gesammten Staatsbedürfnisse beitragen. Daher sollten nach Bestimmung der genannten Urkunde von dieser Zeit an alle Ausgaben, „welche für die alten Erblande auf die Staatskasse gewiesen waren, auch für die Oberlausitz aus letzterer bestritten werden," ohne daß hierzu von unserer Provinz, wie bisher, besondere Summen aufgebracht und gewährt werden mußten. Von 1835 an hatte z. B. der Staat auch in der Oberlausitz für den Bau der Chausseen und wichtigen Handelsstraßen zu sorgen. Das Schuldenwesen unserer Provinz wurde mit dem der Erblande in der Staatsschuldenkasse vereinigt, so daß das gesammte Königreich von nun an das Schuldenwesen ungetheilt zu vertreten hat. Die Paragraphen 44 und 45 der Urkunde sprechen aus, daß die Oberlausitz auch an den, in den Erblanden bestehenden Landesanstalten, an Zucht-, Irren-, Waisen- und Armenhäusern, sowie Unterrichts- und ärztlichen Instituten gleichen Theil habe, daß also von ihr zur Unterhaltung dieser Anstalten forthin nur durch die Theilnahme an Aufbringung der allgemeinen Landesbedürfnisse gleichmäßig beigetragen werden solle. Dagegen traten die in der Oberlausitz bestehenden öffentlichen Anstalten, da sie nicht der gesammten Provinz, sondern nur theils dem Landkreise, theils den einzelnen Vierstädten und ihren Steuerbezirken angehören, in die Klasse der erbländischen Kreis- oder Lokalanstalten. Ihre Verwaltung und Aufsicht blieb deshalb nach wie vor den ständischen oder städtischen Behörden. Nach der Bestimmung der Urkunde mußte auch in der Oberlausitz die Justiz von der Verwaltung getrennt werden; die Militär-Deputation wurde mit dem 1. Januar 1835 aufgelöst und ihre Geschäfte gingen auf den Amtshauptmann über. Da die Centralbehörden des Königreichs in allen Stücken für die alten Erblande und die Oberlausitz gemeinschaftlich wurden, so mußte auch die bisher von den Ständen des Markgrafthums geführte Verwaltung, soweit sie Landesangelegenheiten der Provinz betraf, auf die Behörden der Regierung übergehen; unangetastet blieben die Consistorialgerechtsame und geistliche Gerichtsbarkeit der Stadträthe, sowie noch andere innere Verhältnisse der Provinz. Sobald jedoch die Oberlausitz an der neuen allgemeinen Verfassung, wie solche durch die Urkunde vom 4. September 1831 festgestellt wurde, nicht mehr vollständig theilnehmen könne, sollte die dem Markgrafenthum am 30. Mai 1635 und 24. April 1636 gewährleistete alte Verfassung von selbst wieder ihre Kraft erlangen und ohne Weiteres in Wirksamkeit treten. Eine Verordnung vom 24. Januar 1835 sprach noch ganz besonders die Gleichstellung der Oberlausitz und der alten Erblande, soweit sie bisher gegen einander als Ausland betrachtet worden waren, aus.

Unterm 6. April 1835 wurde verordnet, daß das gesammte Königreich Sachsen in vier Kreisdirektions- oder Regierungsbezirke geschieden worden sei, und daß die gesammte sächsische Oberlausitz mit noch einem kleinen Theile des Meißenschen (Bischofswerda und Umgegend) den bautzner Kreisdirektionsbezirk bilden solle.

Ebenso trat am 11. April desselben Jahres die Scheidung dieses Regierungsbezirkes in zwei amtshauptmannschaftliche, den bautzner und zittauer (seit 1856 löbauer) Bezirk ein. Die gegenseitige Grenzlinie derselben läuft im Allgemeinen östlich der Orte Oberfriedersdorf, Schönbach und Beiersdorf, sowie westlich an Groß-Dehsa, Hochkirch, Baruth und Buchwalde bis zur preußischen Grenze hin.

König Antons Regierung wurde durch das Verfassungswerk, welches, wie ich oben anführte, auch für die Oberlausitz in Bezug ihrer Provinzialverfassung nicht ohne Folgen blieb, eine gar bedeutungsvolle. Aus einer stillen Bucht hatte der Steuermann das Staatsschiff in die frische, lebendige Strömung fahren lassen; gingen auch die Wogen anfangs hoch und drohten dieselben das Fahrzeug auf die Seite zu legen: es gewann sehr bald durch seinen Schwerpunkt eine feste Stelle und fuhr dann sicher auf der neuen Bahn. Des Volkes Zufriedenheit begleitete den Lauf des Schiffes; des Volkes Liebe äußerte sich noch einmal in verschiedenen Huldigungen, als König Anton seinen letzten, den achtzigsten Geburtstag feierte. Schon das Jahr darauf, den 6. Juni 1836 ging er ein zu seinen Vätern.

Es folgte ihm Friedrich August II., bisher Mitregent, und geboren den 18. Mai 1797. Als derselbe im September 1845 zum Hauptmanöver der Truppen von Schirgiswalde, der schon im wiener Frieden Sachsen überwiesenen und nun endlich von Oesterreich abgetretenen Stadt, über Neusalza in die zittauer Gegend kam, besuchte er auch (am 25. d. M.) das neuerbaute Rathhaus Zittau's, wo er in der Weinstube auf das Wohl der Stadt trank. Erst am 12. August 1850 sah ihn Zittau wieder. Der König kam von Löbau her auf der Eisenbahn und widmete dem Besuche der Stadt und Umgegend einige Tage. Die Schützen, welche eben ihr jährliches Königsschießen abhielten, beschenkte er mit einem silbernen Pokale; mit großer Aufmerksamkeit besuchte er die Flachs- und Spinnanstalten zu Drausendorf und Königshain und bei Hirschfelde die große Müllersche Spinnfabrik; ein besonderer Besuch galt dem Damastmanufakturorte Großschönau. Er freute sich der Schönheiten des zittauischen Gebirges, bestieg die Lausche, und auf dem herrlichen Oybin, wo er den Liedern eines zittauischen Gesangvereins lauschte, wurde ihm, dem Pflanzenkundigen, auf sinnige Weise ein Strauß von seltenen Felsenpflanzen überreicht.

Welche erfahrungsreiche Zeit, so kurz sie immer war, lag zwischen jenem ersten und diesem letzt beschriebenen Besuche! Hatte Friedrich August schon in einem von den Verfassungsstürmen erregten Jahre als Prinzregent einen Theil der Regierungsgeschäfte übernommen, so hörte er in wenigen Jahren nochmals das wilde Brausen seines politisch irre geleiteten Volkes. Schon lange hatte der Kampf der Parteien in den Kammern der Volksvertreter begonnen, mit Entschiedenheit war er fortgeführt worden, und noch war die Liebe des Volks zu seinem Könige nicht gesunken. Als aber dieser Kampf auch in kirchliche Gebiete hinübergespielt ward, Maßregeln, die Presse zu beschränken, ergriffen wurden und leider die Meinung entstand, als ob die „Unterdrücker der politischen und kirchlichen Freiheit" in dem erhabenen königlichen Bruder Johann die Hauptstütze gefunden hätten, da pflanzte endlich der Aufruhr seine Fahne auf. Obwohl sich der König mit volksthümlichen Ministern umgab, ein neues Wahlgesetz, Schwurgerichte, Preßfreiheit und Versammlungsrecht dem Volke zu Theil wurden, so gab sich die revolutionäre Partei noch nicht zufrieden, da die Anerkennung der von der frankfurter Nationalversammlung beschlossenen „deutschen

Reichsverfassung" verweigert ward. Vom 3. bis 9. Mai 1849 wüthete in Dresden der schreckliche Barrikadenkampf; der ehemalige bautzner Advokat und Abgeordnete Tzschirner, das Haupt der „provisorischen Regierung", forderte immer heftiger zu Zuzügen der „Freischärler" auf, je mißlicher die Sache der Aufständischen wurde. Mit Unterstützung preußischer Hilfstruppen gewann das Militär nach vielem Blutvergießen Straße um Straße, und die so schwer heimgesuchte Residenzstadt bot noch längere Zeit nach der Unterdrückung des Aufstandes einen traurigen Anblick.

Nach dieser kurzen und nur scizzenhaften Darstellung der Ereignisse der 1840er Jahre wenden wir den Blick ausschließlich der Oberlausitz zu. Die Stürme konnten auch an dieser Provinz nicht spurlos vorüber gehen.

Es kann nicht geleugnet werden, daß eine hohe Begeisterung für ein einiges, großes deutsches Vaterland das Volk durchdrungen hatte; die edelsten Söhne glühten für diese Idee und waren von den wohlmeinendsten Absichten auch für ihr engeres Vaterland durchdrungen. Freilich machte sich neben ihnen nicht selten der Unverstand breit und eine Partei mit entfesselten Leidenschaften hätte am liebsten statt der schwarzrothgoldenen die rothe Fahne der Republik aufgepflanzt. So nahe uns auch die Ereignisse der Jahre 1848 und 49 noch liegen, so schwierig ist doch die Aufgabe, ein genügendes Bild der denkwürdigen Bewegung während derselben zu entwerfen. Allenthalben bildeten sich auch in der Oberlausitz wie anderwärts Turnvereine, deren Hauptzweck, die gleichmäßig körperliche Ausbildung ihrer Mitglieder zu erzielen, wohl hie und da durch die Theilnahme an der politischen Bewegung etwas in den Hintergrund gedrängt werden mochte. Turnfeste, durch Fahnenweihen und die Eröffnung neuer Turnplätze hervorgerufen, folgten rasch aufeinander. So feierten am 18. Juni 1848 die bautzner Turner ein solches Fest, und ein langer Zug von Turnschülern, mit den Lehrercollegien, Mitgliedern des Stadtraths, sowie den turnenden Gästen aus gegen zehn benachbarten Städten bewegte sich mit der schwarzrothgoldenen Fahne hinaus auf den Platz, wo Reden, Gesang und Schauturnen miteinander wechselten. Schon den 26. und 27. Juni feierten die zittauer und am 20. August desselben Jahres die löbauer Turner ein ähnliches Fest; nirgends fehlten deutsche Schärpen und Fahnen, die Haupttoaste galten der Turnerei und dem deutschen Vaterlande, und in Zittau gab selbst eine Abtheilung der Kommunalgarde dem Zuge das Ehrengeleite. Frauen und Jungfrauen stickten, wie es z. B. in Löbau geschah, kostbare Fahnen und überreichten dieselben unter patriotischen Ansprachen den turnenden Männern und Jünglingen.

Wie in der sächsischen, so entwickelte sich auch in der preußischen Oberlausitz turnerisches Leben, dessen ich schon hier nur deshalb kurz gedenke, weil bei den Festen sich die Turngenossen gegenseitige freundschaftliche Besuche abstatteten.

Außer den Turnern, welche theilweise nicht blos mit Worten, sondern auch handelnd an dem Aufstande sich betheiligten, und auf welche die Führer der revolutionären Partei nicht ganz vergeblich gerechnet hatten, standen auch die demokratischen Bürgerwehr- und die Vaterlandsvereine mit im Vordergrunde der Bewegung. Auf einer am 8. April 1849 von den ersteren zu Dresden abgehaltenen Generalversammlung, bei der auch aus der Oberlausitz Zittau und Oberoderwitz durch Abgeordnete vertreten waren, wurde beschlossen, die Unabhängigkeit der Bürgerwehren von den Kreisdirektionen und Amtshauptleuten zu verlangen. — Als Beweis aber, wie einseitig nicht selten in den

Versammlungen der Vaterlandsvereine Beschlüsse gefaßt wurden, mag jenes Schreiben dienen, welches unterm 27. November 1848 von dem Vaterlandsvereine in Zittau an das Ministerium des Innern abging. Der Hauptpunkt dieses Schreibens bezieht sich darauf, daß die Pensionslast des Staates erleichtert werden solle, und es wird gesagt, daß dies geschehen könne einentheils durch eine Verminderung des Beamtenheeres, durch eine Verminderung, wo nicht Abschaffung der stehenden Heere, an deren Stelle dann Bürgerbewaffnung treten müsse, anderntheils durch theilweise Beschränkung der Ansprüche auf Pension, durch größere Gehaltsabzüge und Herabsetzung der Pension auf höchstens 1000 Thaler. Eigenthümlich ist die im Schreiben entwickelte Ansicht, daß sich die Höhe der Pension nicht nach der im Amte geleisteten Arbeit, also nach der darnach abgemessenen und erhaltenen Besoldung, sondern hauptsächlich nach der Größe der Familie und nach einigen Nebenbedingungen, wohin die Preise der Lebensbedürfnisse am Wohnorte des Pensionirten gerechnet werden, zu richten habe. Am Schlusse wurde sogar noch in Frage gestellt, ob ein in diesem Sinne zu erlassendes Pensionsgesetz nicht zugleich auch rückwirkende Kraft haben solle.

So erregt das Volk auch war, ohne großartige Festlichkeiten konnte fast keine der Errungenschaften begrüßt werden. Durch das erhaltene Recht der freien Vereinigungen und der Bürgerbewaffnung war es nur möglich, daß am 19. September 1848 in Bautzen das große „Verbrüderungsfest" gefeiert werden konnte, zu welchem gegen 15000 Menschen zusammenströmten. Man zählte darunter gegen 5500 Bürgerwehrmänner aus den Städten und vom Lande. Am 21. Juli desselben Jahres hatte schon die görlitzer und löbauer Bürgerwehr auf dem löbauer Berge ein ähnliches Fest gefeiert.

In Bautzen, der Hauptstadt des Markgrafthums, waren die Bewegungen im Allgemeinen gemäßigt. Die Vereine hielten wohl Volksversammlungen ab, unter einem starken Auf- und Abwogen der Volksmassen forderte der Magistrat in jener mit vielem Althergebrachten abschließenden Zeit von dem Domstifte gewisse Rechte für die evangelische Hauptkirche; Drohungen wurden wohl da und dort verlautbar, und als in Dresden der Straßenkampf begann, riß der Pöbel die Eisenbahnschienen auf, um die Preußen, welche nach einem Gerüchte bereits die Grenze überschritten haben sollten, dadurch zurückzuhalten: doch die Zuzüge, auf welche Tzschirner aus seiner Vaterstadt gerechnet hatte, organisirten sich nicht, und man begnügte sich auf wiederholtes Drängen Deputirte abzusenden, welche sich von dem Stande der Dinge in Dresden durch den Augenschein überzeugen sollten.

Die bewaffneten Bürger und das Korps der Freiwilligen ließen sich selbst von einer unter Tumult in die Stadt rückenden Schaar nicht fortreißen, und es gebührt besonders dem damaligen Kommandanten der Kommunalgarde, Oberstadtschreiber Seemann, das Verdienst, durch energisches Einschreiten manchen jungen Mann und Familienvater dem Verderben entrissen zu haben. Hatte auch Tzschirner die Oberlausitz, welche dem Einflusse der aufständischen Häupter am längsten widerstanden, theilweise unterwühlt, so war der Ausruf Robert Blums bei einem Festmahle in Budissin 1846, daß nunmehr auch die Lausitz erobert sei, doch auf eine Täuschung gegründet. Viele im Volke waren sich gewiß nicht vollständig darüber klar, was die Partei, der sie bei allgemeinen Versammlungen zustimmten, eigentlich wollte. Widersprüche traten vielfach zu Tage, und man darf nicht glauben, daß der Mann, welcher das Bildniß Robert

Blums gleich dem eines Apostels in seine Stube hing, deshalb auch in allen Stücken dessen Bestrebungen zu den seinigen gemacht hatte. In der einen Frage galt oft die ausgedehnteste Freiheit, in einer andern, besonders da, wo Gewerbs- und Handelsinteressen mit ins Spiel kamen, war man noch von mittelalterlichen Anschauungen befangen. Während der Volksfreund Robert Blum z. B. in Leipzig für die Handelsfreiheit in die Schranken trat, klagten die Fabrikanten in der Oberlausitz über den Mangel an Zöllen zum Schutze der Fabrikarbeit, und sie gaben der Regierung schuld, daß sie zum Verderben des Landes die sogenannte Freiheit des Handels vertheidige und verfechte.

Preußische Truppen konnten ruhig durch die Oberlausitz ziehen, denn wie mit einem Schlage schwiegen selbst die, welche kurz vorher Ritter ohne Furcht gewesen waren. Um der Strafe zu entgehen verließen Viele das Heimathland, Andere büßten ihre Betheiligung an den aufständischen Bewegungen durch Gefängnißhaft oder wenigstens durch eine längere Untersuchung.

Nach diesen Bildern, welche uns deshalb so trübe entgegentreten, weil das an und für sich erfreuliche Aufwachen des deutschen Volkes hier in der Oberlausitz, wie in allen Gauen, das Ringen desselben nach freiheitlichen Einrichtungen von den Aeußerungen großen Unverstands, von maßloser Selbstsucht befleckt wurde, wende ich mich der Darstellung anderer, auch die Oberlausitz berührenden Ereignisse zu.

Nachdem bereits unterm 22. November 1834 das in der Verfassungsurkunde versprochene Gewerbe- und Personalsteuergesetz gegeben und auch auf die Oberlausitz ausgedehnt worden war, erhielt dasselbe während Friedrich Augusts Regierung, nach den Verordnungen vom 24. December 1845 und 23. April 1850 (sowie auch später unter seinem Nachfolger laut Verordnung vom 9. Dezember 1858) mehrere Nachträge. Die in unserer Provinz wie im gesammten Königreiche erhobenen Steuern zerfallen in direkte und indirekte. Die ersteren unterscheiden sich in eine Personen- und eine Grundsteuer, und zwar wird der Personensteuer die Gewerbe- und die Personalsteuer zugezählt. Nach dem Gewerbe wird der Besteuerte einer der 11 Unterabtheilungen eingereiht, so zum Beispiel, daß Kaufleute und Apotheker der ersten, und Leute, welche ein Gewerbe im Umherziehen betreiben, der letzten Abtheilung angehören. Die Personalsteuer zählt nur 6 Abtheilungen, in denen die Beamten, Gelehrten und Künstler oben an gestellt sind. Während die Personensteuern hinsichtlich ihrer Höhe wechseln, ist die Grundsteuer, welche vom Grund und Boden und von Gebäuden entrichtet wird, in der Regel unveränderlich. Von den vier Steuerkreisen des gesammten Königreichs, welche zur Verwaltung der direkten Steuern eingerichtet wurden, kommt auf die Oberlausitz einer mit nur drei Steuerbezirken. Zu den indirekten Steuern werden die Chaussee-, Wege- und Pflastergelder, die Stempel-, Branntwein-, Bier-, Schlachtvieh- und Tabaksteuer, sowie die verschiedenen Ein-, Aus- und Durchgangsabgaben gerechnet. Auf die Oberlausitz kommen von den 17 Hauptsteuerbezirken, in welchen diese indirekten Steuern zu erheben sind, drei, die zu Zittau, Löbau und Bautzen. Es ist mit dieser Angabe jedoch etwas in der Zeit vorgegriffen worden, da erst im Jahre 1858 zwei Hauptamtsbezirke, unter ihnen der Löbauer, den früher bestandenen 15 Bezirken zugefügt worden sind.

Noch muß schließlich der 1849 erfolgten Uebergabe von vier böhmischen Ortschaften an die Lausitz hier gedacht werden. Schon 1845 war das Städtchen Schirgiswalde an Sachsen abgetreten worden, und es folgten jetzt die Orte:

Nieder- und Neu-Leutersdorf, Josephsdorf und Neuwalde, deren Bewohner mit großer Bereitwilligkeit in den sächsischen Staatsverband eintraten und ebenso mit lauten Freudenäußerungen, die sich sogar in Festen gipfelten, von den benachbarten lausitzer Gemeinden willkommen geheißen wurden. Gleichzeitig aber kamen auch bei Regelung der Grenzverhältnisse sächsische Staatsangehörige aus Ullersdorf und Weigsdorf, sowie die Orte Dörfel und Neuminkwitz an die Krone Böhmen.

Kurz vor seinem Tode kam König Friedrich August noch einmal in die Oberlausitz; bald nach diesem Besuche hauchte er weit von seinen Unterthanen im schönen Lande Tyrol, das er so liebte, seine Seele aus. Bei der erschütternden Nachricht, daß der König am 9. August 1854 unweit Imst in Tyrol beim Umsturz seines Wagens von dem Hufschlage eines der Rosse so gewaltig an dem Kopfe verletzt wurde, daß nach einer halben Stunde schon sein Tod erfolgte, trauerte das ganze Land. Die Dichterin (Ottilie Wildermuth) im fernen Tübingen sang:

"Es klingen Trauerglocken
Weit in das Land hinein,
Des Landes Herrscher ziehet
Zum letzten Male ein.

Wol war's sein Loos, zu ruhen
In kalter Fürstengruft:
Die Augen durft' er schließen
In freier Himmelsluft!

Nach Friedrich Augusts Tode folgte als König sein Bruder Johann, geboren den 12. Dezember 1801. Unter seiner Regierung wurden auf Grund des Gesetzes vom 11. August 1855 nicht blos in den Erblanden, sondern auch in der Oberlausitz die Stadt- und Patrimonialgerichte aufgehoben, so daß bis zum 1. Oktober 1856 die gesammte Gerichtsbarkeit an den Staat überging. Als Gerichte erster Instanz bestehen von dieser Zeit an Gerichtsämter und Bezirksgerichte, und zwar wurden in unserer Provinz vier Bezirksgerichte eingesetzt. Das Bezirksgericht Zittau umfaßt die Gerichtsämter Zittau, Ostritz, Großschönau und Reichenau, das Bezirksgericht Löbau die Gerichtsämter Löbau, Weißenberg, Bernstadt, Herrnhut, Neusalz und Ebersbach, während zu dem Bezirksgerichte Budissin die Gerichtsämter Budissin, Schirgiswalde, Königswartha und das nicht oberlausitzische Bischofswerda, und zu dem Bezirksgerichte Kamenz endlich die Gerichtsämter Kamenz, Königsbrück und Pulsnitz gehören.

Von der Einführung des neuen Gerichtsstandes überschreiten wir beinahe zehn Jahre der Geschichte. Die Erwerbsquellen flossen während dieser Zeit in der Oberlausitz wie im ganzen Königreiche Sachsen reichlich, so daß das Volk als glückliches in dem gesammten deutschen Vaterlande gepriesen wurde. Die Staatskassen füllten sich, und Kunst und Wissenschaft konnten von der Staatsregierung auch in materieller Hinsicht unterstützt werden. Da trat die schleswig-holsteinische Frage wie überall in Deutschland so auch in Sachsen in den Vordergrund. Aus dieser Frage aber entwickelte sich der Zusammenstoß Oesterreichs und Preußens, da letzteres Forderungen stellte, auf welche Oesterreich nicht eingehen wollte; vielmehr ward von diesem mit Beharrlichkeit der Satz verfochten, daß die Frage in Betreff der Dänemark entrissenen Herzogthümer nicht nach den „einseitigen Ansprüchen" von Preußen, sondern nach Recht und Gesetz des deutschen Bundes und im Einklange mit dem Landesrecht der Herzogthümer ihre Lösung erhalten müsse. Immer tiefer wurde der Riß, der vielleicht auf einige Zeit hinaus wieder verdeckt worden wäre, hätte Preußen es vermocht von seinem Standpunkte zurückzutreten. Ob dann aber auch der Antrag Preußens bei dem Bunde, ein deutsches Parlament auf Grund des Wahlgesetzes vom 27. December 1848 zusammentreten zu lassen, durchgegangen wäre, ist eine Frage, die wohl eher verneint als bejaht werden muß, wenn man bedenkt, daß Oesterreich, wie es in der Proklamation König Wilhelms vom 18. Juni 1866 heißt, nicht vergessen konnte, daß seine Fürsten einst Deutschland beherrschten, daß es in dem jüngern, aber kräftig sich entwickelnden Preußen keinen natürlichen Bundesgenossen, sondern nur einen feindlichen Nebenbuhler zu erblicken sich gewöhnt hatte. Durch den Austritt Preußens aus dem deutschen Bunde war der Schritt geschehen, welcher unmittelbar zu einer kriegerischen Lösung drängte. König Johann war auf Seite Oesterreichs getreten, da die sächsische Regierung in Frankfurt mit dafür gestimmt hatte, daß die Bundesversammlung in Hinsicht der drohenden Haltung Preußens anordne, sämmtliche Bundestruppen, mit Ausnahme der preußischen in Kriegszustand zu setzen. In Folge dessen erließ Preußen unterm 15. Juni 1866 an die sächsische Regierung die Aufforderung, die Truppen sofort auf den Friedensstand vom 1. März zurückzuführen, der Berufung des deutschen Parlaments zuzustimmen und Wahlen auszuschreiben, sobald dies von Preußen geschehe; dagegen wurde dem Könige von Sachsen für sein Gebiet und seine Souveränitäts-Rechte Gewähr geleistet. Die Note schloß mit der Drohung, daß Sachsen als im Kriegszustande gegen Preußen befindlich betrachtet und demgemäß behandelt werden würde, falls sich die Regierung nicht entschließen sollte, auf die angeführten Forderungen einzugehen. Allein die sächsische Regierung konnte von ihrem Standpunkte, weil sie sich durch die Bundespflicht für gebunden erachtete, nicht zurücktreten, erhob deshalb Protest gegen Preußens Vorgehen und rief die Abwehr des Bundes an.

Wenn auch die Oberlausitz nicht zum Schauplatze der nun folgenden Kämpfe wurde, so hatte sie doch von Truppendurchmärschen viel zu leiden, und ihre geängstigten Bewohner hatten den Kelch bitterer Noth und Entsagungen vollauf zu leeren. Eine eingehendere Besprechung der allmählichen Entwickelung des Zwiespalts innerhalb des deutschen Bundes gehörte nicht hierher, ebensowenig wie in der Geschichte der Oberlausitz eine spezielle Darstellung des Krieges selbst verlangt werden kann. Vereinzelte Hinweisungen auf den Verlauf der kriegerischen Ereignisse sind genügend, um das zu verstehen und im Zusammenhange mit den außerheimathlichen Begebenheiten aufzufassen, was aus unserer Lausitz zu melden ist.

Schon Wochen vorher, ehe die Kriegserklärungen erlassen wurden, herrschte besonders in den südlichen Grenzdistrikten der Oberlausitz unter der Bevölkerung eine gedrückte Stimmung; denn einestheils klagten die Geschäftsleute über die fast überall eingetretene Stockung im Handel und Wandel, weshalb das königliche Finanzministerium unter Anderen auch dem Stadtrathe zu Zittau ansehnliche Geldmittel lieh, um Darlehen gegen Pfand geben zu können; anderntheils erfüllten die Nachrichten über das Einrücken von Radetzkyhusaren in dem benachbarten Reichenberg und Friedland, so wie über das Zusammenziehen einer starken preußischen Armee bei Görlitz die Gemüther mit Furcht und Besorgniß. Am 29. Mai bereits hatten die Radetzkyhusaren fast alle böhmischen Ortschaften an der Grenze des zittauer Bezirkes besetzt; in Reichenberg traf eine Batterie von acht vierpfündigen Kanonen ein, und Pioniere, dazu bestimmt, Verschanzungen aufzuwerfen und im Nothfalle die Eisenbahn zu zerstören, bildeten gewissermaßen den äußersten Vorposten des österreichischen Heeres, welches sich bei Münchengrätz zusammenziehen sollte. Erhöht wurden die Befürchtungen der Bewohner endlich dadurch, daß sich in Löbau am 25. Mai eine Abtheilung sächsischer Pioniere einstellte, und daß von dem Ministerium des Innern auch in die Oberlausitz die Aufforderung kam, Schutzwehren einzurichten. Zu diesen Schutzwehren, deren Thätigkeit sich auf Erhaltung der Sicherheit der Person und des Eigenthums richten sollte, glaubte man am zweckmäßigsten die Turn-, Schützen- und Militärvereine ziehen zu können, und es wurden sowohl die Polizeiobrigkeiten als auch die Friedensrichter veranlaßt, in dieser Hinsicht die geeigneten Schritte zu thun. Bei der Organisation dieser Schutzwehren sah man jedoch von einer Bewaffnung der Mitglieder ab, vielmehr sollte einzig und allein ein Erkennungszeichen, eine weiße Binde am linken Arm hinreichen, den letzteren das nöthige Ansehen zu verschaffen. In Zittau trat mit dem 16. Juni eine solche Schutzwehr ins Leben.

Die sächsische Armee hatte das Land verlassen und sich nach Böhmen zurückgezogen, um sich mit dem österreichischen Heere zu vereinigen. Am 16. Juni begab sich auch König Johann zu seinen Soldaten und ließ folgende Proklamation, welche auch in der Oberlausitz überall verbreitet wurde, zurück: Weil Sachsen treu zur Sache des Rechts eines Bruderstammes gestanden, weil es festgehalten am deutschen Bunde, weil es bundeswidrigen Forderungen sich nicht fügte, werde es feindlich behandelt. Es gehe muthig zum Kampfe für die heilige Sache, zwar gering an der Zahl; aber Gott sei in den Schwachen mächtig, die auf ihn trauen, und der Beistand des ganzen bundestreuen Deutschland werde nicht ausbleiben. Der König bleibe in der Mitte seines tapfern Heeres und hoffe, wenn der Himmel die Waffen segne, bald zurückzukehren; das Sachsenvolk möge auf ihn vertrauen, denn das Wohl desselben sei stets gewesen und werde bleiben das Ziel seines Strebens. — Eine Landeskommission sollte während der Abwesenheit des Königs die Geschäfte der Regierung in der Hand behalten; doch wurden bald von dem preußischen Gouvernement die Verordnungen dieser Landeskommission, obwohl dieselbe nicht entsetzt wurde, geleitet und bestimmt.

Denn am 18. Juni zogen preußische Truppen in Dresden ein, während schon zwei Tage vorher Prinz Friedrich Karl, der Höchstkommandirende des ersten Armeekorps, mit Sonnenaufgang die sächsische Grenze bei Görlitz überschritten hatte und nach Löbau vorrückte. Hier hatten vorher sächsische Pioniere und Jäger die Hauptgleise, die Drehscheibe und Wasserleitung auf dem Bahnhofe zerstört und waren mit Schienen und Transportmitteln nach Dresden abgefahren. Die zerstörte Bahn wurde jedoch bald wieder hergestellt, so daß noch während der folgenden Nacht Extrazüge aus Görlitz eintrafen. Die Stadt Löbau hatte sogleich durch die ersten Truppenmärsche eine Einquartirung von 6000 Mann erhalten, so daß selbst 40 bis 50 Soldaten in einem Hause lagen. Die Vorposten standen selbst bis Kottmarsdorf. Immer weiter rückten die preußischen Heeresabtheilungen in der Oberlausitz vor, über Bernstadt und Schönau Cavallerie, über Ostritz Artillerie, Infanterie und Husaren. Durch Ebersbach und Neusalza ritten Uhlanen und der erste preußische Husar langte am 17. Juni, an einem schönen Sonntage bereits in Zittau an.

Als die Truppen des Prinzen Friedrich Karl die Grenze der sächsischen Oberlausitz überschritten hatten, erließ derselbe folgende Bekanntmachung: „Se. Majestät der König von Preußen mein allergnädigster Herr, hat sich gezwungen gesehen, dem Könige von Sachsen den Krieg zu erklären und ich habe auf

Grund dessen schon heute einen Theil der von mir kommandirten Truppen die Grenze der Lausitz überschreiten lassen. Wir führen nicht den Krieg gegen das Land und die Bewohner von Sachsen, sondern gegen die Regierung, welche uns denselben ohne allen Grund durch ihre Feindseligkeiten aufgedrungen hat. Meine Truppen werden überall das Privateigenthum gewissenhaft schonen und jeden ruhigen Landbewohner schützen. Bewohner der Lausitz, kommt uns daher mit Vertrauen entgegen und seid überzeugt, daß meine Soldaten durch Wohlwollen und strenge Mannszucht dem Lande die Lasten des Krieges möglichst erleichtern werden, Lasten, die nicht ganz zu vermeiden sind, da es erforderlich sein wird, Requisitionen eintreten zu lassen, die indeß ordnungsmäßig ausgeschrieben und nur gegen Empfangsbescheinigung erhoben werden sollen."

In der That ist das Betragen der preußischen Krieger im Allgemeinen ein solches gewesen, daß ihnen nur Lob gespendet werden kann; einzelne Maßregeln, als Ausflüsse besonderer Strenge und Härte sind gewiß von den Verhältnissen geboten worden. So machte z. B. der Generalmajor und Kommandant von Budissin, von Bose, unterm 21. Juni bekannt, daß Niemand von Abend 5 Uhr an mehr die preußischen Vorposten passiren dürfe, außer unter militärischer Bedeckung. Die Kommunalgarde, Schützenvereine und übrigen Bewohner der Stadt mußten bis Nachmittag 2 Uhr ihre Waffen und den Schießbedarf abliefern, und es sollte derjenige, von welchem dergleichen verborgen gehalten würde, vor ein Kriegsgericht gestellt werden. Jeder mit den Waffen in der Hand getroffene Nichtmilitär sollte, wenn er von seinen Waffen Gebrauch mache, sofort erschossen werden. Der Befehl sagte ferner: „Jedes Haus, aus dem auf Preußen geschossen werden sollte, wird unbedingt zerstört und eingeäschert. Im Falle eines Waffenrufs verbleibt Alles in den Häusern, und während der Dunkelheit sind Lichte an die Fenster des Parterres zu setzen, und da, wo dies durch Läden ausgefüllt, in die Bel-Etage. Das Gas in den Straßen ist von abends 9 bis morgens 3 Uhr in Brand zu halten."

Derselbe Generalmajor von Bose, von dem dieser Befehl ausging, war es auch, welcher am 22. Juni der Stadt Zittau eine Contribution von 6000 Thlr. auferlegte und zugleich die Drohung beifügte, die Summe zu verdoppeln, und den Bürgermeister als Geißel mitzunehmen, falls das Geld nicht binnen einer Stunde gezahlt werde. Als Grund dieser Maßregel wurde angeführt, daß die Stadt schlechte Quartiere und mangelhafte Beköstigung gegeben habe. Erzählt wird, daß Generalmajor von Bose auch die am 22. Juni von den Zittauern abgelieferten Gewehre habe zerbrechen und unbrauchbar machen lassen. (Tobias, Gesch. d. preuß. Invasion in Zittau p. 79.)

Als eine Maßregel, welche der Krieg gebot, muß es angesehen werden, daß am 18. Juni der Betriebstelegraph in Zittau durch 20 preußische Uhlanen zerstört wurde. Der Verkehr war vollständig unterbrochen, fremde Zeitungen langten nur vereinzelt, Briefe nicht selten auf großen Umwegen an, und die Post bot nicht mehr Bürgschaft für sichere Beförderung von Geldsendungen. — Die Stimmung der Bevölkerung war eine trübe, ängstliche; jede laute Aeußerung über die Lage des Augenblicks mußte in Hinsicht auf die schweren Strafen, die ihr folgen konnten, zurückgehalten werden, ja selbst das Aufzeichnen der Truppenmärsche zu dem Zwecke einer spätern Darstellung der Kriegsbegebenheiten setzte den Betreffenden, wie die Verhaftung des Dr. Anton Tobias in Zittau beweist, der Gefahr aus, als Verräther behandelt zu werden.

An demselben Tage, den 23. Juni, an welchem König Johann von Prag aus an sein Volk einen väterlichen Gruß erließ und es zum Ausharren ermunterte, — „Bin ich auch fern, so ist doch mein Herz immer bei Euch; Eurer Treue und dem Schutze des Allmächtigen vertraue ich!" das ist der Anfang und der Schluß der königlichen Worte, — an demselben Tage rückte auch Prinz Friedrich Karl aus Zittau und überschritt die Grenze Böhmens. Dr. Tobias, dessen Angaben ich vielfach gefolgt bin, schreibt darüber: „Der Prinz mit seiner Suite ritt an der linken Seite der böhmischen Vorstadt und Chaussee immer weiter hinaus bis zum Ansagepoften und postirte sich, indem er mit einem Theil der Suite vom Pferde stieg, am fünften Baum hinter dem österreichischen Grenzzollhause sich anlehnend, die befehlende Hand auf den Säbel stützend und fortwährend zum Gruße und Dank erhebend, wenn die Soldaten beim Anblicke des geliebten Heerführers in laute Hurrahs ausbrachen. Sie glichen dem Donner, der sich durch die einzelnen Regimenter fortpflanzte und mit jeder neuen Abtheilung neu losbrach. Wir werden diesen entscheidenden Moment und den treuen festen Blick des Prinzen auf seine Soldaten niemals aus dem Gedächtnisse verlieren. Bei dem Prinzen stand der General von Voigts-Rheetz, der die Gegend mit sicherem ernsten Auge fixirte und sich den pankratzer Paß zeigen ließ, der als Uebergangspunkt mit bestimmt war. Die übrige Suite hielt im Gärtchen vor dem innerhalb total zerstörten Zollhause, theils, wie der Ingenieur-General Keiser, im Rundtheil. Punkt halb 7 Uhr erfolgte durch die Vorposten der Uebergang über die österreichische Grenze und nach 7 Uhr der wirkliche Einmarsch der Armee unter nicht enden wollendem Hurrah der Soldaten beim Betreten derselben und dem Anblicke des Prinzen.

Wie Tobias angibt, erfolgte der Einmarsch der preußischen Truppen nach Böhmen an acht verschiedenen Punkten „und zwar durch die in Sachsen eingerückten Truppen von Ostritz aus über Engelsdorf, von Weigsdorf aus über Böhmisch-Weigsdorf nach Friedland, von Reichenau aus über Hermsdorf und Hohenwald längs der Grenze von Wittig und über Grottau."

In Folge der starken Truppenmärsche mußten die Vorräthe fast aller Orten in der Lausitz sich erschöpfen; es trat Theurung ein und mit Furcht sahen Viele selbst einer förmlichen Hungersnoth entgegen. Nur einige Beispiele mögen darlegen, welche Forderungen an die Bewohner der Provinz gestellt wurden. In Kamenz waren täglich 250 Scheffel Korn und 1000 Pfund Brot verlangt worden, abgesehen von den Lieferungen, welche der Gerichtsamtsbezirk an Stroh, Hafer, Kaffee, Reis, Gemüsen, Bier und Wein zu leisten hatte, und die um so schwerer zu beschaffen waren, da an demselben Tage auch an den benachbarten budissiner Bezirk ähnliche Forderungen gestellt wurden.

Unterm 18. Juni wurde von dem Kommandirenden der in die Lausitz eingerückten preußischen Truppen in Löbau ein Militär-Magazin errichtet; hierzu wurden auf einen Tag gefordert: 310 Centner Hafer, 90 Centner Heu, 100 Centner Stroh, 33 Centner Reis, ebensoviel Graupen, 6 Centner Salz, 4 Centner Kaffee, 150,000 Stück Cigarren, oder 100,000 Stück Cigarren und 3 Centner Rauchtabak, 200 Centner Roggenmehl, 4400 Stück Brote à 5 Pfund 18 Loth, 1000 Quart Branntwein, 12,000 Quart Bier und 240 Quart Wein. Auf Grund der von dem Amtshauptmanne von Gutschmidt, welcher sich überhaupt durch die Regelung mancher schwierigen Angelegenheit ein dankbares Andenken gesichert hat, vorgenommenen Vertheilung, hatte Zittau mit mehreren seiner Dörfer unterm 19. desselben Monats an erwähntes Magazin

347 Ctr. Hafer, 67 Ctr. Stroh, 33 Ctr. Reis, 2½ Ctr. Graupen, 500 Ctr. Gries, 6 Ctr. Salz, 7 Ctr. Kaffee, 117,000 Stück Cigarren, 4½ Ctr. Rauchtabak, 150 Ctr. Roggenmehl, 280 Brote, 1477 Quart Branntwein, 12000 Quart Bier und 4 Eimer 34 Quart Wein abzuliefern. Durch solche immerwiederkehrende Lieferungen mußten sämmtliche Vorräthe, wie bereits gesagt, vollständig erschöpft werden, und der zittauer Stadtrath insbesondere sah sich in die Nothwendigkeit versetzt, unterm 21. Juni an den Prinzen Friedrich Karl von Preußen ein unterthäniges Schreiben zu richten, worin gesagt wurde, daß es ihm geradezu unmöglich geworden sei, den an ihn gestellten Forderungen zu genügen. Die Stadtkasse, heißt es, sei erschöpft, und solle trotzdem doch allen Verbindlichkeiten der Stadt genügen; die Bewohner seien ohne Verdienst und sollten doch sich und ihre Familie ernähren; jeden Tag vermehre sich die Zahl der brotlosen Arbeiter und der Hunger müsse schließlich zur Verzweiflung treiben. Endlich wird in dem Schreiben noch gebeten, es möge die Postverbindung wieder hergestellt und dadurch die Versendung aller Handels- und Geschäftsbriefe ermöglicht werden, da der Handelsstand der Stadt zum größten Theile gefährdet sei. — Eine Deputation unternahm es, jedoch ohne Erfolg, dem Prinzen die Vorstellungen zu überbringen. Von dem stellvertretenden Chef des Generalstabes mit wenig tröstlicher Erwiderung entlassen, war ihnen auch durch die schnelle Abreise des Prinzen schließlich die Aussicht auf eine persönliche Vorstellung bei dem Höchstkommandirenden abgeschnitten worden.

Ein Lichtblick in dem Leiden Zittaus war ein Schreiben des Obersten von Puttkammer, das unterm 23. Juni den Dank für die außerordentlich gütige und zuvorkommende Aufnahme, welche den Truppen nach allen Richtungen gewährt worden sei, und den Wunsch ausspricht, daß „es gelingen möge, die Schrecken des Gefechtes von der Stadt fern zu halten."

Unter dem 26. Juni wurde von dem preußischen Militärgouvernement der Kriegszustand für das gesammte Königreich verkündigt. Verrätherische Handlungen, welche den Truppen Gefahr oder Nachtheil bringen könnten, sollten dem Urtheile preußischer Kriegsgerichte unterworfen sein.

Während die Oberlausitz mit dem gesammten Königreiche die Unannehmlichkeiten, welche Einquartierungslast und Verpflegung fremder Truppen mit sich bringen, zu ertragen hatte, folgten sich auf böhmischem Boden schnell die kriegerischen Ereignisse. Am 23. Juni war, wie erzählt wurde, das erste Armeekorps unter Friedrich Karl aus der Lausitz in Böhmen eingedrungen; am 26. desselben Monats geschah der Einmarsch der zweiten Armee unter dem Kronprinzen Friedrich Wilhelm bei Nachod und Liebau. Nach den Gefechten bei Nachod, Trautenau und Pilnikau wurde am 27. Münchengrätz eingenommen. Am 29. erstürmten die siegreichen Preußen Königinhof und bei Gitschin folgte ein hartes Treffen. An demselben Tage langte König Wilhelm in Reichenberg an. Der Sieg begleitete die Preußen auch bei Königgrätz (den 3. Juli) und am 8. Juli wurde von ihnen Prag besetzt. König Johann von Sachsen war bereits am 4. in Wien eingetroffen. Schon begann man in der Kaiserstadt Befürchtungen zu hegen, denn am 9. Juli wurden die wiener Bankschätze nach Komorn übergeführt. König Wilhelm aber rückte am 13. in Brünn ein. Olmütz wurde am 17. besetzt und am 18. war das preußische Hauptquartier bis nach Nicolsburg, 12 Meilen von Wien, vorgerückt. Nach einer am 21. Juli geschlossenen fünftägigen Waffenruhe genehmigte Oesterreich am 16. die Einleitungen zum Friedensschluß und seinen Austritt aus dem

2*

deutschen Bunde. Am 16. August nahm König Johann das Entlassungsgesuch seines Ministers Freiherrn von Beust an und es wurde nun auch über den Frieden zwischen ihm und Preußen verhandelt; doch kam derselbe erst am 21. October in Berlin zu Stande. In Löbau, der hartbedrängten Stadt, welche vom 16. Juni bis Ende September gegen 70000 Mann mit Quartier und Verpflegung zu versehen hatte, verkündigte am 22. October Glockengeläute den Friedensschluß. Groß war der Jubel in dem ganzen Lande, besonders in der so schwer heimgesuchten Oberlausitz. Denn dem mit Einmarsche der Preußen in Böhmen und ihren erfochtenen Siegen hatte die Bedrängniß in der Provinz keineswegs aufgehört. Kamenz mußte z. B. noch am 22. August 10000 Stück Cigarren nach Bischofswerda senden, und das Städtchen mit dem Rittergute Elstra hatte eben dorthin 600 Pfund Fleisch und 20 Scheffel Korn abzuliefern, abgesehen von den Forderungen, denen der zum Requisitionsbezirk Bischofswerda gehörige Theil des Amtsbezirks Kamenz eine Zeitlang nachzukommen hatte. Trotz der eigenen Noth wetteiferten die Bewohner der verschiedenen Orte unserer Provinz mit einander, wo es galt, den auf den böhmischen Schlachtfeldern verwundeten Kriegern eine Erleichterung zu verschaffen. In Bautzen lockte der Durchzug von verwundeten und gefangenen Soldaten täglich viele Bewohner auf den Bahnhof. Ergriffen von dem vielen Elende, bildete sich ein Comité zur Verpflegung durchreisender verwundeter Soldaten, und es wurden nur von freiwilligen Spenden gegen 8000 Verwundete mit Speise und Trank gestärkt und so weit möglich mit frischer Wäsche versehen. Brennende Wunden wurden durch geübte Hände frisch verbunden, so daß vielleicht mancher heimgekehrte und wieder hergestellte Krieger die Hand segnet, welche ihm in fremdem Lande Gutes erwies. Am 9. Juli berührten 1130 gefangene Oesterreicher, und darunter viele Italiener, die Stadt; im Seminar wurden über 100 Schwerverwundete untergebracht. Die Stiftsherrschaft zu Kloster Marienstern hatte ein Lazareth mit einigen 20 Betten für verwundete und kranke Soldaten einrichten lassen, und in Zittau mußte ein Feldlazareth für schwere Kranke hergestellt werden. Am 16. August lagen daselbst 154 Mann; 42 waren bis dahin ihren Leiden erlegen, und außerdem hatte auch die Cholera im Spitale ihre Opfer gefordert. Denn von den Schlachtfeldern hatten viele Soldaten den Keim dieser Krankheit, welche im August besonders auch in Bautzen und an anderen Orten unter Fremden und Einheimischen wüthete, mitgebracht. Von den 2400 Mann, welche am 9. Juli in Löbau in der Johannis- und der heiligen Geistkirche, auf dem Gewandhause und in verschiedenen Scheunen ihr nothdürftiges Unterkommen fanden, blieben 50 Schwerverwundete zurück, und in öffentlichen Blättern klagte man zugleich bei der Berichterstattung dieser Thatsache über den fühlbarer werdenden Mangel an Aerzten.

Zum Besten der verwundeten Krieger und ihrer Angehörigen wurde sehr bald im ganzen Lande eine Lotterie veranstaltet, für die z. B. in Kamenz neben dem Militärhilfsvereine auch ein Frauenverein thätig war. In Zittau sammelten die Mitglieder des Turnvereins unter sich freiwillige Beiträge, welche zum Besten der Familien verwundeter oder gefallener sächsischer Soldaten verwendet werden sollten; und eben daselbst wurde zu demselben Zwecke, als wieder wohlthätige Ruhe herrschte, am 19. September von dem Gesangvereine Orpheus eine geistliche Musikaufführung veranstaltet.

Wer aber könnte alle die Aeußerungen des mildthätigen Sinnes, des tiefen Mitgefühls, welche in jenen Tagen die Leiden zu lindern suchten, anführen?

Abgesehen von jenen Handlungen, die nimmer an das Licht der Oeffentlichkeit gelangen werden, weil sie im Stillen geübt wurden, fehlt mir auch jetzt noch die Kunde von allen Beispielen der Aufopferung, welche über die engen Grenzen des Ortes nicht so bald in weitere Kreise dringen.

Auf Grund des Friedensschlusses, durch den das Königreich Sachsen mit einer veränderten und der preußischen angepaßten Militärorganisation in den norddeutschen Bund eintrat, hatte das Land 10 Millionen Kriegskosten zu zahlen; doch kam eine Million davon in Abrechnung, weil das Eigenthum der sächsischen Regierung an der auf preußischem Gebiete gelegenen Strecke der dresdengörlitzer Eisenbahn, einschließlich des antheiligen Eigenthumsrechtes an den Bahnhof in Görlitz, an die preußische Regierung überging. Vorläufig soll jedoch die sächsische Regierung „bis zum Ablaufe der im Staatsvertrage vom 24. Juli 1843 festgesetzten dreißigjährigen Frist in der Ausübung des Betriebes auf der Strecke von der beiderseitigen Landesgrenze bis Görlitz und in der unentgeltlichen Mitbenutzung des Bahnhofs in Görlitz bleiben." Der Reinertrag, welchen der Betrieb auf der gedachten Strecke abwirft, muß alljährlich an die preußische Regierung abgeliefert werden.

Der kurze, aber folgenschwere Krieg war zu Ende, und am 26. Oktober 1866 traf König Johann wieder in seinem Lande und bei seinem Volke ein. Bautzen sendete Deputirte zur Begrüßung ab, Zittau aber feierte den Freudentag durch festlichen Schmuck und Glockengeläute.

Die Scheidung der gesammten Oberlausitz in einen sächsischen und preußischen Antheil macht es nöthig, jetzt wieder um 50 Jahre zurückzugehen und den Verlauf derjenigen Begebenheiten, welche unmittelbar von der Landesregierung hervorgerufen und als staatliche Einrichtungen bezeichnet werden, soweit sie blos

die preußische Oberlausitz

treffen, vorzuführen.

König Friedrich Wilhelm III., welcher 1797 die Regierung antrat und am 7. Juni 1840 im 70ten Jahre seines Lebens starb, verdiente von seinem Volke der Gerechte, Fromme und Milde genannt zu werden. Im Jahre 1815 fiel ihm ein Theil der Oberlausitz zu, und er hat durch vielseitige Bemühungen, das Wohl der neuerworbenen Provinz zu fördern, durch tiefeingreifende Verbesserungen hinsichtlich der Unterthanenverhältnisse, sowie durch viele andere ins Leben gerufene nützliche Einrichtungen sich sehr bald die Liebe und Anhänglichkeit der neuen Staatsangehörigen erworben. Mit Trauer sahen sich diese von einem Fürstenhause losgerissen, mit welchem sie seit mehr als 150 Jahren verbunden gewesen waren; mit tiefem Bedauern ward insbesondere auch von den Bürgern der alten Sechsstädte die Kunde aufgenommen, daß das Band, welches sie seit Jahrhunderten zusammenhielt, gelöst worden sei. Aber die Bewohner lebten sich allgemach in die neuen Verhältnisse ein und fühlten sich durch den Gedanken erhoben, einem Großstaate anzugehören, dessen Fürsten ebenfalls unablässig bemüht gewesen sind, den materiellen Wohlstand und die geistige Entwickelung ihres Volks zu heben. Daher ward auch am 16. November 1822 das 25jährige Regierungsjubiläum Friedrich Wilhelms in der Oberlausitz wie in den alten Provinzen von dem Volke mit großer Theilnahme gefeiert. Durch Festreden und Gesänge wurde der Tag in den Gymnasien zu Görlitz und Lauban ausgezeichnet; in den Kirchen erflehte man des Himmels

Segen auf den Fürstenjubilar, und die Bürgergarden feierten das frohe Ereigniß durch rauschende Vergnügungen.

Bereits am 1. Oktober 1816 erhielt die preußische Oberlausitz eine veränderte Regierungs- und Gerichtsverfassung. Das in Görlitz bisher für den görlitzer, zittauer und laubaner Kreis bestandene und dem budissiner Oberamte untergeordnete königliche Amt, mit welchem auch das von dem Amtshauptmanne und vier adeligen Schöppen zusammengesetzte Hofgericht so wie ein ständisches Waisenamt verbunden war, wurde an genanntem Tage aufgelöst, und es trat eine königliche Justizcommission an seine Stelle. Der Wirkungskreis derselben erstreckte sich über die neuerrichteten drei Landkreise, den görlitzer, laubaner und rothenburger Kreis; sie stand aber unter dem Oberlandesgericht zu Glogau, wohin die Akten zur Abfassung der Erkenntnisse gesendet werden mußten. Die Befugnisse dieser Justizkommission waren demnach ziemlich beschränkte zu nennen, da dieselbe z. B. wohl Testamente an- und aufnehmen, aber nicht zur gerichtlichen Aufbewahrung bei sich behalten durfte. Der hoyerswerdaer Kreis gehörte nicht unter ihre Gerichtsbarkeit, da dieser bei der Einverleibung der Oberlausitz dem frankfurter Bezirke zugewiesen wurde.

Eine andere Veränderung bezog sich auf die Trennung der Justiz von der Verwaltung des städtischen Gemeinwesens. Jene und ebenso die Patrimonialgerichtsbarkeit in Sachen des Strafrechts wurden 1817 von dem Staate übernommen, zugleich aber wurde auch in der Oberlausitz die Verwaltung des bürgerlichen (Civil-) Rechts von der des Straf- oder Kriminalrechtes getrennt, und in Folge dessen ein Inquisitoriat oder Kriminalgericht für den unter das Oberlandesgericht zu Glogau gewiesenen Theil der Oberlausitz in Görlitz errichtet. Die außerhalb Görlitz schon schwebenden Kriminalsachen sollten zwar von den bisherigen Untersuchungsrichtern bis zum Erkenntniß fortgeführt, jedoch ohne Weiteres bei dem görlitzer Kriminalgericht zur Anzeige gebracht werden. Dem Stadtgerichte Görlitz blieb zunächst blos die Civiljustiz; mit der Einführung der neuen Kommunalordnung, den 1. Juli 1820, wurde aber die Justizverwaltung von den stadträthlichen Amtsbefugnissen ausgeschieden und dafür einstweilig ein königliches Stadt- und Landgericht gebildet. Dasselbe wurde jedoch nach kaum 2 Jahren wieder aufgehoben, da mit dem 1. Oktober 1822 eine neue Rechtsverwaltung in der preußischen Oberlausitz ihren Anfang nahm. Durch dieselbe wurde auch die Justizcommission zu Görlitz für die ganze Provinz aufgehoben, und an ihre Stelle traten drei Kreis-Justizkommissionen für den görlitzer, laubanschen und rothenburgischen Kreis. Außerdem wurde für die drei genannten Kreise zur Verwaltung der Civil-Rechtspflege zu Görlitz ein Landgericht mit vier Gerichtsämtern, welche Lauban, den görlitzer Stadt- und zwei görlitzer Landbezirke umfaßten, errichtet. — Aber mit dem Jahre 1838 trat in Folge einer königlichen Kabinetsverordnung wieder eine Aenderung ein, indem für den bisherigen Bezirk des Gerichtsamtes zu Lauban ein selbstständiges Land- und Stadtgericht, und ebenso für die in Görlitz bestehenden Gerichtsämter durch Vereinigung derselben ein selbstständiges Land- und Stadtgericht gebildet wurde. Mit letzterem wurde das Inquisitoriat zu Görlitz vereinigt, jedoch so, daß es als Deputation des Land- und Stadtgerichts unter seiner alten Benennung erhalten blieb. — Bereits im Juli 1816, noch ehe das königliche Amt in Görlitz aufgehoben wurde, erfolgte die Errichtung von drei landräthlichen Aemtern zu Görlitz, Rothenburg und Lauban. Sie wurden, als nunmehr zu „Schlesien" gehörig, dem Regierungsbezirke Liegnitz zugetheilt. Im Jahre 1825 wurde auch der hoherswerbaer Kreis, die ehemalige freie Standesherrschaft Hoherswerda, welche bei der Theilung Sachsens zu Brandenburg geschlagen worden war, mit hinzugezogen. Den landräthlichen Aemtern ist alles zugewiesen, was auf Polizeisachen Bezug hat; daher treffen sie Anordnungen für Erhaltung der öffentlichen Ruhe und Sicherheit, ordnen sämmtliche ins Paufach einschlagenden Angelegenheiten, überwachen die Ausführung der von hohen Behörden erlassenen Verordnungen und haben auch die Leitung der Militärangelegenheiten, die Einquartierungs-, Marsch- und Aushebungssachen mit noch vielem Anderen zu besorgen.

Die in der Geschichte der Oberlausitz bis zum Jahre 1815 besprochene Wirksamkeit der Stände unsers Markgrafthums, zu denen seit 1828 außer Ritterschaft und Städten auch bäuerliche Abgeordnete gehören, hatte insofern eine Aenderung erfahren, als auf den Landtagen jetzt nur noch besondere Verbandsangelegenheiten, besonders das Schuldenwesen und die ständischen Institute, z. B. milde Stiftungen zur Berathung kamen. Dadurch ist der eigenthümlichen Verfassung der Provinz immer noch ein wohlthätiger Einfluß gewahrt geblieben. Manchem Studirenden ist durch die Stände Unterstützung zugeflossen, Jünglinge wurden auf ihre Kosten zu Lehrern ausgebildet, Landschulen mit Lehrmitteln versehen; in Dürftigkeit lebende, verdiente Schullehrer erhielten Zulagen, Pensionen und andere Unterstützungen. Die Zinsen eines Kapitals, dessen Verwendung den Ständen überwiesen ist, wurden von diesen zu fortwährenden Belohnungen für oberlausitzische Schullehrer angewiesen, welche sich im Unterrichte taubstummer Kinder ausgezeichnet hatten, und ebenso erhielten durch die Fürsorge der Stände, welche den von Lossa-Nostitzschen Armenversorgungsfond nach und nach vergrößerten, statt der ursprünglichen 21 Armen zu Anfange der dreißiger Jahre 70 wegen Alter und Gebrechlichkeit zur Arbeit untüchtige und bedürftige Oberlausitzer Jahrespensionen.

Für das Verfassungsleben sind die durch ein Gesetz vom 27. März 1824 angeordneten und 1825 zum ersten Male in Breslau berathend zusammengekommenen Provinzial-Landstände von größerem Einflusse geworden. Dieselben vertraten nicht allein das Markgrafthum Oberlausitz, sondern auch das Herzogthum Schlesien, und wurden von 1825 bis 1842 aller 3, seit 1843 aber aller 2 Jahre zusammenberufen, um ihr verlangtes Gutachten über Gegenstände von provinzialem Interesse auszusprechen. Wenn auch diese Einrichtung, was hier gleich erwähnt sein mag, 1850 aufgehoben wurde, so trat sie doch mit dem 24. Mai 1853 wieder ins Leben, so daß alle Verordnungen und Gesetze, welche sich darauf bezogen, von neuem Gültigkeit erlangten. Die Provinzialstände für Schlesien und die Oberlausitz zerfallen in die Fürsten und Herren mit 10 Stimmen, in die Ritterschaft mit 36, die Städte mit 30 und die bäuerlichen Gutsbesitzer mit nur 16 Stimmen. Zu dem ersten Stande gehört aus der Oberlausitz der Besitzer der Standesherrschaft Muskau; die oberlausitzische Ritterschaft wird durch 6, der Stand der Stadtgemeinden unserer Provinz durch 4, und der der Landgemeinden durch 2 Abgeordnete vertreten. — Unter den Städten hat Görlitz 2 und Lauban eine, die übrigen kleinen Städte aber haben ebenfalls nur eine Stimme. In den Vorschriften für die Einberufung der Provinzialstände wurde bestimmt, „daß, um der Bedingung, woran nach dem Allgemeinen die Standschaft gebunden ist, vollkommen zu entsprechen, auch bei den zu Abgeordneten gewählten Magistratspersonen der Besitz eines städtischen Grundstücks bedungen worden ist." Die Größe des Grundbesitzes für einen bäuerlichen Abgeordneten wurde in der Oberlausitz nach einer Roggenaussaat von 50 Scheffeln bestimmt.

Eine dritte Vertretung der Stände, welche seit 1827 für die Oberlausitz sowie für Schlesien angeordnet wurde, sind die Kreisstände, welche zu Kreistagen jährlich mehrere Mal zusammenkommen. Durch die Mitglieder, zu denen alle unbescholtenen Rittergutsbesitzer, Deputirte der Städte und Landgemeinden gehören, soll die Verwaltung des Landraths in allen Gemeinde-Angelegenheiten unterstützt werden.

Zu städtischen Abgeordneten können nur im Dienste stehende Mitglieder des Stadtraths, zu bäuerlichen aber nur Dorfrichter, wenn sie das für einen Abgeordneten zum Provinzial-Landtage erforderliche Grundeigenthum besitzen, gewählt werden. Vorsitzender ist jedesmal der Landrath.

Hinsichtlich der Steuerverhältnisse mag erwähnt werden, daß 1820 die bisherige Personalsteuer aufgehoben wurde und statt derselben die Klassensteuer zur Einführung gelangte. Besondere Gesetze ordneten auch die Abführung der Mahl- und Schlachtsteuer, sowie der Gewerbesteuer an.

Aus dem Bisherigen ist schon ersichtlich, wie umfassend die Veranstaltungen sind, welche von Friedrich Wilhelm III. zum gedeihlichen Fortschreiten der oberlausitzischen Verhältnisse, zur Entwickelung der provinzialen Angelegenheiten getroffen wurden. Auch wenn ich jetzt bei den allgemeinen Landesangelegenheiten stehen bleibe, werden noch einige Einrichtungen, welche der Provinz durch diesen Fürsten wurden, Erwähnung finden müssen. In Folge einer Verordnung vom 14. August 1832 wurden zum Beispiel 1833 in der Oberlausitz Schiedsgerichte eingeführt. Auf je 2000 Seelen sollte ein von den Gemeinden gewählter Schiedsmann kommen, sodaß fast jeder mittelmäßige Ort einen solchen hat. Durch die Schiedsgerichte wird jährlich eine große Zahl von Streitigkeiten in Güte und kostenfrei geschlichtet, und es ist der Wirkungskreis der Schiedsmänner in späterer Zeit noch dadurch größer geworden, daß Klagen über Beleidigungen und leichte Mißhandlungen nicht eher dem Gerichte übergeben werden dürfen, als bis nachgewiesen worden ist, daß die Kläger vergeblich den Beistand eines Schiedsmanns angerufen haben.

Der im Jahre 1831 eingeführten neuen Städteordnung wird später eingehender gedacht werden; die Anwendung des königlichen Kredit-Instituts für Schlesien auch auf die Oberlausitz (im Jahre 1835) mag nur erwähnt werden; aber ganz besonders müssen schließlich die Bestimmungen hervorgehoben werden, durch welche die bäuerlichen Grundbesitzer von einem schweren Drucke befreit wurden. Die 1817 eingerichteten Generalkommissionen hatten das Verdienst, auf Hebung und Förderung der Landeskultur hingewirkt zu haben; durch dieselben wurden die bisher bestandenen Hofedienste abgelöst und dem Bauer wurde eine freiere, würdigere Stellung angewiesen. Ein anderer Hebel dazu war die 1820 erfolgte Aufhebung der Erbunterthänigkeit. Wenn auch dieselbe, wie in der Geschichte unserer Provinz bis zum Jahre 1815 ausgesprochen wurde, keine Dienstbarkeit und Leibeigenschaft nach Art der römischen Knechte war, so durfte doch der auf erbunterthänigem Boden, und insbesondere auf einer Laßnahrung geborene Unterthan nicht nur sein Grundstück nicht veräußern, sondern er durfte selbst ohne Bewilligung des Gutsherrn zu keiner anderen Beschäftigung als der des Landbaues greifen. Wurden die Kinder eines Erbunterthänigen von der Herrschaft zum Dienste auf das Gut gefordert, so mußten sie 2 Jahre lang gegen einen sehr geringen Lohn dem Gebote nachkommen, und nur der Fall, daß ein befähigter Knabe zum Studium, hauptsächlich dem der Theologie bestimmt wurde, befreite von solcher Dienstbarkeit. Johann Gottlieb Mischke führt in seiner Darstellung des Markgrafthums Oberlausitz, königlich preußischen Antheils, mehrere Beispiele an, aus denen man ersieht, wie gering der Lohn während der erzwungenen Dienstzeit war. In Uhsmannsdorf erhielt ein Knecht jährlich 6, ein Ochsenjunge 2, und eine Magd 4 Thaler Lohn; in Schadewalde war derselbe noch geringer, indem er sich für die genannten Dienstboten daselbst nur auf 20 bis 24, 10 bis 12 und 12 bis 16 Kaiserböhmen (à 1 Sgr.) belief. Als Folge dieser Dienstbarkeit hat sich noch lange Zeit, ja hie und da selbst bis zur Gegenwart der niedere Tagelohn, welchen Arbeiter empfangen, sowie die auffällige Unterwürfigkeit erhalten, die uns hauptsächlich bei den Dorfbewohnern wendischer Nationalität entgegentritt. Erst durch eine freiere Stellung des sogenannten vierten Standes konnte die Kultur des Bodens gehoben werden; die Kräfte suchten das Höchste zu leisten und an die Stelle des bloßen Mechanismus trat das Nachdenken. So mußte auch die geistige Kraft und somit die Bildung der bäuerlichen Grundbesitzer wachsen.

Die eine Schöpfung allein, Einfügung des Bauernstandes als gleichberechtigtes Glied in die Staatsgesellschaft, die Einsetzung desselben in seine Menschenrechte, welche ihm Jahrhunderte nicht voll gewährten, hat die Regierung Friedrich Wilhelms zu einer solchen gemacht, daß ihrer auch die spätern vaterländischen Geschichtschreiber mit Nachdruck werden gedenken müssen.

Es herrschte große Freude, und aus allen Gegenden der Oberlausitz strömte das Volk herbei, als Friedrich Wilhelm III. am 25. September 1835 Görlitz besuchte. Zur Erinnerung an diesen Tag wurde eine Denkmünze mit des Königs Bildnisse geprägt und mit folgendem Programme ausgegeben: „Sechs Jahrhunderte sind vergangen, seit Brandenburgs Adler zum ersten Male seine Fittiche schirmend über die damals erst neuentstandene Stadt Görlitz ausbreitete. Ein Jahrhundert hielt er treue Wacht; die junge Stadt erblühte und erstarkte unter der Regierung Ottos des Frommen bis zu der Woldemars des Guten, mit dessen Tode im Jahre 1319 der Herrscherstamm der Ascanier erlosch. Aber 1815 wurde Görlitz mit dem unterdessen groß und mächtig gewordenen Hause Brandenburg aufs Neue und fester vereinigt. Die Erinnerung an die vergangene schöne Zeit einigte sich lebendig mit der Gegenwart; am lebendigsten den 25. September 1835, an welchem Tage zum ersten Male wieder ein Herrscher des alten Stammes, Friedrich Wilhelm III., die Frömmigkeit der Ottone und Woldemars Güte in sich vereinigend, die Mauern von Görlitz betrat.

Nach dem Tode Friedrich Wilhelms III. bestieg am 7. Juni 1840 sein Sohn Friedrich Wilhelm IV. (geb. den 15. Oktober 1795) den Thron. Der „letzte Wille" seines Vaters und das theure Vermächtniß: „An Dich, meinen lieben Fritz", welches ihm von demselben hinterlassen wurde, dienten zur Richtschnur seines Lebens, während dessen er bestrebt war „mit Gott in den Wegen seines Vaters zu wandeln." An seinem Geburtstage nahm er die Huldigung entgegen und die Oberlausitz sandte zu dieser Feier 12 Abgeordnete, nämlich 6 vom Adel-, 4 vom Bürger- und 2 vom Bauernstande.

Eifrig bestrebt, die Wünsche seines Volks zu hören, setzte er sich mit den Ständen seiner Provinzen in Verbindung, und er verordnete zum Beispiel im Jahre 1842 zu diesem Zwecke einen Ausschuß aus den auf dem Provinzial-Landtage versammelten schlesischen und oberlausitzischen Ständen, um auf deren

Gutachten zu einer Zeit zu hören, da die eigentlichen Landtagsversammlungen nicht abgehalten wurden. Er besuchte zu Anfange des Jahres 1844 die Oberlausitz, bestieg nach einem Aufenthalte in Görlitz die Landeskrone, wo er dem treuverdienten Bürgermeister der genannten Stadt und auch dieser selbst ein Zeichen seiner Huld gab. Durch die Ernennung ihres Bürgermeisters zum Oberbürgermeister wurde Görlitz schon damals, und ausdrücklich durch Verordnung noch später (1847) in die Reihe der Großstädte erhoben. Zweimal, 1844 und 1850 durch Mörderhände bedroht, hörte der König nicht auf, für seines Volkes Wohl nach reiflichem Ermessen zu sorgen. Eine allgemeine Gewerbeordnung und Handelskammer zu schaffen, eine Gemeindeordnung für die evangelischen Kirchengemeinden zu erlassen, Kirchen- und Schulvisitationen anzuordnen, damit Uebelstände aufgedeckt und beseitigt würden, das sind Früchte seines beharrlichen Strebens, die ich erst später in den Vordergrund stellen werde.

Es ist billig, daß ich in der Geschichte der Provinz die Wirksamkeit der ihr allein angehörigen Stände zuerst bespreche. Unterm 3. Februar 1847 wurde den Provinzialständen der ganzen Monarchie das wichtige Recht der berathenden Mitwirkung in Angelegenheiten der Gesetzgebung, des Staatsschulden- und Steuerwesens verliehen. Insofern erweiterten sich auch die Schranken der Provinzialstände der Oberlausitz, und wir müssen deshalb jenes Aktes der königlichen Huld an dieser Stelle mit gedenken. Ausdrücklich wurde festgesetzt, daß der König die Provinzialstände der Monarchie zu einem vereinigten Landtage um sich versammeln, daß er ferner den vereinigten ständischen Ausschuß fortan von Zeit zu Zeit zusammenrufen wolle, um in den obenangeführten Angelegenheiten die Meinung und den Rath dieser Vertreter von Ritterschaft, Städten und bäuerlichen Grundbesitzern zu vernehmen.

Stets aber fällt der Schwerpunkt der ständischen Wirksamkeit in unserm Markgrafthume auf die Fürsorge, welche von den Abgeordneten hinsichtlich der provinzialen Angelegenheiten an den Tag gelegt wurde. In den vierziger Jahren arbeiteten sie dahin, in Bezug des Landarmenwesens die Zerstückelung der Oberlausitz zu beseitigen und sie ganz und ausschließlich, von Schlesien abgesondert, in den Kreisen Görlitz, Lauban, Rothenburg und Hoyerswerda zu vereinigen. Sie suchten mit Erfolg die Einführung von Gesindedienstbüchern nach, wirkten auf den Bau der görlitz-spremberger und lauban-kohlfurter Chausseen hin, und gewährten in Zeiten materieller Noth Unterstützungen. In einem Berichte vom Jahre 1845 wird zum Beispiel mitgetheilt, daß die Stände es für ihre Pflicht gehalten hätten, für den Fall, daß wider Erwarten dennoch wirklich ein Nothstand, besonders durch das Fehlschlagen der Kartoffeln eintreten sollte, Maßregeln zur Milderung desselben zu treffen. Deshalb beschlossen sie, den oberlausitzer Kreisen und Kreistheilen Darlehne in Gesammtbetrage von 100000 Thalern zu gewähren. Eine besondere Fürsorge wendeten sie auch, was hier kurz erwähnt sein mag, fort und fort der Verwaltung der ihnen zugewiesenen milden Stiftungen zu.

Wenn auch die Geschichte des preußischen Staates zu Ausgang der vierziger Jahre streng genommen nicht in diese Provinzialgeschichte gehört, so kann ich doch nicht unterlassen, auf die Hauptbegebenheiten hinzuweisen, umsomehr, da Veränderungen im Verfassungsleben der Monarchie auch die Oberlausitz mit berührten.

Als in Frankreich König Ludwig Philipp seines Thrones entsetzt wurde, und das Königthum der republikanischen Verfassung weichen mußte, da erklang auch in allen Staaten Deutschlands wie ein heftiger Sturm der Ruf nach Freiheit. Ich habe in der neueren Geschichte der sächsischen Oberlausitz kurz darauf hingewiesen, wie sich der Kampf zwischen Volk und Regierung im Königreiche Sachsen entwickelte und wie er verlief. Es gährte überall in den deutschen Ländern, so daß der Bundestag in Frankfurt dem Volke die langersehnte Preßfreiheit und eine Bundesreform verhieß, um den Ausbruch eines allgemeinen Aufstandes zu verhindern. Von König Friedrich Wilhelm wurde eine neue volksthümliche Verfassung versprochen und es sollten mit dem 2. April 1848 die bisherigen Stände zusammentreten. Durch einen unglücklichen Zufall veranlaßt, brach jedoch im März der Straßenkampf in Berlin aus, welcher damit endigte, daß der König tiefbewegt versprach, er wolle das Geschehene vergessen, wenn das Volk wieder zum Frieden zurückkehre. Jetzt erschien am 17. März das neue Preßgesetz; die Censur für Druckschriften wurde aufgehoben und das ordentliche Gericht sollte über Ausschreitungen entscheiden und die Strafe aussprechen, wenn ein Vergehen in gedruckten Schriften nachgewiesen worden war. — Die Wahlen zur deutschen National-Versammlung in Frankfurt am Main, welche am 10. Mai stattfanden, bewegten das gesammte Volk. Zwei Tage vorher waren auch die Wahlen der Abgeordneten zur preußischen Nationalversammlung, die am 22. Mai in Berlin eröffnet ward, abgehalten worden. Es waren Tage, wie sie nur selten in der Geschichte eines Volkes vorkommen; überall war das politische Leben und das Selbstgefühl der Bürger erwacht, die, wie es in Sachsen geschah, zu Bürgerwehren zusammentraten. Durch ein Gesetz vom 17. Oktober wurden die Bürgerwehren angewiesen, die öffentliche Ordnung und persönliche Sicherheit aufrecht zu erhalten. Mit Selbstverläugnung stand der Herr in ihren Reihen neben seinem Arbeiter, der Meister neben dem Gesellen; gegen Abend wurden Waffenübungen gehalten, an vielen Orten zum Theil mit der Lanze, wenn es nicht Schießgewehre, die selbst aus den Festungen von den Behörden geliehen wurden, in hinreichender Menge gab. In Görlitz übernahm auch der Turn- und Rettungsverein mit die Aufgabe, für Aufrechthaltung der Ordnung in der Stadt zu sorgen. Er hatte sich ein dreifaches Ziel gesetzt: Turnübungen sollten der Kräftigung des Körpers dienen; die Uebungen mit den Rettungsapparaten sollten die Mitglieder befähigen, in Zeiten der Gefahr für die Stadt, namentlich bei Feuersbrünsten hülfreich aufzutreten, und endlich sollten Fecht- und Schießübungen Jeden mit der Zeit waffenfähig und gerüstet machen. Wie in der sächsischen wurden auch in der preußischen Oberlausitz Turnfeste bei starker Betheiligung der Bevölkerung veranstaltet. Ein solches Turnfest war im August 1848 mit dem in Görlitz abgehaltenen großen Volksfeste verbunden worden. Da kamen viele Gäste aus der sächsischen Lausitz; Arm in Arm und in bunter Reihe bewegten sich die Turner und die Männer der Bürgerwehr im Zuge, dem auch bekränzte Turnerinnen angehörten, durch die Stadt nach dem Festplatze. Die deutsche Fahne, auf dem höchsten Maste aufgepflanzt, und ein deutsches Lied fehlten nicht, und die Festrede schloß sich dem Turnerwahlspruche: „frisch, frei, fröhlich, fromm" an.

Die Erinnerung an derartige Feste gerade hier aufzufrischen, mag gestattet sein, da die Turnerei jener Jahre die politische Meinung des Volkes kennzeichnete. Heißt es doch in der vorhin erwähnten Festrede, nachdem entwickelt worden ist, das Turnen mache frei und es mache fröhlich: „Darum unsern Fürsten, die uns das Turnrecht zurückgegeben, die überhaupt unnatürlicher Rechte sich entäußert und begeben haben, und den Völkern, die für wahres Recht und wahre Freiheit in die Schranken getreten sind, — darum der Einheit Deutschlands und vor Allem dem deutschen Manne, der diese Freiheit uns vermitteln hilft, insbesondere allen denen, die als Gäste sich in Wahrheit schon vereinigt haben, ein freudiges Hoch!" Daß die Turnerei der vierziger Jahre nicht allein die körperliche Kraft und Gewandtheit zu erzielen suchte, sondern daß sie sich auch einen andern Zweck gesetzt, ist aus den Turnreden jener Zeit zu erweisen. Man wollte, daß das Turnen auch den innern Menschen frei machen, ihm Muth, Selbstständigkeit und Männlichkeit verleihen solle; daher müsse der wahre Turner zum Natur- und Menschenrechte, zur Freiheit unter Gesetzen, welche Fürst und Volk in Gemeinschaft gegeben hätten, hinneigen.

In einer Zeit, wo die alten Staatsverhältnisse erschüttert werden, bricht nicht selten auch der rohe Pöbel durch; verhaltener Groll, Leidenschaften werden wach und zerstörend ziehen wilde Rotten durch die Straßen, brechen in die Häuser ein, um sich an fremdem Eigenthume zu vergreifen. Als in Görlitz 1848 durch Maueranschläge bekannt wurde, daß der König Preßfreiheit bewilligt und eine Konstitution verheißen habe, da zogen gegen Abend Leute durch die Stadt mit dem Rufe: „Preßfreiheit! Preßfreiheit! Bis jetzt sind wir gepreßt worden, nun wollen wir pressen!" Und an demselben Abende sollte das Gerücht, „es werde über die Bäcker hergehen", zur Wahrheit werden. Eine Schaar von Plünderern zog durch die finstern Straßen, brach in 17 Bäckerläden ein, und kühn gemacht durch den Mangel an Widerstand, wurden nicht blos die Waaren weggenommen, sondern auch Oefen und Möbel zerschlagen. Aehnliche Aufläufe kehrten einigemal wieder, indem man mit politischen Erklärungen begann und mit der Zerstörung des Eigenthums ruheliebender und achtbarer Bürger aufhörte. In diesen Zeiten der Gefahr für Diejenigen, welche sich durch irgend eine Aeußerung bei dem großen Haufen mißliebig gemacht hatten, suchten in Görlitz außer der Bürgerwehr und Bürgergarde besonders auch die Turner-Ordnung zu erhalten und wo solche wanken wollte, wieder herzustellen. Der Stadtrath aber veröffentlichte unterm 2. November 1848 wiederholt die Vorschrift, nach welcher alle Hausbesitzer, Familienväter und Arbeitsherrn aufgefordert wurden, ihren Hausgenossen, Familienmitgliedern, Dienstboten, Gesellen, Lehrlingen und Arbeitern streng zu untersagen, sich bei Entstehung eines Auflaufs aus dem Hause zu entfernen und auf den Straßen und Plätzen herumzutreiben, widrigenfalls nicht nur die Betroffenen verhaftet und bestraft, sondern auch sie selbst verantwortlich gemacht werden würden. Die Schankwirthe sollten, so lange der Auflauf nicht vollständig beseitigt sei, ihre Lokale schließen. An diejenigen aber, welche den Geist des Unfriedens in der Stadt heraufbeschwören möchten und sich durch Rath und That an dergleichen ungesetzlichen, verbrecherischen Unternehmungen betheiligten, erging die ernste Warnung, daß die Bürger- und Schutzwehr gegen Jeden, der sich an dergleichen Ausschreitungen betheiligen oder der Bürgerwehr Drohungen oder wohl gar thätlichen Widerstand entgegensetzen sollte, oder der nach wiederholtem Aufruf des Befehlshabers, den Platz zu verlassen, dem Aufrufe nicht Folge geben sollte, ohne Rücksicht auf die Person von den Waffen Gebrauch machen würde." — Ich mußte auch solcher Einzelheiten hier gedenken, da bei den Zeitgenossen jener Verfassungskämpfe des Jahres 1848 die letzteren nur in Verbindung mit manchen Ausschreitungen des Pöbels in Erinnerung treten. Ebenso wird man dabei wieder lebhaft an zahlreiche Vereine erinnert, die ihr Entstehen nur der politischen Gährung verdanken und deren Thätigkeit ebenfalls irgend einer Seite des politischen Lebens zugewendet war. In Görlitz, das ich auch hier, als geistigen Mittelpunkt der preußischen Oberlausitz, vor andern Orten wiederholt berücksichtige, gab es z. B. einen Bürgerverein, in welchem die neuesten Ereignisse besprochen und die preußischen Verhältnisse beleuchtet wurden, einen deutschen Verein, der „Mißtrauen gegen die Verwaltung" der städtischen Behörden aussä'te, einen politischen Verein, in dessen Kreise die politischen Verhältnisse wissenschaftlich erörtert wurden, einen Verein für gesetzliche Freiheit und Ordnung, der bei den Wahlen eine besondere Thätigkeit entfaltete, und einen Veteranen-Verein, dessen Aufgabe sich dahin stellte, „daß die Eintracht zwischen König und Volk wieder erneuert, und die Entwickelung der verfassungsmäßigen Freiheit sowie die Aufrechterhaltung der gesetzlichen Ordnung immer mehr befestigt werde."

Wenn wir jetzt von Neuem zu den Verfügungen der königlichen Regierung zurückkehren, so muß die unterm 9. Oktober 1848 verordnete Einstellung aller Verhandlungen, welche über die Auseinandersetzung der gutsherrlichen und bäuerlichen Verhältnisse und über Ablösung der Dienste und Abgaben bisher gepflogen worden waren, zuerst genannt werden. In Folge dessen fiel eine Zahl von Leistungen, zu denen Jagd- und Wachgeld von Seiten der bäuerlichen Grundbesitzer an die Rittergüter gehörten, ohne irgend eine Entschädigung. Von großem Vortheile ist es ferner, daß nach Errichtung der königlichen Rentenbanken im Jahre 1850 die von den kleinern Gütern zu entrichtenden Zinsen nicht mehr an die Berechtigten gezahlt wurden, sondern „vierteljährlich als Rente von den Ortserhebern mit den königlichen Steuern an die Kreissteuer-Aemter zu weiterer Beförderung abgeliefert werden mußten. Die Berechtigten wurden mit Rentenbriefen für die an die Rentenbank übergegangenen Renten schadlos gehalten." Dadurch ist es möglich geworden, daß in ungefähr 56 Jahren, von der ersten Rentezahlung an gerechnet, das Grundstück rentefrei werden kann. (Mischke, b. Markgrafth. Oberlausitz 1861, pag. 25.)

Durch eine königliche Entschließung war die preußische Nationalversammlung mit dem 27. November 1848 von Berlin nach Brandenburg verlegt worden; jedoch fügte sich nur ein Theil derselben, die übrigen Abgeordneten tagten in Berlin fort und forderten das Volk zur Steuerverweigerung auf, nachdem die Versammlung bereits am 17. November das Ministerium Brandenburg des Hochverraths beschuldigt hatte. In diesen Tagen größter Verwirrung, da selbst Regierungen nichts von sich hören ließen, wurde in Görlitz mit dem Hauptkreis- und Landsteueramte die Einigung getroffen, daß die königlichen Kassen auf das Rathhaus gebracht und bei der Stadthauptkasse verwahrt werden sollten. Zur Beruhigung der Einwohner erschien dann mittelst Maueranschlag eine stadträthliche Bekanntmachung des Inhalts, daß, obgleich die Nationalversammlung zu Berlin den Beschluß gefaßt habe, dem Ministerium Brandenburg die Steuern zu verweigern, damit keineswegs die Befugniß einer unbedingten Steuerverweigerung ausgesprochen worden sei. Vielmehr solle nur die Ablieferung der königlichen Steuern an die Hauptkassen des Staats so lange ausgesetzt bleiben, bis der Zwiespalt zwischen der Krone und der Nationalversammlung durch Berufung eines neuen Ministeriums beseitigt worden sei. Aufgefordert wurden schließlich alle Steuerpflichtigen, ihre Steuern nach wie vor pünktlich zu entrichten, da alle Rückstände unausbleiblich eingezogen werden müßten. In gleichem Sinne sprachen sich bei einer am 19. November in Görlitz in der Nikolaikirche abgehaltenen und aus dreitausend Stadt- und Landbewohnern bestehenden Volksversammlung die Redner aus, indem sie darauf hinwiesen, daß die Steuern, obwohl man dieselben vor der Hand in Görlitz zurückbehalte, gezahlt werden müßten, wenn der Staat nicht zu Grunde gehen solle. Den Tag vorher war vom Stadtrathe ein unterthäniges Schreiben an den König abgegangen, worin gebeten wurde, es wolle derselbe sein Herz den flehenden Bitten eines treuen, aber durch die Maßregeln des Ministeriums schwer verletzten und in seinen Hoffnungen bitter getäuschten Volkes öffnen, und sich mit einem volksthümlichen Ministerium umgeben, welches die Forderungen der Zeit erkenne und durchdrungen sei von der Ueberzeugung, des Landes Wohlfahrt beruhe auf der innigsten Vereinigung des Volkes mit seinem in landesväterlicher Milde regierenden Könige. — Aber auch in entgegengesetztem Sinne ging von Görlitz bald darauf eine Adresse an den König ab. Sie huldigte dem Ministerium Brandenburg, durch welches die Preßfreiheit wieder aufgehoben worden war, und die Unterzeichner sprachen „mit Freuden" ihre Uebereinstimmung „mit den getroffenen Maßregeln zur Rettung des Vaterlandes von Wühlerei und Untergang" aus. An demselben Tage, den 26. November, an welchem die letztgenannte Adresse abgesendet wurde, rückte in Görlitz ein Bataillon Landwehrmänner ein, die nicht wenig erstaunten, als man sie mit Jubel empfing, da sie mit ganz anderen Ansichten über den Stand der Dinge gekommen waren. Die Zeit der freien Meinungsäußerungen war vorüber, es trat eine große Niedergeschlagenheit ein, und die, welche nicht zu den sogenannten „Gutgesinnten" gehörten, fürchteten Ausspäherei und heimliche Anklagen.

Am 5. December 1848 wurde durch König Friedrich Wilhelm die Nationalversammlung aufgelöst und es erschien eine oktroirte, d. h. durch fürstliche Machtvollkommenheit vorgeschriebene Verfassungsurkunde, welche auch durch zwei Adressen aus der Oberlausitz, — unterzeichnet von Bewohnern der Stadt Görlitz und von ständischen Rittergutsbesitzern, — freudig begrüßt wurde. Gleichzeitig verhieß ein königliches Patent die Zusammenberufung zweier Kammern zum 26. Februar 1849. Als bereits am 27. April die zweite Kammer aufgelöst und in Folge dessen die erste vertagt werden mußte, wollten die Hoffnungen auf eine Beseitigung des spannenden Zwiespalts schwinden. Am 7. August wurde eine neue zweite Kammer einberufen und am 31. Januar 1850 erschien die den Kammern vorgelegte Verfassungsurkunde des preußischen Staats. Durch das Gesetz vom 7. Mai 1853 wurde die Bildung der ersten Kammer geregelt; sie wird seit dieser Zeit von Mitgliedern gebildet, welche der König entweder mit erblicher Berechtigung oder auf Lebenszeit beruft und führt den Namen „Herrenhaus", während der zweiten Kammer die Benennung „Abgeordnetenhaus" beigelegt wurde.

So sind wir am Schlußsteine des Verfassungsausbaus der Monarchie, von welcher die Oberlausitz ein Glied ist, angelangt. Noch aber müssen mehrere auch für unsere Provinz wichtige Verfügungen aus der Regierungszeit Friedrich Wilhelms IV. hier eine Erwähnung finden. Zu Anfang des Jahres 1849 wurde die Patrimonialgerichtsbarkeit, soweit dieselbe mit Ausnahme aller sich auf Kriminalsachen beziehenden Angelegenheiten noch bestanden hatte, aufgelöst, es traten königliche Kreisgerichte an ihre Stelle, und die königlichen Oberlandesgerichte erhielten die Benennung „Appellationsgerichte." Für die Oberlausitz wurden Kreisgerichte in Lauban, Görlitz und Rothenburg errichtet; nach Hoyerswerda kam eine Gerichtsdeputation. — Wie im ganzen Königreiche, so wurde auch durch Verordnung vom 3. Januar 1849 in der Oberlausitz das mündliche und öffentliche Verfahren mit Geschworenen in Untersuchungssachen eingeführt, und zum Sitz des Schwurgerichts für die Oberlausitz wurde Görlitz bestimmt. — Hinsichtlich der Steuern trat 1851 insofern eine Aenderung ein, als das alte Klassensteuergesetz, welches vier Klassen der steuerpflichtigen Bevölkerung mit 23 Stufen festsetzte, aufgehoben ward. Dafür wurden 3 Klassen mit 12 Stufen und außerdem noch eine Einkommensteuer, bei welcher 30 Stufen in Anwendung kommen, eingeführt; der letztgenannten Steuer unterliegen diejenigen, welche ein jährliches Einkommen von mehr als 1000 Thalern haben.

Nach längerer Krankheit, während welcher der Prinz von Preußen, Friedrich Wilhelm (geb. d. 22. März 1797) die Regentschaft übernahm, starb König Friedrich Wilhelm IV. am 2. Januar 1861. Der bisherige Prinz-Regent, unter dem das alte Ministerium durch ein neues, mehr das Vertrauen des Volkes besitzendes ersetzt worden war, bestieg hierauf als König Wilhelm den Thron, und schon am 10. Tage seiner Regierung erschien für diejenigen, welche wegen ihrer politischen Thätigkeit verurtheilt worden, oder noch in Untersuchung befindlich waren, ein Gnadenerlaß, der Vieler Thränen trocknete und manche Bekümmerniß hob. Aus seiner Regierung ist der Oberlausitz keine bemerkenswerthe Veränderung hinsichtlich ihrer besonderen Verfassungsangelegenheiten erwachsen; an den jüngsten Verfassungskämpfen in Berlin haben auch die Abgeordneten unserer Provinz theilgenommen; lausitzische Söhne fochten siegreich in dem dänischen Kriege zu Gunsten der Herzogthümer mit, und sie drangen in dem letzten Kriege mit dem ruhmgekrönten Heere vorwärts gegen Oesterreich. Auch in der preußischen Oberlausitz fühlten die Bewohner gleich denen der älteren Provinzen, „daß sich die Gegner täuschten", wie es in dem Aufrufe des Königs heißt, „wenn sie wähnten, Preußen sei durch innere Streitigkeiten gelähmt worden." König Wilhelm hatte Recht, als er sprach: „Dem Feinde gegenüber ist Preußen einig und stark; dem Feinde gegenüber gleicht sich aus, was sich entgegenstand, um in Glück und Unglück vereint zu bleiben." Ich habe in der Geschichte der sächsischen Oberlausitz, weil diese Provinz mit davon berührt wurde, den Siegeszug von 1866, soweit es zum Verständniß der heimathlichen Geschichte nöthig war, besprechen. Es war ein kurzer, aber heißer Kampf, der zeigte, daß in dem Volke noch der Geist von 1813 lebt. Als König Wilhelm mit seinem Ministerpräsidenten, dem Grafen von Bismark, im September von den böhmischen Schlachtfeldern zurückkehrte, da empfingen Beide von Jungfrauenhand in Görlitz die verdienten Lorbeerkränze.

Hier war Jubel und Frohlocken über Sieg und Ehre, — dort, wenige Stunden weiter, in den einst treu verbundenen Städten — trauerten die Bürger und hofften auf ihres tiefgebeugten Königs baldige Wiederkehr.

II.
Das Gemeindeleben.

Die Geschichte ist nicht blos eine Summe von Begebenheiten, welche in das Staatsgetriebe eingreifen, sondern sie ist auch der Verlauf jener Erscheinungen, die zunächst nur den einzelnen Gemeinden von Bedeutung sind, aber dessenungeachtet bei dem Zusammenfassen des ohne Verkettung aufgefundenen Materials nicht außer Acht gelassen werden dürfen: die Geschichte ist nicht blos Fürsten- und Staats-, — sie ist auch Gemeindeleben.

Was die Verwaltung der Gemeinden für Wandlungen erfahren hat, was Gemeinden zum allgemeinen Besten schufen, ihre Versorgungsanstalten und Unternehmungen zur Pflege der Sittlichkeit und des wissenschaftlichen Sinnes, ja selbst ihre Feste, das sind nicht zu übersehende Aeußerungen ihres Lebens und darum auch die Thatsachen in ihrer Geschichte.

Mehr und mehr sind Stadt und Land einander näher gerückt; die Landgemeinden wurden städtischer, insofern städtische Bildung in sie einzog und Industriezweige bei den Dorfbewohnern Eingang fanden, welche ehedem nur von Bürgern gepflegt wurden. Diese letztgenannte Seite der Thätigkeit innerhalb der Gemeinden, der Betrieb der Gewerbe, die Erweiterung der Handelsverbindungen und der Industrie, die verschiedenen Bildungselemente, alles dies wird jetzt noch außer Acht gelassen, da wir hierbei weniger Erscheinungen begegnen, die blos der Ortsgeschichte angehören, als vielmehr vorzugsweise den Leistungen und Erfolgen der Thätigkeit Einzelner oder von Genossenschaften, welche fast unmittelbar die gesammte Provinz berühren müssen.

Wenn nun aber auch die Städte Manches an die Dorfschaften abtreten mußten, worüber sie sonst eifersüchtig gewacht, so ist doch selbst das größte Dorf, das sich durch den Gewerbfleiß seiner Einwohner im Aeußeren und Inneren entwickelte, noch nicht zur Stadt geworden. Und wenn man ihm auch die Städteordnung und die städtische Verwaltung geben würde, es fehlte ihm dann immer noch die Erinnerung an eine frühere, an Thaten reiche Geschichte. Diese Geschichte ist es, welche uns besonders die alten Sechsstädte so lieb und theuer macht; sie ist noch jetzt der Stolz ihrer Bürger. — Am 22. September 1814 war es das letzte Mal, daß die Abgeordneten sämmtlicher Sechsstädte in Löbau zusammenkamen. Sie schrieben sich zum letzten Male in das seit 1672 geführte Conventbuch ein und leerten nach den ernsten Verhandlungen bei geselliger Unterhaltung den großen, 2½ Kannen fassenden Pokal, auf welchem die Wappen der Sechsstädte prangten. Und wie bedeutungsvoll: — am letzten gemeinsamen Städtetage sprang auch der Pokal und die letzte Seite des

Conventbuches wurde von den Namen der Deputirten ausgefüllt. Seitdem haben nur noch die bei Sachsen gebliebenen Vierstädte in den Jahren 1819, 1821, 1829 und 1835 in Löbau Convente gehalten. Am 21. Mai des letztgenannten Jahres feierten ihre Deputirten mit viel andern Theilnehmern ein Fest zur dankbaren Erinnerung an den segensreichen Schutz, dessen sich die Oberlausitz innerhalb des Zeitraums von 200 Jahren erfreut hatte. So lange war es nämlich am 30. Mai, daß unser Markgrafthum unter sächsische Hoheit kam.

Das Jahr 1832 wird in der Geschichte der sächsischen, und auch der oberlausitzischen Städte ein denkwürdiges bleiben, insofern in ihm die unterm 2. Februar veröffentlichte Städteordnung eingeführt ward. Die alten Behörden wurden aufgelöst, und neue obrigkeitliche Personen, hervorgegangen aus der freien Wahl der Bürgerschaft, eingesetzt. Gleichzeitig trat die Scheidung der richterlichen und der Verwaltungsbehörde ein, und der Bürgerschaft wurde eine größere Theilnahme an der Leitung der städtischen Angelegenheiten zugestanden. Ihr Einfluß konnte sich von nun an durch die aus ihren Kreisen auf den Zeitraum von 6 Jahren zu wählenden unbesoldeten Stadtrathsmitglieder und durch die Stadtverordneten, welche gewissermaßen die Veranstaltungen des Stadtraths überwachen und genehmigen, geltend machen. In der sächsischen Oberlausitz machte sich um Einführung der Städteordnung der Oberamts-Regierungsrath Duierner aus Budissin sehr verdient; in Folge dessen wurde er auch 1832 von der Stadt Zittau zum Ehrenbürger ernannt. Dieselbe Auszeichnung widerfuhr durch die Stadt Kamenz dem Wahlcommissar Freiherrn von Manteuffel. Schon daraus, sowie auch aus der großen Theilnahme der Bürgerschaft bei Einführung der neuen Stadtrathsmitglieder, kann ermessen werden, daß die Städteordnung nicht geringe Vortheile verhieß. Dessenungeachtet fehlten der neuen Einrichtung auch nicht ihre Gegner; eine Stimme läßt sich zum Beispiel dahin aus, einen Uebelstand in dem fortwährend zu Mißverständnissen und Reibungen Anlaß gebenden Miteinanderwirken des Stadtraths und der Stadtverordneten zu sehen; ferner wird behauptet, das Wahlverfahren sei ein mangelhaftes und dazu angethan, mancherlei zweifelhafte Elemente in die Gemeindebehörden zu bringen. Das Letztere wird jedoch die Staatsbehörde zu verhüten wissen, da derselben das Ergebniß der Wahlen zur Bestätigung vorzulegen ist. Der sächsischen Städteordnung ist übrigens, noch ehe sie veröffentlicht wurde, eine vieljährige Erfahrung vorausgegangen, da sie im Wesentlichen der preußischen nachgebildet ward. Die letztere, vom 19. November 1808, (erneuert unterm 17. März 1831) wurde laut königlicher Kabinetsverordnung vom 26. August 1832 auch in der preußischen Oberlausitz eingeführt. Auch hier ist jeder Bürger wahl- und stimmfähig, und die Rathsmitglieder mit einem Bürgermeister an der Spitze unterscheiden sich in besoldete und unbesoldete. Alljährlich hat wie in der sächsischen Oberlausitz ein Drittheil der Stadtverordneten, welche die Bürgerschaft vertreten, auszuscheiden, so daß in jedem Jahre eine Ersatzwahl nöthig wird.

Versetzen wir uns jetzt im Geiste in jene Tage zurück, da die Einweisung und Verpflichtung der neuen Stadtbehörden erfolgte. Es waren in der That Festtage, denen auch die kirchliche Weihe wurde; und der echte Bürger muß sich in dem Hinblicke auf sie gehoben fühlen, ja er muß bei dem Gedanken daran, was seine Väter in jenen Tagen fühlten, inne werden, daß er ein theueres Vermächtniß empfing und daß es eine Bürgertugend ist, mit Eifer und bestem Wissen und Gewissen die ihm gewordenen Rechte auszuüben.

Der Donner des Geschützes, Glockengeläute, Reveille der Kommunalgarde und Instrumentalmusik vom Thurme zeichneten den Morgen des 12. Juni (1832), des Tages aus, an welchem in Budissin der neue Stadtrath und die Mitglieder des damals bestehenden Stadtgerichts verpflichtet wurden. Vom Rathhause aus bewegte sich dann ein feierlicher Zug, an welchem nicht blos die neugewählten Stadtbehörden und Mitglieder der Oberamtsregierung, sondern auch Geistliche und Lehrer, die Vertreter der Kommune, Bezirksvorsteher und Innungsälteste, die Gerichtspersonen und Kirchväter der Stadt-Dorfschaften theilnahmen, zwischen doppelten Reihen von Kommunalgardisten nach der Hauptkirche, wo Pastor primarius Lubensky die Weihepredigt über Jeremias 29, 7 hielt. Nach dieser gottesdienstlichen Feier begaben sich die Festtheilnehmer nach dem geschmückten Rathhause zurück, und durch Vortrag und Eid wurden von dem Oberamts-Regierungsrathe von Zezschwitz der neue Stadtrath und das Stadtgericht unter Glockengeläute verpflichtet. Ein großes Festmahl bildete den Schluß der Feier.

In Zittau fand die Verpflichtung des Stadtraths und des Stadtgerichts am 17. Juli statt. Auch hier zogen die Betheiligten, nachdem wie in Budissin Glockengeläute und Musik den Festtag eingeleitet hatte, nach der Kirche, und der Diaconus M. Jentsch hielt die Weihepredigt über Römer 13, 1 und 2. Im Rathhause wurde darauf von dem Oberamts-Regierungsrathe Quierner, als königlichem Kommissar, die Verpflichtung vorgenommen und dem neuen Bürgermeister wurden als Symbole der Gewalt Schlüssel und Siegel übergeben.

Während der Eidesleistung ertönten die Glocken und sie trugen die Kunde von der wichtigen Handlung weithin in die Dörfer, welche, soweit sie Zittau angehörten, durch Abgeordnete vertreten waren. Der neue Bürgermeister sprach sich sodann über die Worte: Fürchtet Gott, thut Recht, scheuet Niemand! aus, und der Vorsteher der Stadtverordneten trug in einer Rede die Erwartungen der Bürgerschaft von den neuen Behörden vor. Ein gemeinschaftliches Mittagsmahl, des Abends allgemeiner Festball und ein Fest der Kommunalgarde am Nachmittage schlossen sich der ernsten Tagesfeier an.

Löbau und Kamenz blieben hinsichtlich der Festlichkeiten, welche bei Einführung ihrer neuen Stadtbehörden veranstaltet wurden, nicht zurück. In erstgenannter Stadt geschah die Verpflichtung am 27. Mai durch den Oberamts-Regierungsrath Roux; in Kamenz aber am 29. Juli durch den Finanzrath von Manteuffel. Schon früh um 4 Uhr weckte in letzterer Stadt das Geläute aller Glocken die Bewohner; der Zug nach der Kirche wurde von den zwei ältesten Bürgern als Marschällen geführt; voran schritt eine Abtheilung der Kommunalgarde, und in dem Zuge selbst bewegten sich nach den städtischen und königlichen Behörden Geistliche und Lehrer, Innungsälteste, sowie ein großer Theil der Bürgerschaft. Die Weihrede hielt Pastor primarius Richter über den 60. und 70. Vers des 90. Psalms.

Wie in den Vierstädten erfolgte in demselben Jahre auch die feierliche Einweisung des neuen Raths in den Landstädten, und zwar war Ostritz die erste Landstadt der sächsischen Oberlausitz, wo die allgemeine Städteordnung eingeführt wurde.

Für Görlitz und Lauban trat dieser wichtige Tag im nächsten Jahre ein. Es war ein klarer, sonniger Wintertag, der 4. Januar 1833, als sich in Görlitz die Militär-, landständischen und Civilbehörden mit dem Oberpräsidenten der Provinz Schlesien, Geheimrath v. Merkel und dem Regierungsrathe Gringmuth aus Liegnitz durch die Reihen der mit Fahnen und Musik aufgestellten Bürgergarde nach dem Rathhause und von da nach der Hauptkirche bewegten. Der Diaconus M. Mößler hielt die Festrede über 1 Timotheus 2, 4. Auf das Rathhaus zurückgekehrt, wurden die bisherigen Rathsmitglieder ihrer Pflichten entbunden und es erfolgte die Vereidung des von der Bürgerschaft gewählten neuen Rathes. Man vergaß bei den nun folgenden Festlichkeiten auch der Armen nicht, denen durch Geschenke ebenfalls ein Festtag bereitet wurde. In Lauban erfolgte die Vereidung des neuen Rathes am 25. Juli durch den schon genannten Regierungsrath Gringmuth. An der überfüllten Kreuzkirche wurde der von den alten und neuen Rathspersonen, Regierungsbeamten, Stadtverordneten und vielen Eingeladenen gebildete Zug von der Geistlichkeit empfangen. Der Pastor primarius Leonhard hielt hierauf am Altare die Weihrede über Colosser 3, 17. Die bürgerliche Feier erfolgte auch hier wie in den andern Städten auf dem Rathhause. Unter dankbarer Anerkennung der geleisteten Dienste wurden die bisherigen Rathsmitglieder entlassen und die neuen mit feierlicher Ansprache verpflichtet. Ein gemeinschaftliches Gastmahl, Bälle und Illumination schlossen den Festtag ab.

Eine dritte Städteordnung wurde unterm 30. Mai 1853 für die sechs östlichen Provinzen der preußischen Monarchie erlassen und die oberlausitzischen Städte Görlitz, Lauban, Muskau, Rothenburg, Reichenbach, Seidenberg, Ruhland, Schönberg, Marklissa, Wittichenau und Hoyerswerda machten von ihr Gebrauch.

Die unterm 7. November 1838 für das Königreich Sachsen erschienene Landgemeindeordnung erstreckte sich auch auf die sächsische Oberlausitz. Nach derselben verwaltet jede Landgemeinde ihre Angelegenheiten selbst durch die aus ihrer Mitte dazu erwählten Personen und unter Aufsicht der Ortsobrigkeit und der Regierungsbehörde. In jeder Landgemeinde, die über 25 ansässige Mitglieder zählt, werden die Gemeindeangelegenheiten durch einen Gemeinderath, welcher aus einem Gemeindevorstande, aus Gemeindeältesten und einer Anzahl Gemeindeausschußpersonen zu bestehen hat, besorgt. Die Wahl der Mitglieder des Gemeinderathes geschieht unter Leitung der Obrigkeit durch die wahlfähigen Gemeindemitglieder auf 6 Jahre. Der Gemeinderath bildet die berathende und beschlußfassende Behörde in allen Gemeindeangelegenheiten und übt in letzteren alle diejenigen Rechte aus, welche von der Gemeinde durch die Gesammtheit ihrer Mitglieder würden ausgeübt werden können. Durch ein Gesetz vom 7. November 1838 wurde es auch den kleinern Städten freigestellt, die Landgemeindeordnung auf sich anzuwenden. Entschied man sich dafür, so blieb der Stadt dessenungeachtet ihr Stadtrecht mit alledem, was damit nothwendig zusammenhängt, und also namentlich auch das Recht, Bürger zu haben und einen Bürgermeister und Rathmänner zu wählen. Die Stadträthe mußten dann in die Stellung der nach der Landgemeindeordnung zu wählenden Gemeindevorstände eintreten.

Wie in der sächsischen, so besteht auch in der preußischen Oberlausitz seit dem 29. Oktober 1855 eine Landgemeindeverfassung. Das aus dem Ortsrichter und den Gerichtsschöppen bestehende Ortsgericht besorgt unter Aufsicht des Landraths die Verwaltung. Es hat die Gesetze und Verordnungen der Behörden zur Kenntniß der Gemeindemitglieder zu bringen, die Steuern zu erheben, die

Einquartierungen zu vertheilen, die öffentlichen Bauten zu leiten und dafür zu sorgen, daß der innern Polizeiordnung allenthalben nachgekommen wird. Ueber das Gemeindevermögen, dessen Verwaltung dem Ortsrichter zugewiesen ist, hat derselbe alljährlich Rechnung abzulegen.

Durch die Städte- und die Landgemeindeordnung war den Bürgern und den mit Grund und Boden ansässigen Dorfbewohnern die Selbstverwaltung ihrer Gemeindeangelegenheiten, durch die Verfassung jedem Staatsbürger unbescholtenen Rufes auch ein Einfluß auf die Regierungs-Gesetzgebung und die Steuerfrage zugestanden worden. Wenn auch das Andenken an diese Errungenschaften nicht verloren ging und wenn insbesondere noch gegenwärtig die Verleihung einer Constitution alljährlich in den Kirchen oder in bürgerlichen Kreisen gefeiert wird, so war doch in den ersten Jahren die Theilnahme, welche sich in den Städten der sächsischen Oberlausitz kund gab, eine größere. Am Tage der Uebergabe der Verfassungsurkunde zogen 1832 in Kamenz die Rathsmitglieder und Geistlichen, die Lehrer, Innungen und viele andere Bürger, welche keinem engeren Verbande angehörten, in die Kirche; festlich wurden die Kranken im Lessingsstifte gespeist, und am Nachmittage feierten die Einwohner unter Betheiligung der Kommunalgarde auf dem Hutberge ein Volksfest. Jubelfeuer flackerten auf dem Berge auf und leuchteten den Fortziehenden, die dann in dem nahen Schießhause den Tag durch einen Ball beschlossen. — Ein feierlicher Kirchenzug wurde auch in Budissin veranstaltet, wo am Nachmittage außerdem ein Scheiben- und Vogelschießen stattfand. Wenn sich Zittau an diesem Tage nur auf Feierlichkeiten in Kirchen und Schulen beschränkte, so wurde dafür am nächsten Jahrestage (1833) von der Stadt zur bleibenden Erinnerung eine Spitzsäule aus jonsdorfer Sandstein errichtet und in Gegenwart der Behörden und der Stadtvertreter, sowie unter Theilnahme der Offiziere der Garnison und vieler Einwohner feierlich eingeweiht; ja ein einzelner Bürger, der Senator Just, gab seiner Feststimmung dadurch Ausdruck, daß er an diesem Tage in dem ihm gehörigen Lawalde 13 arme Schulknaben und Schulmädchen neu kleiden ließ.

Ein Festtag, an dem gewiß die gesammte Bürgerschaft Antheil nahm, war für Zittau der 14. September 1840. An diesem Tage wurde der neue Grundstein zum Rathhause gelegt, und es war dies eine Handlung, bei welcher die Erinnerung an eine nicht blos für die Stadt, sondern für die ganze Oberlausitz traurige Zeit wachgerufen werden mußte. Am 23. Juli 1757, einem der blutigen Tage des siebenjährigen Krieges, war mit einem großen Theile Zittaus auch das Rathhaus von österreichischen Kugeln eingeschossen worden. Seit dieser Zeit hatte der Rath andere Räume zu seinen Sitzungen benutzen müssen, da durch eine große Brandschatzung, welche der Stadt im bayerschen Erbfolgekriege auferlegt wurde, der Neubau wieder zurückgedrängt worden war. Aus dem Herzen kam deshalb folgender Nachruf bei der Grundsteinlegung: „Stehe fest, unwandelbar, unerschüttert Jahr für Jahr; sollst von der Menschen Thun und Treiben unangetastet ewig bleiben! Die Wuth empörter Elemente von deiner Ruhestatt sich wende! Stehe fest und wanke nicht! Wenn über dir, empor zum Licht, von dir mit Stolz getragen, des Hauses Zinnen ragen: laß fest auf dich uns bauen, dich nimmer wieder schauen! Stehe fest, halte still, daß auf deinem sichern Rücken wir, wenn Gott in Gnaden will, einst den Bau vollbracht erblicken, und der Stadt zu Nutz' und Frommen einzuziehen wiederkommen!" Und der Bau, eine Zierde Zittaus, wurde fertig. Wenn die Stadt gegenwärtig durch ihr freundliches Ansehen jedem, der sie betritt, wohlgefällt, so mag man sich dessen bewußt werden, daß dasselbe gewissermaßen eine Frucht der Einschießung im siebenjährigen Kriege ist; ein neues Leben hat nach den Tagen des Unterganges, an denen so viele Thränen flossen, Raum gewonnen; Anlagen sind durch die Vertreter der Bürgerschaft geschaffen worden, und der Spaziergänger, dessen Fuß in ihnen wandelt, denkt wol wenig mehr daran, daß Zittau, als es noch geschirmt von Mauern und Warten bastand, als Schlüssel der Oberlausitz galt. Im Jahre 1820 wurden die Gräben zum Theil geebnet und auf den so gewonnenen Platz Obstbäume und Ziersträucher gesetzt; 1822 entstanden die Anlagen in der Nähe des Frauenthores und später die am böhmischen Thore. — Nach und nach legten auch die übrigen Sechsstädte ihr alterthümliches Gewand in einzelnen Stücken ab; Bautzen verlor in den letzten Jahren einen Theil seiner festen Wälle und öffnete sich nach dem Bahnhofe hin, und Löbau hatte schon längst Spaziergänge da erhalten, wo einst tiefe Befestigungsgräben waren. Privatpersonen steuerten nach Kräften mit dazu bei, daß „schöne Punkte" in den Umgebungen der Städte geschaffen wurden. So bestimmte z. B. der Rittmeister von Erichsen in Lauban, wo in den zwanziger Jahren ebenfalls Promenaden um die Stadt angelegt wurden, den Ertrag mehrerer von ihm gefertigten malerischen Ansichten zur Verschönerung des eine herrliche Aussicht bietenden basaltischen Steinberges. Ehrend muß hierbei auch bei den Schöpfungen der Stadt Görlitz ihres 1846 gestorbenen Oberbürgermeisters Gottlob Ludwig Demiani gedacht werden. Unter seiner Leitung wurden die Baulichkeiten ungemein verbessert und verschönert; Thore wurden erweitert, Straßen gangbarer gemacht, ein neuer Stadttheil wurde nach Abtragung alter Festungswerke angelegt, und da, wo einst eine kahle Viehweide sich ausdehnte, wurde durch seine Anregung und seinen Einfluß ein weitläufiger Park, umkränzt von freundlichen Villen, geschaffen. Das Wohl der Gemeinde hängt jedoch nicht allein von hervorgerufenen Verschönerungen, so sehr dieselben zum Wohlbefinden beitragen, ab; es ist vielmehr vorzugsweise auf nützlichen, dem Gemeindewesen dienenden Einrichtungen, auf Schulen und Veranstaltungen zur Armen- und Krankenpflege, auf Wissenschaftspflege und Sinn für Sittlichkeit begründet. Auch in dieser Hinsicht hat Görlitz unter Demiani viel gethan. Ein neues Mädchenschulgebäude und ein neues Krankenhaus wurden aufgebaut, ein neuer Kirchhof wurde angelegt. Durch Demiani erhielt die Stadt ein verbessertes Volksschulwesen und eine höhere Bürgerschule; sein Rath und seine Unterstützung erstreckten sich auf Handel und Gewerbe, auf Fabrikanlagen und heilsame Genossenschaften. Dadurch, daß er alten Uebelständen, die sich in die Bewirthschaftung des Stadtvermögens eingeschlichen hatten, nachging und sie aufdeckte, daß er nicht ruhte, bis Alles, was seinem Ordnungssinne nicht zusagte, überwunden war, gestaltete er das ganze Verwaltungswesen um und ward so der Schöpfer des Kämmereireichthums der Stadt. — Indem man auf dem Satze fußte, daß der Gemeinde Wohlbefinden vor Allem von den Schulen abhängt, in denen die jungen Glieder zur Sittlichkeit, zum Fleiß, zur Ordnungsliebe und überhaupt zu allen Tugenden, welche den Menschen zu einem guten Bürger machen, herangezogen werden, wurden in den Städten und Dörfern der Oberlausitz nicht blos neue Schulen geschaffen, sondern auch die alten den Forderungen der Zeit gemäß umgestaltet; besonders war das Augenmerk der städtischen Behörden auf die Errichtung allgemeiner Stadt- oder Elementar-Bürgerschulen hingelenkt, und um dieselben zweckentsprechend zu erhalten, wurden tüchtige Schulmänner als Direktoren an die Spitze des Lehrerpersonals gestellt. Local-Schulordnungen wurden dann geschaffen, Schulcommissionen für die Oberleitung ernannt und neue Schulhäuser zeigten gewissermaßen an, daß man mit alten Zuständen gebrochen habe. Die Dorfgemeinden blieben vielfach nicht zurück, sondern bewiesen durch gebrachte Opfer, daß auch von ihnen der Umschwung in dem Unterrichtswesen erkannt worden sei. Aber diese Seite des Gemeindelebens mag jetzt nur angedeutet sein, da deren später bei den Bildungsmitteln und Veranstaltungen zur Hebung der Sittlichkeit eingehender gesprochen werden wird. Wie gute Schulen Zeichen für gesundes Gemeindeleben sind, so lassen auch wissenschaftliche Veranstaltungen, z. B. Bildungsvereine und öffentliche Vorlesungen auf ein solches schließen. Erfreulich muß es sein, wenn wir erfahren, daß 1835 der görlitzer Stadtrath einen Preis für eine vollständige Geschichte der Stadt aussetzte und zur Bewerbung aufforderte; erfreulich ist weiter die Thatsache, daß unter anderen 1839 und 1840 in Zittau öffentliche wissenschaftliche Vorträge gehalten wurden und daß man in einer Erholungsgesellschaft Budissins am Sylvesterabende wissenschaftlichen Reden Theilnahme entgegenbrachte. — Wenn ich jetzt vorzugsweise den Anstrengungen des Gemeindelebens mich zuwende, welche das materielle Wohl zu fördern und Noth zu lindern suchen, so müssen die Veranstaltungen für Armen- und Waisenversorgung, sowie die öffentliche Krankenpflege hier zuerst genannt werden.

Wie in jeder volkreichen, handels- und gewerbfleißigen Stadt bestanden auch in Görlitz, wie ein Bericht aus dem Jahre 1839 lautet, die Elemente der Armuth und Arbeitsscheu, Anmaßung und Verworfenheit. Die dortige Armenverwaltung hatte sich das Ziel gesetzt, diese Elemente zu scheiden, um auf diese Weise, indem sie dieselben gesondert ins Auge faßte, sicherer den Grund des Schadens und die Mittel zu seiner Abhülfe finden zu können. Hierauf sollte der Trieb zur Thätigkeit geweckt werden. Die Armenpflege zerfiel daselbst in eine allgemeine und in eine besondere. Die erstere umfaßte auf Grund der benutzten Darstellung die zeitweise oder dauernd erwerbsunfähigen Personen, und zwar arme Kinder, Kranke, Altersschwache und die außer Erwerb gekommenen Leute. Für die Kinder wurde schon damals durch Verpflegung in Familien, Aufnahme in die städtische Waisenanstalt, durch freien Schulunterricht und Unterstützung zur Erlernung eines Handwerks gesorgt. Altersschwache Personen wurden entweder in die Hospitäler und Armenhäuser aufgenommen oder mit Geld unterstützt; arme Kranke fanden Aufnahme und Verpflegung im Stadt-Krankenhause, oder es wurden ihnen ärztliche Hilfe und Arzneien unentgeltlich verabreicht, und die außer Erwerb Gekommenen empfingen Vorschüsse an baarem Gelde, um sich damit wieder emporzuarbeiten. Die besondere Armenpflege befaßte sich mit der unmittelbaren Aufsicht über den Einzelnen. Es wurde eine Armenbeschäftigungs-Anstalt gegründet, in welcher die zur Arbeit willigen Personen durch Spinnen sich ihren nothdürftigen Unterhalt gewinnen konnten; die Arbeitsscheuen aber kamen in die 1838 gegründete Zwangsarbeits-Anstalt, in welcher besondere Räume zur Aufnahme und Reinigung der Eintretenden, zur Arbeit, zum Speisen, Schlafen und Genuß der freien Luft eingerichtet worden waren. Wir erkennen aus dieser Darstellung, wie umfassend die Armenpflege in Görlitz eingerichtet wurde. Es war gewissermaßen ein fester Plan geschaffen worden und mit größerem Erfolge als bisher konnten darnach die Schäden geheilt werden. Von jeher hatte sich die Bürgerschaft an der Sorge für die Armen betheiligt, und um Mittel zur Linderung der Noth zu erhalten, war z. B. 1834 von einem Unterstützungsvereine eine Verloosung weiblicher Arbeiten veranstaltet worden. Privatpersonen hinterließen Vermächtnisse zu Gunsten der Armen, der Waisen und Kranken, und die Nachwelt sollte ihre Namen ohne Rücksicht darauf, ob viel oder wenig gegeben ward, in Ehren halten. Der Schneidermeister Gottlob Neubauer, gestorben 1823, hinterließ z. B. nicht blos für Stipendien und Lehrerbesoldungen, sondern insbesondere auch fürs Waisenhaus, für die Almosenkasse und hilfsbedürftige Wittwer und Wittwen die Summe von 7600 Thalern. Dem Waisenhause und der Armenkasse wurden ferner von Johanne Friederike Bauer, geb. Schneider nach ihrem 1826 erfolgten Tode 1050 Thaler zu Theil. Der Weißgerber Kloß, welcher 1843 starb, hinterließ für die Erziehung und Bewahrung armer Kinder aus der Stadt 20,000 Thaler; der 1835 in Görlitz verstorbene Kaufmann Johann Samuel Eiffler vermachte 15600 Thaler für würdige Hausarme, welche ihre Armuth nicht an den Tag legen, ferner 2000 Thaler, deren Zinsen an seinem Sterbetage an Arme zu vertheilen sind, und außer kleineren Summen für noch andere Zwecke 7350 Thaler an arme Bürger und Bürgerfrauen und an arme fleißige Schüler. Es sollen dies nur Belege dafür sein, daß auch in unserer Zeit der wohlthätige Sinn nicht ganz erloschen ist; die Zahl der Beispiele würde eine große werden, wenn ich beabsichtigte eine Geschichte der milden Stiftungen zu schreiben. Dabei aber muß ich eines armen Weibes mit Rührung gedenken, das zwar nicht Geld und Gut, dafür aber sein ganzes Leben der Krankenpflege opferte. Anna Rosine Münster, selbst ein Krüppel, war auf inständiges Bitten im görlitzer Krankenhause gelassen worden, dem man sie erfolglos zur Heilung übergeben hatte. Und sie, welche selbst so bedürftig war, daß sie sich nur auf Händen und Füßen fortbewegen konnte, wurde zur barmherzigen Schwester für die Leidenden und übte die freiwillig übernommenen Pflichten mit einer Treue und Gewissenhaftigkeit, daß ihr bei ihrem fünfzigjährigen Aufenthalte im Krankenhause am 10. Dezember 1826 die Anerkennung und der Dank der Behörden wurde.

In Budissin waren schon im vorigen Jahrhunderte und früher nützliche Anstalten für die Pflege Altersschwacher, Erziehung der Waisen und das Unterkommen und die Zucht der Armen und Gesunkenen geschaffen worden. Die Stadt besitzt allein drei Frauenhospitäler und ein von dem Rathe gegründetes Männerhospital, welches gegen Ende des verflossenen Jahrhunderts von dem Kaufmanne Johann Pauli ein neues Haus erhielt und durch andere Vermächtnisse vielfach bereichert wurde. Die neuere Zeit war ebenfalls nicht arm an Wohlthätern. So vermachte der 1822 verstorbene Vice-Kanzler Clemens August Clausewitz dem Krankenhause, welches der Apotheker August Rüde durch eine Stiftung von 6000 Thalern zunächst für kranke Handwerksburschen und Dienstmädchen gegründet hatte, ein Kapital von 8000 Thalern, und später wurde durch Fürsorge des Stadtraths und der Stadtvertreter ein großes Haus gebaut, so daß die bisher inne gehabten Räumlichkeiten allein der Correctionsanstalt überlassen werden konnten. — Die von dem Rathe gegründete und geleitete Almosen-Anstalt sorgte bereits in den zwanziger Jahren durch die milden Beiträge der begüterten Bürger und Einwohner für die einheimischen Armen und Nothleidenden, und es war besonders zu derselben Zeit ein Verdienst des damaligen Bürgermeisters Hennig, daß das ärgerliche und sittenverderbende Bettelwesen gänzlich abgestellt wurde. Segensreich hat auch der im Jahre

1820 gegründete Verein zu Rath und That gewirkt, dessen Zweck vorzüglich darin bestand, „durch gemeinschaftliche Bemühungen, sowie durch Geldverwendungen der Verarmung der Einwohner, insonderheit der von der gewerbtreibenden Klasse, so viel als möglich entgegen zu arbeiten," ohne daß er dabei auf die Verschiedenheit der Religion Rücksicht nahm.

In Budissin, Zittau und jedenfalls auch in den übrigen Städten der Oberlausitz, hielten die Waisenkinder zum Neujahr unter geistlichen Gesängen Umzüge, um für die Anstalt milde Gaben einzusammeln. Angekündigt wurden diese Umzüge durch gedruckte Nachrichten über die Anstalten im verflossenen Jahre, denen wohl auch kleine Abhandlungen vorausgeschickt wurden.

Die Angelegenheiten der Armenversorgung wurden in Zittau 1823 geregelt. Durch die Stockungen im Geschäftsbetriebe, das Darniederliegen des Handels, besonders des deutschen Manufactur- und Fabrikwesens war die Zahl der Armen in der Stadt mehr und mehr gewachsen. Obwol die Wohlhabenden gern und nach Vermögen die Noth zu lindern suchten, so war doch dadurch im Ganzen nicht geholfen worden; es war vielmehr ein Geschlecht herangezogen worden, das Wohlgefallen am Müßiggange fand, nicht arbeiten wollte, wo Beschäftigung geboten ward, und die Wohlthaten wurden in Folge dessen größtentheils an Undankbare verschwendet. Deshalb setzte sich in oben genanntem Jahre die Obrigkeit mit den Einwohnern in Verbindung, ordnete eine aus Mitgliedern des Rathes und der Bürgerschaft zusammengesetzte Deputation unter dem Namen „Direction der Armenversorgung" an, und übergab derselben die Leitung der Armenpflege. Gleichzeitig wurde die Stadt in Bezirke getheilt und in jedem derselben ein Armenpfleger angestellt, um auf diese Weise eine vollständige Kenntniß der Armen und ihrer persönlichen Verhältnisse zu erhalten. Das Betteln auf den Straßen und in den Häusern wurde streng verboten und den neuangestellten Polizeidienern zur Pflicht gemacht, nicht nur auf die Erhaltung der öffentlichen Sicherheit und Abwendung aller Störungen bedacht zu sein, sondern auch die fremden und einheimischen Bettler aller Art und jeden Alters aufzugreifen. Schließlich wurden die Einwohner zur Unterzeichnung und Entrichtung angemessener und bestimmter Beiträge zum Besten des Armenwesens aufgefordert. Die neue Armendirektion entfaltete in der That eine rührige Thätigkeit; eine gegründete Arbeitsanstalt nahm einen erfreulichen Fortgang, und von der Waisenpflege konnte schon 1825 gerühmt werden, daß die Mehrzahl der Waisen sich durch Fleiß und sittliches Betragen auszeichnete. In zwei Armenhäusern waren in demselben Jahre 72 Personen untergebracht, und die Gesammt-Einnahme betrug 10,045, die Ausgabe aber nur etwas über 8200 Thaler. Einige Vermächtnisse schufen immer festeren Boden; so bestimmte z. B. 1826 eine Frau Scheusler bei ihrem Tode dem einen Armenhause die Summe von 2000 Thalern. Im Jahre 1838 vermachte Christiane Friederike Brückner, geborne Beutley, der Armenkasse 700 Thaler und setzte außerdem neben einer Stiftung von 6800 Thalern für 3 Gelehrten-, 5 Bürgers- und Handwerkerwittwen und 4 verarmte Bürgerfamilien, 1500 Thaler zur Begründung eines Waisenhauses fest. Gewissenhaft hat Pescheck in seiner Geschichte Zittaus die Legate für die Armenkasse der Stadt aufgezählt; als Wohlthäter nennt er z. B. die Bürger Theodor Immanuel Schulz und Johann Andreas Thüring, sowie die Frauen Friederike Groß geb. Meusel, Rittmeister Rüßing geb. Pfeiffer aus Olbersdorf und Elisabeth Grätz geb. Krone, aus den Jahren 1824 bis 1829. — Zur Fürsorge für die aus inländischen Stafanstalten Entlassenen bildete sich 1836 in der Stadt auf Veranlassung des damaligen Prinzen Johann von Sachsen ein Bezirksverein, welcher den wieder in Freiheit gesetzten Sträflingen ein Unterkommen und Kleidungstücke, sowie Arbeit, Arbeitsmaterial und Handwerkszeug zu beschaffen suchte. — Die Theilnahme der Bewohner für Noth und Unglück umfaßte nicht blos den engern Heimathsbezirk, sondern sie wendete sich auch den Leiden entfernter Mitbrüder zu. Als 1842 große Brände Hamburg und das im sächsischen Erzgebirge liegende Ehrenfriedersdorf heimsuchten, da veranstaltete in Zittau ein Frauenverein eine Ausstellung und Verloosung selbstgefertigter Arbeiten zum Besten der armen Abgebrannten. Hamburg war jedoch so edel und uneigennützig, das Geld nicht anzunehmen, weil mittlerweile in der Lausitz selbst große Brände stattgefunden hatten. Im genannten Jahre sank Kamenz fast gänzlich in Asche und für die unglückliche Sechsstadt sammelte man an allen Orten, in den Schulen und in Hütten, so daß selbst Arme ihr Scherflein hingaben. Die Mildthätigkeit ließ in den Jahren schwerer Heimsuchung nicht nach. Auch nach dem Brande von Ostritz hatte 1841 in Zittau eine Verloosung stattgefunden.

Durch den unermüdlichen Eifer eines Mannes wurde in Kamenz ein Krankenstift geschaffen, welches zugleich auch dem Gedächtnisse eines der ersten Söhne der Lausitz gewidmet ist. War die Errichtung dieses Stiftes zwar nicht zunächst Gemeindesache, so thaten doch die Bürger der Stadt sehr viel zur allmählichen Unterstützung des Werkes. Im Jahre 1823 erließ der kamenzer Stadtphysikus Dr. Johann Gottfried Bönisch einen Aufruf zur Gründung des Barmherzigkeits- oder Lessingstiftes, einer Armen-Heilanstalt, welche jedem Hilfesuchenden ohne Unterschied des Glaubens und des Vaterlandes offen stehen sollte. Gering war das Stammgeld, aber die Summe wuchs, da sich Dr. Bönisch trotz einzelner kränkender Aeußerungen lieblos Denkender nicht abhalten ließ, zu bitten und zu arbeiten. Neben Privatpersonen lieferten die oberlausitzischen Stände und selbst Fürsten ansehnliche Beiträge zu dem Baue, zu welchem der Grundstein am 10. September 1824 gelegt wurde. Am 3. Januar 1826 bereits konnte die Anstalt feierlich eröffnet werden, und Bönisch genoß noch fünf Jahre lang die Freude, sein Werk gesichert zu sehen. Seine letzte That war ein Vermächtniß von 2000 Thalern für das Krankenstift, in dessen Garten jetzt die Gebeine des Mannes ruhen, der durch sein Gottvertrauen und sein rastloses, uneigennütziges Wirken für die Stadt Kamenz ein August Herrmann Franke geworden ist.

Dem kamenzer Barmherzigkeitsstifte ähnlich ist die weibliche Krankenanstalt der geistlichen Jungfrauen des Magdalenenordens in Lauban; dieselbe verpflegte im Durchschnitt jährlich gegen hundert Kranke aus den Lausitzen, Schlesien und Böhmen, ohne sich bei der Aufnahme von dem Glaubensbekenntnisse der Leidenden bestimmen zu lassen. — In Lauban bildete sich auch 1845 ein Verein gegen das Betteln der Kinder, welcher seine Aufgabe dadurch zu lösen suchte, daß er den Kindern armer Leute angemessene und lohnende Beschäftigung bot und sie dadurch zugleich zum Fleiße und zu einem geordneten Wandel auferzog. Der Armenunterstützung wurden 1838 durch die Kaufmannswittwe Bischoff geb. Harrer 4000 Thaler Stiftungsgelder; der Armenkasse und des Waisenhauses gedachte auch durch ein Legat der 1822 gestorbene Bürger Johann Gottlob Schubert. — Ein großer Ehrenkranz der Oberlausitz würde von den Namen der Männer und Frauen gebildet werden, welche ihren Gemeinden durch milde Stiftungen die Sorge für die Hilfsbedürftigen erleichtern halfen. Jeder Ort unserer Provinz hat wohl seine Wohlthäter aufzuweisen, und sie fehlen in den Localgeschichten nicht, während hier nur wenige hervorgehoben werden können. Johann Christian Lindner, von armen Aeltern 1743 in Marklissa geboren und als reichbegüterter Kaufmann und Commerzienrath in seiner Vaterstadt 1824 gestorben, hinterließ zahlreiche Legate für arme junge Männer, die Meister werden wollen, für bedürftige und unbescholtene Bürgerstöchter, die sich zu verheirathen gedenken, für die Armenkasse, sowie für Studirende, und Prediger- und Lehrerwittwen.

Der Pfarrer Johann Franz Puell in Seitendorf hatte 1823 bei seinem Tode „alle Arme jetziger und zukünftiger Zeit," wie es in der Urkunde heißt, „in der Gemeinde Seitendorf, marienthaler und zittauer Antheils, ohne Unterschied des Geschlechts, des Alters und der Religion, zu seinen wahren Universalerben" eingesetzt.

Nicht blos in Städten, sondern auch in Dörfern wurde für eine bessere Armenpflege gesorgt. So entstanden in den dreißiger Jahren in mehreren zittauischen Dörfern, z. B. in Eibau, Gersdorf und Ebersbach Armenvereine; die Mitglieder derselben zahlten monatliche Beiträge, von denen Ortsarme und reisende Handwerksburschen Unterstützungen erhielten. — Wohlthätig wirkten allenthalben Frauenvereine und die von denselben gegründeten Arbeitsschulen und Kleinkinderbewahranstalten. Durch solche gemeinnützige Unternehmungen wurde von Anfang an nicht blos die augenblickliche Noth etwas gelindert, sondern es wurde auch ein Geschlecht herangezogen, das Arbeitslust besaß und nicht der sittlichen Versunkenheit verfallen war. — Dem Branntweingenusse steuerten gewiß die während der vierziger Jahre in mehreren Dörfern der preußischen Oberlausitz gegründeten Enthaltsamkeitsvereine, an deren Spitze Geistliche und Lehrer standen und die ihre Jahresfeste zum Theil kirchlich mit Gesang und Predigt begingen. Wenn auf diese Weise vielfach die Grundursache manches sittlichen Fehltrittes innerhalb der Gemeinden beseitigt ward, so suchte die im Jahre 1825 von Otto August von Schindel gegründete Augustus-Theresienstiftung in der Gemeinde Ober- und Niederschönbrunn insbesondere zu jungfräulicher Tugend und Sittlichkeit aufzumuntern.

Eine nicht zu unterschätzende Schöpfung der Gemeinden war die Eröffnung allgemeiner Sparkassen. Die zu Görlitz, welche besonders Dienstboten Gelegenheit bieten sollte, ihre Sparpfennige nutzbringend anzuwenden, und welche gleich bei Beginn unter Aufsicht des Bürgermeisters stand, wurde 1822 ins Leben gerufen. Im Jahre 1825 folgte damit Zittau, 1831 Bautzen, 1838 Kamenz, 1846 Löbau und 1854 Bernstadt; für Einlagen und Zinsen wird in sämmtlichen Sparkassen durch das städtische Vermögen Gewähr geleistet. Außer den genannten Städten, zu denen in der sächsischen Oberlausitz noch Königsbrück und Pulsnitz kommen, hat in der neuern Zeit auch das Dorf Ebersbach eine allgemeine Sparkasse gegründet. — Das Gemeindeleben äußert sich aber nicht blos in den Anstalten für Beseitigung materieller Noth, sowie in den Schöpfungen, welche den Städten und Dörfern ein neues und wohlgefälligeres äußeres Gepräge geben sollen, es spricht sich nicht blos in der Art der Verwaltung, sondern auch in den vielfachen Ausflüssen des geselligen Lebens der verschiedenen Stände aus. Es genügt, auf diese Aeußerungen hier blos hinzuweisen. Jede Stadt, ja auch die größern Dörfer haben in der Neuzeit geschlossene Gesellschaften, deren Hauptzweck Erholung und Vergnügen ist, aufzuweisen; durch Pflege des Gesanges in Männer- und gemischten Gesangvereinen wurde auch für Gemüthsbildung und sittliche Hebung viel gewirkt. Allgemeine lausitzische Gesang-, sowie Turnfeste haben vielfach den Charakter von Volksfesten angenommen; Volksfeste für einzelne Gemeinden sind auch die Königsschießen, die Jahrmärkte und die Maskeraden an der Fastnacht. Eigenthümlich war noch in den letzten Jahren vielen Orten des rothenburger Kreises die Fastnachtssitte, daß vermummte Burschen mit Musik von Haus zu Haus zogen, um Gaben zu erbetteln. Dabei wurde ein mit seidenen Bändern geschmückter Tannenbaum von dem „Reermeister" herumgetragen. Der „Robermeister" aber, die zweite Hauptperson des frohen Zuges, trug auf einer Ofengabel eine Speckseite. Des Abends ward im Kretscham von den gegen die seidenen Bänder eingetauschten Gaben ein reiches Mahl hergerichtet, an welchem auch die erwachsenen Mädchen Antheil nahmen. Vielleicht hat sich dieser, sowie mancher andere Fastnachtsbrauch, — ich nenne hier als Beispiel noch den „Wurstreigen" in Halbau, bei welchem sich die Landleute der Umgegend von bekannten Bürgern Würste auf „Stängeln" holten, um sie am Abend zu verschmausen, — in manchen Gemeinden noch erhalten; die meisten Sitten und Gebräuche, welche vor einigen Jahrzehnten das Volksleben wiederspiegelten und sogar einzelnen Gemeinden eigenthümlich waren, fristen gegenwärtig nur ein verkümmertes Dasein, oder sind während der letzten Jahre gänzlich in Vergessenheit gekommen. Dahin gehören das „Eierschieben" auf dem Brotschenberge bei Budissin am ersten Osterfeiertage, das „Ostersingen" im rothenburger Kreise und das „Sommersingen" zu Halbau am Sonntage Lätare. Das letztgenannte Fest war vor einigen Jahren nur noch Kinderfest; ein mit Bändern und bunten Papierstreifen geschmücktes Sommerbäumchen wurde unter Gesang von Thür zu Thür getragen, und es ist dieser Brauch nur das an vielen andern Orten meist an demselben Sonntage gefeierte „Frühlingsfest" oder „Tobaustreiben," eine Volkssitte, die ihren Ursprung in dem Götterkultus der germanischen und slavischen Urbewohner unseres Landes hat.

Viele andere Gebräuche, welche sich in einzelnen Gemeinden noch bis zur Gegenwart erhalten hatten, sind ebenfalls auf den Götterkultus und das frühere Gemeindeleben unserer Vorfahren zurückzuführen. Dahin gehört das Aufpflanzen von grünen Maien am Vorabende des Pfingstfestes, jedenfalls ein Ueberrest der alten Frühlingsfeier. Von einem alten Gerichtsverfahren rührt in der Gegend von Marklissa das Abhalten der „Zwölfnächte" in Schankhäusern her. Den Ursprung nahm nach Mischke (Das Markgrafthum Oberlausitz p. 58) diese Sitte in dem Dorfe Schabewalde. Bis zum Jahre 1785 wurde daselbst an einem Tage der angeführten Zeit von Weihnachten bis zum heiligen Dreikönigstage, der versammelten Gemeinde im Richterhause von dem Gerichtshalter die „Dreibingsordnung" vorgelesen, nachdem eine Ansprache des mitanwesenden Frühpredigers von Marklissa vorangegangen war. Hierauf wurden die Gemeinderechnungen vorgelegt und die während des Jahres in der Gemeinde vorgekommenen Kaufverträge gerichtlich anerkannt und vollzogen. Den Verhandlungen folgte das „Leihkauftrinken" und ein Tanzvergnügen. Die ersteren hat die Gegenwart fallen lassen und nur die lustigen Gelage wurden festgehalten. — Noch gilt besonders in vielen Dorfgemeinden der Walpurgisabend für eine Zeit, die bei Alt und Jung manche abergläubische Gebräuche auffrischt; Feuer werden auf den Höhen angezündet und das Anmalen von Kreuzen an die Stallthüren darf an diesem Tage zum Schutze gegen Hexen nicht vergessen werden. Noch nimmt hie und da die Gemeinde Antheil, wenn die Hirten zum ersten

Male das Vieh auf die Weide treiben; auf den Rittergütern wird noch vielfach das „Erntebier" gegeben, und nach dem vollständigen Ausdreschen des Getreides folgt die „Dreschermahlzeit." Das vorher genannte „Leihlauftrinken", ein uralter Gebrauch, findet selbst in einzelnen Gemeinden dann noch statt, wenn Verkaufsverträge von obrigkeitlichen Personen abgeschlossen werden. An die Stelle des Wassers, das ein Zeichen der Treue war, ist gegenwärtig Bier und Branntwein getreten, und es nehmen dabei nicht blos die Betheiligten, sondern auch Verwandte und Nachbarn theil. In den wendischen Dörfern der muskauer Gegend singen in der Osterzeit die Mädchen an den Sonntagabenden auf dem Dorfanger; während der Winterabende kommen die jungen Leute in den Rockenstuben zusammen; es wird am 21. Dezember „die lange Nacht" gefeiert, und die Gebräuche am Sylvesterabende, das Schuhwerfen, Bleigießen und Zaunschütteln sind noch nicht vergessen.

Die Sitten und Gebräuche, deren einige nur flüchtig hier erwähnt wurden, sind gewiß mit Ursache, daß Manche, die ihr Heimathland verließen, um sich im Westen des atlantischen Oceans eine neue Häuslichkeit zu gründen, mit tiefem Weh an ihr Dörfchen und ihre alten Nachbarn denken müssen. Briefe, die an zurückgelassene Angehörige aus Nordamerika und auch Australien, wohin besonders im Jahre 1847 viele oberlausitzische Familien zogen, anlangten, athmen diese Heimathsliebe, die nur allgemach in Folge bauernder und fester Eindrücke und neugeknüpfter Verbindungen zurücktritt. Wenn Unzufriedene durch staatliche Verhältnisse sich abgestoßen fühlten und ihrem Vaterlande voll tiefen Mißbehagen den Rücken kehrten, — so war es wieder in dem neuen Vaterlande die Erinnerung an tausend Aeußerungen des engeren Gemeindelebens, durch welche sie der Heimath nicht gänzlich sich entfremden konnten. Andere, welche in bereits bestehenden Gemeinden nicht Raum zu finden meinten, siedelten sich an leeren Plätzen der Heimath an, und so entstand z. B. zu Anfange der 30er Jahre im rothenburger Kreise auf der Stelle, wo früher eine Schneidemühle (wendisch Rjesack) stand, das neue Dörfchen Rjesack. Die Gemeinden zusammen bilden einen Organismus, der besteht, auch wenn ein Theil davon vernichtet wird und abstirbt; die Lebenskraft weiß einen neuen Theil zu schaffen. Ging auch, wie uns die älteste Geschichte lehrt, da und dort eine Niederlassung unter, so erstand an anderem Platze eine neue Ansiedelung; noch ist im Vaterlande Raum genug für Viele, welche fürchten, daß sie auf neuem Boden keine Wurzeln schlagen werden.

III.
Induſtrie, Handel, Gewerbe und Heilkunde.

Fleiß, Mühe und Arbeit, d. i. Induſtrie, ſind nicht blos bei der Erzeugung kunſtvoller Waaren und dem Handel mit denſelben nöthig, ſondern dieſe Forderungen treten auch bei der Kultur des Bodens zum Behufe der Gewinnung nutzbarer Produkte uns entgegen. Daher erſcheint es angemeſſen, die Geſchichte des Ackerbaues in den Vordergrund zu ſtellen, und zwar iſt dieſes ſchon uns deshalb rathſam, als ja alle Waaren-Induſtrie, die Gewerbe und der Handel, erſt nach der ausgebreitetſten und ſorgſamſten Bodenkultur zur vollſtändigen Entwickelung gelangten. — Das Vorkaufsrecht der Abligen bei Rittergütern iſt gefallen, ſo daß in der neuern Zeit ſich der Bürgerſtand mit dem Adel in die Verdienſte theilt, welche unſern größern Gutsbeſitzern in Folge zweckmäßiger Bewirthſchaftung des Bodens und der Vervollkomnnung des Viehſtandes zufallen. Mit den Rittergutsbeſitzern wetteiferte darin der Beſitzer kleinerer Bürgeräcker, ſowie der kleine bäuerliche Grundbeſitzer; der letztere hat ſich beſonders das Verdienſt erworben, durch Benutzung wüſter Plätze an Waldrändern und Viehwegen, ſowie durch Urbarmachung letzterer ſelbſt und großer Waideplätze, den ertragsfähigen Boden nicht unbedeutend vermehrt zu haben. Doch ſind auch in dieſer Hinſicht größere Grundbeſitzer nicht zurückgeblieben; hauptſächlich wurden von denſelben in der preußiſchen Oberlauſitz weite Moorſtrecken zum Anbau von Kraut und Kartoffeln fähig gemacht.

Den Grundbeſitzern aufzuhelfen, ward 1830 von dem Landtage der preußiſchen Oberlauſitz eine unter ſtändiſcher Verwaltung ſtehende Provinzial-Sparkaſſe ins Leben gerufen, deren Fond 1847 606,653, und im Jahre 1858 beinahe 1,075,000 Thaler betrug. Dieſe Kaſſe wirkt nicht allein durch Förderung der Sparſamkeit, ſondern auch dadurch heilſam, daß aus ihr kleinere ländliche Grundſtücke Kapitalien erhalten können und durch dieſe Einrichtung demnach dem Wucher kräftig entgegengetreten wird. — Für die preußiſche Oberlauſitz beſteht jetzt auch ein land- und ritterſchaftlicher Kreditverein; aus der Landſchaftskaſſe des görlitzer Fürſtenthums können Rittergutsbeſitzer Kapitalien bis zum halben Werth ihrer Güter aufnehmen. Es haften dafür Alle, und dem Darleiher werden Pfandbriefe die mit 3½ vom Hundert halbjährig verzinſt werden, ausgeſtellt.

In ähnlicher Weiſe wirkt in der ſächſiſchen Oberlauſitz die landſtändiſche Hypothekenbank zu Budiſſin, welche 1864 einen Beſtand von 4,138,440 Thalern Hypothekenforderungen an Ritter- und Landgüter, ſowie an einzelne Häuſer und Fabriken darlegte.

Die Ablösungen von drückenden Frohndiensten, die Aufhebung des Huthungsrechts der Herrschaften auf den Brachen ihrer Bauern, sowie auch die Beseitigung des Gesindezwanges waren wesentliche Hebel zu einer besseren Gestaltung der landwirthschaftlichen Verhältnisse. Denn nicht geleugnet kann es werden, daß durch die erzwungenen Dienstleistungen die Arbeit von Seiten der Bauern nur lässig und schlecht gemacht wurde, daß also Grund und Boden der Rittergüter nicht den Ertrag lieferte, welcher erzielt wird, wenn völlig freie Lohnarbeiter die Bestellung der Felder überwiesen erhalten. Durch fortgesetzte Bemühungen, den Ertrag der Landgüter zu heben, mußten dieselben immer mehr im Werthe steigen, und so kommt es, daß die Preise der Grundstücke in unserem Zeitraume eine Höhe erreichten, welche, mit Ausnahme Englands, wol zu den bedeutendsten überhaupt gehören. Die Gegend von Bautzen bis Weißenberg, Klix und Kloster Marienstern wird die „güldene Aue" der Oberlausitz genannt; aus den Berichten des sächsischen statistischen Vereins vom Jahre 1837 ersieht man, daß die Fluren von Ohorn und Tiefendorf die höchsten, nämlich neunfache Erträge vom Weizen lieferten; dagegen erntete man bei Königsbrück, Kleinseitschen, Sohland und Bernstadt von einem durchschnittlich 4 bis 5 Scheffel Winterkorn, Sommerkorn ebensoviel auf den Fluren von Ohorn, Neukirch und Bernstadt; Gerste mit siebenfachem Ertrage bei Löbau und Nebaschütz, und endlich Hafer von einem 8 Scheffel ebenfalls bei Löbau, Schönau, Altbernsdorf und Königsbrück. Doch auch in der preußischen Oberlausitz findet der Ackerbau, besonders an den Ufern der Neiße und im görlitzer Kreise überhaupt, fruchtbaren Boden; am geringsten fallen die Ernten jedenfalls in der Gegend von Muskau und Zibelle, sowie in den westlich davon liegenden Fluren aus, wo der Wald noch die Herrschaft behauptet. Wenn aber die Sandgegenden des rothenburger und hoyerswerdaer Kreises weniger Ertrag an Scheffeln liefern, so daß zur Deckung des Bedürfnisses trotz des gesteigerten Fleißes und der weitergeschrittenen Umwandlung von Waldboden in Ackerland Einfuhr von Auswärts nöthig ist, so zeichnet sich dafür das Korn jener Gegenden durch dünne Hülsen und ein feineres und weißeres Mehl vor dem des Oberlandes aus. — In der sächsischen Oberlausitz wurde 1842, um die Grundsteuern zu regeln, von einer sachverständigen Kommission eine sehr genaue Werthbestimmung (Bonitirung) der Grundstücke aufgeführt; für den preußischen Theil des Markgrafthums liefert in dieser Beziehung die auf Veranlassung der naturforschenden Gesellschaft zu Görlitz von Dr. Glocker 1857 herausgegebene geognostische Beschreibung des genannten Landestheils werthvolles Material. Eine beigegebene Karte weist die räumliche Ausdehnung der landwirthschaftlichen Bodenarten nach und es dienten zur chemischen Bestimmung 322 Bodenproben. Darnach, oder vielmehr aus den beigefügten Erläuterungen ist zu ersehen, daß auf Thonboden 0,82, auf Lehmboden 10,43, auf sandigen Lehmboden 16,02, auf Moor und moorigen Sandboden 6,17 und endlich auf Sandboden 31,88 Quadratmeilen kommen. — Wie die naturforschende Gesellschaft zu Görlitz besonders durch ihre ökonomische Abtheilung das Augenmerk auf landwirthschaftliche Fragen richtet, so hat auch die oberlausitzische Gesellschaft der Wissenschaften nicht blos früher, sondern auch in neuerer Zeit hin und wieder ihre Thätigkeit auf dasselbe Gebiet gelenkt. Sie krönte zum Beispiel eine Preisschrift des Oekonomieraths von Möllendorf: „Ueber die Einführung heckenartiger Einfriedigungen der Aecker in der Oberlausitz." Der Verfasser kommt hierbei zu dem Schlusse, „daß weder die meteorologischen Verhältnisse der Oberlauſitz, noch die eigenthümlichen Zuſtände des Ackerbaus derſelben, noch die Geſtaltung des Bodens die Einführung heckenartiger Einfriedigungen der Aecker nöthig oder vortheilhaft erſcheinen laſſen." Es möchte vielmehr eine ſolche allgemein eingeführte Einfriedigung „mehr Nachtheile als Vortheile herbeiführen, weil durch die von den Hecken bewirkte Anhäufung und das längere Liegenbleiben des Schnees die Temperatur des Bodens durchſchnittlich ſinken würde, und man dadurch Gefahr liefe, den ohnehin im Allgemeinen an Näſſe leidenden Boden noch naſſer zu machen." Höchſtens würden Heckenpflanzungen um die Aecker im ſüdlichen gebirgigen Theile der Oberlauſitz, ſowie auf kleinen Hochebenen bei Niesky und Waldau, wo Lücken in den größeren Waldungen entſtanden ſind, anzurathen ſein. — Da in andern Ländern Heckenpflanzungen ſich als vortheilhaft erwieſen haben, ſo erkennen wir aus obigen und ebenſo aus ähnlichen anderen mit Sachkenntniß angeſtellten Erörterungen, daß die oberlauſitziſchen Landwirthe wohl bemüht geweſen ſind, nützliche Einrichtungen auch bei ſich einzuführen, daß ſie aber dabei den Bodenverhältniſſen Rechnung getragen und ſelbſt von einer im Allgemeinen vortheilhaften Sache deshalb abgeſehen haben, weil ſich durch die Prüfung andere Ergebniſſe für den heimiſchen Boden herausſtellten. — Zu den bereits früher angewendeten Düngemitteln, Aſche und Kalk, traten auch Mergel und Knochen, ſowie die Kohlendüngung, welche beſonders der Kommiſſionsrath Johann Auguſt Blume zu Reibersdorf († 1845) nach Entdeckung der Braunkohlen in Olbersdorf und der Schwefelkohlen in Oppelsdorf in ökonomiſchen Schriften und Wochenblättern empfahl. Ebenſo griff man mehr und mehr zur Knochendüngung, und in den Abhandlungen der naturforſchenden Geſellſchaft zu Görlitz veröffentlichte 1838 ein practiſcher Oeconom, Leſchke in Ober-Girbigsdorf die Ergebniſſe der angewendeten Knochendüngung. Mühlen zur Herſtellung von Knochenmehl entſtanden bald an vielen Orten, z. B. in Nadelwitz, Olbersdorf, Hainewalde und Rothenburg. Auch in der Oberlauſitz wurde wie anderwärts vielfach Guano zur Düngung eingeführt, und auf den Sandfeldern des rothenburger Kreiſes ſä'te man Lupinen nicht blos deshalb aus, um die Grünpflanze und die geſchrotenen Samen als Futter zu benutzen, ſondern man erwartete auch mit Recht durch die an manchen Orten untergepflügte Pflanze, oder wenigſtens durch deren Wurzeln eine Verbeſſerung des dürftigen Ackerbodens. — Um einer unverſchuldeten Verarmung des Gutsbeſitzers vorzubeugen, entſtanden Verſicherungsgeſellſchaften, zum Beiſpiel gegen den Hagelſchlag, und es traten in unſerer Provinz immer mehr Beſitzer kleinerer und größerer Ackerflächen ſolchen wohlthätigen Genoſſenſchaften bei. Schon im Jahre 1825 veröffentlichte der Hauptmann von Giersberg auf Nieder-Lichtenau und Schadewalde im lauſitziſchen Magazin einen „Grundvertrag zu einer Hagel-Aſſekuranz-Geſellſchaft in der preußiſchen Oberlauſitz." Dieſer Entwurf erſcheint auch deshalb hier erwähnenswerth, weil in demſelben ſtatt der in baarem Gelde ausgezahlten Entſchädigungen die Verabreichung von ausgedroſchenem Getreide und Stroh, und zwar zu ½ bis ¾ oder ganz, als vortheilhafter für den Landmann aufgeſtellt und verlangt wurde. — Die Neuzeit, welche uns faſt jedes Jahr neue Entdeckungen und Beobachtungen im Gebiete der Naturwiſſenſchaften bringt, tritt auch mit erhöhten Forderungen an die Landwirthſchaft heran. Mit den herkömmlichen, vom Vater auf den Sohn vererbten Ueberlieferungen bleibt der Gutsbeſitzer gegenwärtig weit hinter den Erwartungen zurück, die man hinſichtlich des Fruchtertrags und des Viehbeſtandes hegen muß, wenn er nicht zugleich auch die Forschungen wissenschaftlich gebildeter Männer seines Fachs zu Rathe zieht und ein selbstdenkender Landwirth ist. Um dies zu werden und sich theoretische Kenntnisse zu erwerben, bot sich in den verflossenen 50 Jahren Jedem in gegründeten Lehranstalten und durch mündliche und schriftliche Belehrungen Gelegenheit. Schon im Jahre 1814 entstand zu Guteborn eine landwirthschaftliche Lehranstalt, der in neuerer Zeit die Anstalten zu Ullersdorf bei Zittau durch den Oekonomen Gühler, und zu Brösa bei Bautzen durch den Rittergutspachter und jetzigen jenaischen Professor Stöckhardt folgten. Das in Brösa 1847 gegründete Lehr-Institut suchte theoretische und praktische Unterweisung soviel als möglich zu vereinigen, und es hat insofern segensreich gewirkt, als es die jungen Landwirthe nicht mit künstlich geschaffenen Musterwirthschaftverhältnissen, sondern mit Verhältnissen und mancherlei Schwierigkeiten bekannt machte, wie solche im gewöhnlichen Leben vorkommen. Es wollte vermittelnd eintreten, und Liebe zur geistigen Fortbildung, die bei einer blos praktischen Bildung leicht verloren geht, sowie praktisch-landwirthschaftliche Ausbildung, von welcher der Besuch größerer wissenschaftlicher Anstalten leicht entfremdet, in den Zöglingen hervorrufen. — Zur Heranbildung praktischer Landwirthe, besonders tüchtiger Wirthschaftsvoigte, wurde 1853 in Zobel im görlitzer Kreise eine Ackerbauschule gegründet. Wichtig für die sächsische Oberlausitz war auch die in Weiblitz von dem Dr. Hermann eingerichtete Versuchsstation, an deren Stelle gegenwärtig die von den Mitgliedern des bautzner landwirthschaftlichen Kreisvereins unterhaltene Versuchsstation zu Pommeritz getreten ist. — Noch dürfen wir an dieser Stelle zweier Anstalten nicht vergessen, welche zwar nicht landwirthschaftliche Institute im engern Sinne genannt werden können, die aber dennoch, indem sie tüchtiges Gesinde für die Landwirthe heranzubilden sich bestreben, besser hier als bei den Schulen anzuführen sind. Die eine Anstalt ist die zu Siebenhufen 1856 gegründete Ackerbauschule, ein Filial des görlitzer Rettungshauses, die andere der Katharinenhof in Großhennersdorf, ein Landeswaisenhaus für Knaben von 8 bis 15 Jahren, die außer einem Elementar-Unterrichte besonders Unterweisung in der Spatenkultur und anderen Feldarbeiten erhalten. Beinahe anderthalbhundert Jahre lang war der Katharinenhof zu Unterrichts- und Erziehungszwecken bestimmt, denn 1721 wurde daselbst von Henriette Sophie v. Gersdorf eine Erziehungs- und Versorgungsanstalt gegründet, welche bis 1741 bestand. Von 1748 bis 64 befand sich in den Räumen eine Knaben- und von 1765 bis 1802 eine Mädchenerziehungsanstalt; von 1802 bis 32 wurde das Grundstück zur Erziehung von Knaben höherer Stände benutzt, dann standen die Gebäude meistentheils leer, bis sie 1837 ihre jetzige Verwendung fanden.

Zum Behufe des Austausches und der wissenschaftlichen Begründung gemachter Erfahrungen bildete sich das landwirthschaftliche Vereinsleben. In Sachsen wurde 1843 ein Hauptverein gegründet, welcher an die Spitze der entstehenden Kreisvereine trat; für die sächsische Oberlausitz entstand ein solcher 1849, und es schlossen sich demselben sämmtliche landwirthschaftliche Localvereine, sowie der Forstverein zu Schmoosdorf und der Obstbauverein in Zittau an. Der noch heute festgehaltene Zweck dieser Vereinigung ist die Gewährung von Prämien, die Veranstaltung von Thier- und Produktenausstellungen, sowie das Vorlegen von Fragen, welche Bezug auf landwirthschaftliche Erscheinungen haben. Außerdem soll durch den Kreisverein die landwirthschaftliche Statistik befördert, es sollen Mängel ergründet und abgestellt und überhaupt Fortschritte möglichst befördert werden. — Auch in der preußischen Oberlausitz, und zwar im Allgemeinen zuerst im görlitzer und rothenburger Kreise, bildeten sich landwirthschaftliche Vereine, 1840 z. B. in Schützenhain, 1850 zu Penzig, 1856 zu Muskau, und noch im Jahre 1860 ein solcher in Marklissa, welcher im Sommer aller 4, im Winter aber aller zwei Wochen Versammlungen hielt. Sämmtliche Vereine stehen mit einem ökonomischen Centralkollegium in Breslau in Verbindung. Hierbei darf die Wirksamkeit der ökonomischen Sektion der naturforschenden Gesellschaft in Görlitz nicht vergessen werden, die in erweitertem Umfange das umfaßt, was um 1800 eine ökonomische Deputation der Gesellschaft der Wissenschaften in ihr Bereich gezogen hatte. Als ein höchst verdienstliches Werk gab die naturforschende Gesellschaft 1862 die von ihrem einstigen Präsidenten, dem Oekonomie-Kommissionsrathe Georg von Möllendorff bearbeiteten „Regenverhältnisse Deutschlands" heraus, in denen nicht blos die Regenbeobachtungen von 213 Orten enthalten sind, sondern worin auch die Anwendbarkeit dieser Beobachtungen auf Ent- und Bewässerungen, sowie auf gewerbliche Anlagen darzuthun versucht wird. — Noch mag aus den Abhandlungen der genannten Gesellschaft von 1840 eine Arbeit Lippmanns über das aufgeschlossene Arkanum (Geheimniß) des Ackerbaus hier genannt werden, welche die Sätze obenan stellt, daß das eigentliche Geheimniß des Ackerbaus verschlossen liegt 1. in der Kunst, den Humus schnell und in größerer Menge zu erzeugen, und 2. darin, die Ackererde so vorzubereiten, daß sie als Standort der Gewächse alle Einflüsse für das Pflanzenleben thätigst benützen und den Vegetationsprozeß mit aller Kraft zu unterhalten vermöge. — Gewiß haben die verschiedenen Schriften über Landwirthschaft nicht wenig dazu beigetragen, erprobte Mittel zur Förderung des Ackerbaus und der damit zusammenhängenden Bewirthschaftung zu verbreiten, ebenso wie sie vielfach zum Nachdenken und zu eigener Beobachtung anregten. In den Verhandlungen der ökonomischen Gesellschaft im Königreiche Sachsen finden sich von 1818 bis 1834 viele Abhandlungen von Lausitzern. So schrieb z. B. der Pfarrer Nartschick zu Ralbitz: „Ueber die Gewinnung und Zubereitung der Torfasche und deren Anwendung als Düngungsmittel auf Feldern und Wiesen;" vom Grafen von der Lippe-Delsa auf Teichnitz rühren her: „Fortgesetzte Versuche mit der Drillkultur in der Oberlausitz;" der Kammerherr Wilhelm von Hartmann auf Großwelka schrieb: „Ueber die Vertilgung der grauen Ackerschnecke" und „über den Anbau der zweckmäßigsten Futterpflanzen." Eine Arbeit von Zenker in Malsitz handelt „Ueber den Flachsbau und die Veredlung des Flachses," und eine von Porsche über „die Mischung des Schaf- und Kuhdüngers als Mittel zur Verminderung der dicken Schale an den Körnern des Winterkorns." Diesen Schriftstellern reihen sich noch andere an, z. B. der schon genannte Kommissionsrath Blume in Reibersdorf und der Oekonomie-Inspector Pötschke in Schönbrunn, welcher 1822 in den mögelinschen Annalen über „allgemeine Grundsätze bei der Organisation der Landwirthschaft" schrieb. Im Jahre 1847 erschien von Patzig, einem Lausitzer, ein „Katechismus der Landwirthschaft," und im Jahre darauf von demselben: „der praktische Oekonomieverwalter nach den Anforderungen der jetzigen Zeit." — Eine 1824 in Zittau besonders für Gutsbesitzer und Forstmänner erschienene Monatsschrift: „Erfahrungen aus dem Gebiete der Natur und Kunst" von August Thomas, enthielt viel Aufsätze über Haus- und Landwirthschaft, doch fehlte ihr noch viel, um für ein eigentliches landwirthschaftliches Organ gelten zu können. Der 1843 von der görlitzer naturforschenden Gesellschaft gefaßte Plan, eine ökonomische Zeitschrift für den Landmann in der Oberlausitz herauszugeben, ging nicht in Erfüllung; dagegen erschienen 1850 gleichzeitig zwei derartige Zeitschriften: die „landwirthschaftliche Zeitung," herausgegeben vom landwirthschaftlichen Vereine hoyerswerdaer Kreises, und das „land- und forstwissenschaftliche Wochenblatt", dessen Herausgabe der landwirthschaftliche Kreisverein für das königl. sächsische Markgrafthum Oberlausitz besorgte.

Zu den Aufgaben der Landwirthschaft gehört nicht nur die Bestellung des Ackers, sondern auch die Pflege des Wiesenbau's, weil darauf eine tüchtige Viehwirthschaft begründet ist. Wir können wohl von einer Geschichte des Wiesenbau's reden, wenn dieselbe auch nicht alt ist. Denn eine Aufgabe des Oekonomen ist's geworden, die Kulturbestrebungen auf die Wiesen auszudehnen. Mit großen Kosten wurden in den letzten 50 Jahren in unserm Markgrafthume Kunstwiesen geschaffen, unter denen die bei Janowitz und Weiß-Kollm im hoyerswerdaer Kreise, sowie die zu Dobers im Kreise Rothenburg für die preußische Oberlausitz besonders hervorgehoben werden müssen. Auch in der sächsischen Oberlausitz wurden bei Zittau nach einem Programm der dortigen Gewerbeschule von 1841, ferner durch die Besitzer von Königsbrück, Oppach, Pulsnitz, Rittlitz, Rothnauslitz u. s. w. Kunstwiesen geschaffen. Die Besitzer von Königsbrück und Oppach, Graf Hohenthal und von Nostitz-Jänkendorf erhielten in Folge ihrer Unternehmungen 1841 und 1844 vom sächsischen Ministerio des Innern Prämien. Eine wesentliche Forderung für Kunstwiesen ist die künstliche Bewässerung, durch welche der Ertrag in erheblicher Weise gesteigert wird. Aufsehen machte das Werk des lausitzischen Oekonomen Patzig: „Der praktische Rieselwirth, oder Anleitung, durch Bewässerung natürliche Wiesen in ihrem Ertrage zu erhöhen und unfruchtbare Ländereien in fruchtbare Wiesen umzuwandeln" (Leipzig 1848). Aus der preußischen Oberlausitz liegen über die Ausdehnung der Rieselwiesen nähere Angaben vor; nach denselben kamen 1860 auf den görlitzer Kreis 500, auf den rothenburger 700, den hoyerswerdaer 400 und den laubaner Kreis nur 20 Morgen Wiesenland, welches künstlich bewässert wurde. In der sächsischen Oberlausitz empfing der Rittergutsbesitzer Stoß auf Lawalde wegen Ausführung einer Wiesenbewässerungsanlage 1844 eine Regierungsprämie. — Man kann wohl behaupten, daß jede nützliche Einrichtung auch ihre Feinde findet; so ging es dem immer mehr sich ausdehnenden Wiesenbewässerungswesen, über welches die Müller 1848 Beschwerde führten. Bisher war ihnen das Wasser zu solchem Zwecke nicht entzogen worden; denn wenn man früher die Wiesen zu verbessern suchte, so geschah es nicht durch Anwendung fließender Gewässer, sondern fast nur durch Entwässerung und Aschedüngung. In den Abhandlungen der naturforschenden Gesellschaft zu Görlitz theilt E. F. Lippmann 1839 mit, daß er bei Verbesserung der görlitzer Kommunwiesen die von verbrannten Rasenhaufen zurückgebliebene Asche angewendet habe. — Eine Seite der Geschichte des Wiesenbaues reicht bis in das Zeitalter der Reformation zurück: es ist dies die Verwandlung von Teichen in Wiesenflächen. Damals wurden durch Abschaffung der vielen Fastentage auch viele Teiche, da man der großen Zahl von Fischen nicht bedurfte, unnöthig. Aber auch in neuester Zeit mußten besonders in dem nördlichen Theile der Oberlausitz viele Teiche weichen, deren Boden theils in Wiesen, theils in Felder umgewandelt wurde. Bei Zittau schwanden 1847 die alten Burgteiche, 1848 folgte ihnen durch dasselbe Schicksal der große Teich bei

Kleinporitsch. Auch anderwärts, z. B. bei Bautzen, zeigen die noch vorhandenen Dämme, welche Wiesen einfriedigen, den früheren Bestand von Teichen an.

Bei dieser Gelegenheit mag das Wichtigste über den Stand der Teichkultur in unserm Zeitraume mit angezogen werden. Die Verminderung der Teiche hat keineswegs eine wesentliche Umgestaltung des landschaftlichen Bildes hervorzubringen vermocht, da die Provinz, besonders in ihrem mittlern Theile und im Norden, noch einen großen Reichthum jener Wasserbecken, die ich des Landes glänzende Augen nennen möchte, aufweist. In der sächsischen Oberlausitz sind es die Gegenden von Gutte, Königsbrück, Königswartha, in der preußischen der hoyerswerdaer und rothenburger Kreis, welche die meisten Teiche haben; die wenigsten finden sich im laubaner Kreise. Erwähnenswerth ist auch die Teichkultur bei Hennersdorf und Hermsdorf im Kreise Görlitz, sowie in der görlitzer Haide. In letzterer steht der „Wohlen" durch seine Ausdehnung obenan; obgleich gegenwärtig zur Hälfte wasserleer und verwachsen, so umfaßt sein Wasserspiegel immer noch 356 Morgen, und an den alten Dämmen sieht man, daß die Wasserfläche früher einen Umfang von mehr als 4 Stunden hatte. In den zwanziger Jahren unsers Zeitraums wurde er gewöhnlich mit 100 Schock zwei- bis dreijährigen Samenkarpfen besetzt; er lieferte demnach den dritten Theil der gesammten Fische, die sich um die angezeigte Zeit in sämmtlichen Teichen der görlitzer Haide auf ungefähr 300 Schock belaufen mochten. Aus dem laubaner Kreise erhält man jährlich gegen 150 bis 250, aus dem görlitzer 400 bis 480 und dem rothenburger 14—1600 Centner Karpfen nebst 6—7000 Schock Samenfischen. In der muskauer Herrschaft gabs allein 1819 153 kleinere und 16 große Teiche, unter denen der lange Dammteich bei Weißkeisel noch heute obenan steht. Die Zahl der Teiche in der Standesherrschaft Hoyerswerda belief sich 1817 auf 70, mit einem Gesammtflächeninhalte von 2224 Ackern, und sie lieferten damals jährlich über 500 Centner Karpfen, Schleien, Hechte und Barsche. Der Hauptabsatz des oberlausitzischen Fischhandels findet nach Dresden, Berlin, Sagan, Frankfurt a. O., Kottbus, Guben und Liegnitz statt, und es kann nicht geleugnet werden, daß unserm Lande durch die Zucht der Teichfische eine nicht ganz unbedeutende Einnahme zufließt. Diese Quelle der Einnahme würde gewiß noch stärker sein, wenn man allenthalben mit der größten Sorgfalt das beherzigte, was die 1859 erschienene Schrift von J. F. Neu: „die Teichwirthschaft, die Teichfischerei und der Teichbau" darlegt.

Eine besondere Fürsorge wurde in diesem Jahrhunderte dem Gartenbau, der Obstkultur, sowie der Anpflanzung nutzbarer Hölzer sowohl von Privatpersonen, als auch von Seiten der Regierungen gewidmet. Gemüsegärten sind besonders in Zittau und bei Görlitz im Flor; bereits vor 20 Jahren wurde in Zittau, in dessen Umgebung selbst einzelne Dörfer, z. B. Reibersdorf und Hörnitz viel Gemüse liefern, die Zahl der Frühbeete auf 8000 angegeben. Durch seinen Grünzeugbau ist auch Hoyerswerda bekannt, wo manchem Fremden die „schwebenden Gärten," das heißt die über das Wasser gebauten Spaliere, auf denen die Ranken der Kürbisse sich hinziehen, auffallen mögen. Hennersdorf bei Görlitz liefert für die umliegenden Städte ein vorzügliches Kraut mit kleinen und sehr festen Köpfen; früher wurde in Nieder-Neundorf bei Rothenburg der Möhrenbau im Großen betrieben. — Mehr noch wie der Gemüsebau muß uns die vaterländische Obstbaumzucht beschäftigen. Vielleicht war das reiche Obstjahr 1832, in welchem besonders die Aepfel in unermeßlicher Fülle geriethen, auch die Veranlassung, daß sich die Aufmerksamkeit der Bewohner, besonders in der zittauer Gegend, diesem Zweige der Kultur mehr wie je zuwandte. Im Jahre 1834 entstand in Zittau der Verein zur Beförderung des Obstbaues in der Oberlausitz, als dessen eigentliche Gründer der Gymnasialdirector Lindemann und der Pastor Tornid in Hainewalde zu nennen sind. Fremde und gute Obstsorten wurden durch diesen Verein eingebürgert und Musterpflanzungen angelegt; er suchte durch Belehrung über Obstbaumzucht und Vertheilung guter Sorten nach allen Richtungen hin zu wirken und besonders auch durch Obstausstellungen, die z. B. 1834 und 1841 in Zittau veranstaltet wurden, den Eifer für gleiche Bestrebungen mehr und mehr zu fördern. Durch zwei pomologische Zeitschriften, die „Opera" und das im Jahre 1838 an deren Stelle getretene Blatt: „Für Freunde des Obstbaues," so wie auch durch das 1840 erschienene „Obstbüchlein," ein Lesebuch, erstreckte sich die Wirksamkeit des Vereines noch über die engen Grenzen unsers Vaterlandes. — In manchen Dörfern hatte man der Obstbaumzucht bisher nicht die nöthige Mühe zugewendet, vielleicht deshalb nicht, weil man bei einzelnen Anpflanzungen das Klima und den Boden nicht berücksichtigte und deshalb wenig Erfolge sah, oder weil gewerbliche Interessen die Liebe für die Obstkultur zurückdrängten oder gar nicht zur Thätigkeit in dieser Beziehung kommen ließen. So bemerkt z. B. Friedrich Theodor Richter in seiner Geschichte der Damastmanufacturorte Groß- und Neuschönau, daß daselbst der Obstbau im Vergleich zu andern Dösern von geringer Bedeutung sei. Die auf Anordnung der Behörde 1806 eingereichten Tabellen verzeichneten in Großschönau 381 Aepfel-, 216 Birn-, 553 Pflaumen- und 170 Kirsch-, zusammen also 1320 Obstbäume. Nach der Tabelle von 1822 waren daselbst 418 Aepfel-, 271 Birn-, 643 Pflaumen- und 290 Kirschbäume, in Summa also 1622 Obstbäume vorhanden. Jedoch bis zum Jahre 1830 ging, wenn anders die Angaben richtig sind, die Obstkultur wieder in dem Orte zurück, da man damals daselbst nur 1478 Bäume, nämlich 399 Aepfel-, 257 Birn-, 603 Pflaumen- und 219 Kirschbäume, also nach einem Zeitraume von 24 Jahren blos 158 Stück mehr zählte. Im Jahre 1806 gab es in dem Orte fünf Baumschulen mit 2400 jungen Bäumchen; 1830 aber war die Zahl der Baumschulen auf drei mit 830 jungen Stämmchen herabgesunken. — Es ist zu bedauern, daß wir nicht von recht ähnliche statistische Zusammenstellungen über die Obstbaumpflege besitzen; dieselben sind von wirklichem kulturhistorischen Werthe, da sich in ihnen zum Theil die geistige Richtung der Bevölkerung eines Ortes spiegelt. — Von Seiten der Behörden wurde sowohl im sächsischen, wie im preußischen Theile der Oberlausitz viel gethan, um die Chausseen mit Obstbäumen einzufassen. In einer Hauptversammlung des Obstbauvereins zu Zittau konnte der Amtshauptmann von Jugenhöff mit großer Befriedigung mittheilen, daß an den Chausseen der sächsischen Oberlausitz von 1821 bis 1834 zusammen 17552 Obstbäume, nämlich 12695 Aepfel-, 2603 Birn-, 2244 Pflaumen- und 10 Kirschbäume angepflanzt worden seien. — In der preußischen Oberlausitz sind die Kunststraßen ebenfalls mit Obstbäumen besetzt worden, unter denen man in der görlitzer Gegend auch verschiedene Sorten Kirschen findet. Nußbäume sieht man vorzugsweise in Görlitz, Rengersdorf am Queis und Gebhardsdorf. Von den 48 Obstbaumschulen, welche 1861 in der preußischen Oberlausitz vorkamen, müssen die in Görlitz, Lauban und Lodenau besonders hervorgehoben werden; doch hat auch manche

Baumschule, die von Vielen unbeachtet im abgelegenen Dörfchen mit großer Liebe gepflegt ward, viel zur größeren Ausbreitung guter Sorten beigetragen. Der Lehrer Christian Mischke zu Uhsmannsdorf legte z. B. auf seinem Grund und Boden zu Anfang unseres Jahrhunderts eine Baumschule an, aus der er nach und nach Tausende von Bäumchen verkaufte; dabei erwarb er sich noch um Einrichtung anderer Baumanlagen auf verschiedenen Rittergütern, durch Pflege von Wein- und Hopfengärten vielfache Verdienste, die auch von Seiten der Regierung durch Prämienertheilungen anerkannt wurden. Im Jahre 1861 mochte die Zahl der Obstbäume in der preußischen Oberlausitz ungefähr 277000 betragen haben.

Noch muß aber Manches geschehen, bis die ganze Oberlausitz in einen großen Obstgarten verwandelt ist; auf der weiten sandigen Ebene im Norden der Provinz werden wol die Kiefern stets die Oberhand behalten. Doch auch dort schuf in unserm Jahrhunderte ein einziger Mann an beiden Ufern der Neiße eine ausgedehnte Parkanlage, welche wie eine grüne, fruchtbare Oase mitten in der einförmigen Föhrenheide liegt. Der auch als Reisender und geistreicher Schriftsteller bekannte Fürst Pückler begann im Jahre 1811 die rings um Muskau sich ausdehnende Parkanlage einzurichten, der eigentliche Geburtstag derselben ist aber wol der 1. Mai 1815. Sie umfaßt 4000 Morgen Flächenraum, und Waldgehege wechseln darin mit grünen Wiesenplänen. Zwar ist diese englische Gartenschöpfung nicht zur Obstkultur bestimmt; nur hie und da findet man in ihr einige Obstbäume, welche die Plätze der von Pückler angekauften und — weil in seinen Plan nicht passend — niedergerissenen Bauernahrungen bezeichnen; aber trotzdem ist der Park zu Muskau eine Perle unsers Markgrafthums und ein Vorbild für andere Parkanlagen geworden. Fürst Pücklers 1834 erschienenes Werk: „Andeutungen über Landschaftsgärtnerei, verbunden mit der Beschreibung ihrer praktischen Anwendung in Muskau," wird für immer mustergiltig bleiben. — Beiträge zur Gartenkunst, so weit dieselbe sich auf englische Gärten bezieht, lieferte der muskauer Parkinspektor C. Petzold durch sein 1853 erschienenes Buch „Zur Farbenlehre der Landschaft;" und der Kommissionsrath Blume muß auch hier insofern mit genannt werden, als er nicht nur im reibersdorfer Schloßgarten einen artesischen Brunnen, den ersten in der Oberlausitz anlegte, sondern auch durch eine Schrift über solche Bohrungen (1830) viele zu ähnlichen Bestrebungen veranlaßt hat.

Land- und Forstwirthschaft reichen einander die Hand; sie gehen mit einander, wenn auch der Wald im Allgemeinen da beginnt, wo sich der Boden zum Anbau von Feldfrüchten nicht mehr recht eignen will. Gleichsam als Gegenbild zur Geschichte des Acker- und Gartenbaues will ich den Blick noch auf den Stand der Waldkultur in unserm Zeitraume hinlenken, und zwei Notizen über Anpflanzung von Laubhölzern weisen nach, daß die Regierung sich auch dieses Zweiges der Kulturbestrebungen annahm und ihn zu fördern suchte. Trotz der Verwandlung vieler Privathölzer in Ackerland, wodurch sich das 19. Jahrhundert bisher, wenn auch nicht gerade vortheilhaft ausgezeichnet hat, ist die Oberlausitz nicht gerade arm an Waldungen geworden. In dem preußischen Landestheile besitzt die 124000 Morgen umfassende muskauer Heide einen Werth von 2 Millionen Thalern, und die nicht viel kleinere görlitzer Heide kann mit Recht eine Goldgrube für die Kämmerei zu Görlitz genannt werden. Bedeutend sind ferner die hoyerswerdaer, klitschdorfer, wehrauer und halbauer Heiden, welche zusammen einen Flächenraum von 109000 Morgen einnehmen.

In der sächsischen Oberlausitz nimmt der Waldboden gegenwärtig 370 Acker ein, von denen nur ungefähr 10 dem Staate angehören. Von seinem Reichthume muß deshalb der preußische dem sächsischen Landestheile etwas abgeben; der Bedarf an Brennholz ist jedoch in der Gegenwart gesunken, da einentheils die reichen Lager von Braunkohlen einen Ersatz bieten, anderntheils auf den Schienenwegen aus der dresdener Gegend und aus Schlesien Steinkohlen dem Lande zugeführt werden. Die Holzpreise würden auch dem ärmeren Theile der Bevölkerung unerschwinglich sein, da jetzt z. B. in dem laubaner Kreise eine Klafter weiches Holz, die vor 100 Jahren mit 14 Groschen bezahlt wurde, 4 bis 6 Thaler gilt. — Einen vortrefflichen Beitrag zur Forstinsektenkunde, der auch die Verminderungsmittel und Folgen des Raupenfraßes, die Benutzung der von Raupen befressenen Hölzer und das Verfahren bei Kulturen der abgefressenen Distrikte bespricht, lieferte 1829 der Revierförster Konrad Hapf zu Mulkwitz in den „Bemerkungen über Raupenfraß auf der in der Standesherrschaft Muskau gelegenen Forstrevier Mulkwitz vom Jahre 1810 bis 1827." — Im Jahre 1841 ertheilte das sächsische Ministerium dem Grafen von Hohenthal auf Königsbrück eine Prämie wegen Anpflanzung harter Nutzhölzer. Landesherrliche Anordnungen forderten nicht blos Mittheilungen über den Stand der Obstkultur innerhalb der Gemeinden, sondern sie umfassen auch den Bestand der Laubhölzer, indem die erlangten Berichte jedenfalls als Grundlage für weitere Entschlüsse und Verordnungen dienen sollten. In Großschönau, dessen Obstbaumbestand aus den Jahren 1806, 1822 und 1830 angegeben wurde, gab es zu denselben Zeiten 186, 187 und 189 Ebereschen, 72, 75, 76 Linden, 40, 32, 28 Eichen, 782, 1550, 1400 Birken, 440, 1730, 1698 Erlen, 43, 41, 36 Espen, 871, 420, 445 Weiden, und 100, 105, 158 Pappeln, zusammen also 2034, 4140 und 4040 Stück Laubhölzer.

Von dieser Abweichung kehren wir wieder zur Geschichte der Landwirthschaft zurück, deren Entwickelung ich vorzugsweise beim Ackerbau und der Wiesenkultur verfolgte. Es erscheint als angemessen, auch über den Stand der vaterländischen Viehzucht einige Worte hinzuzufügen. Selbstverständlich ist es, daß dieselbe durch den verbesserten Wiesenbau gewinnen mußte; gehoben wurde sie ferner durch Einführung besserer Racen und durch sogenannte Thierschauen, bei denen die Landwirthe Gelegenheit fanden, Vergleiche anzustellen, um dadurch inne zu werden, was ihrem Zuchtviehe noch fehle. Im Jahre 1842 fand eine solche große Thier- und Produktenschau in Bautzen statt. Lausitzisches Vieh fand sich auch 1852 bei der großen dresdener Thierschau, wo es durch drei Nebenumstände viel Aufsehen erregte; die schönsten Stücke waren nämlich mit Bändern und Kränzen geschmückt, die Mägde trugen ihre wendische Nationaltracht und die Stände des Viehs waren mit Wappenfahnen der oberlausitzischen Herrschaften bezeichnet worden. — Durch besondere Fürsorge, welche sowohl die preußische wie sächsische Regierung der Pferdezucht widmet, sieht man gegenwärtig nicht blos bei Ritter-, sondern auch größern Bauergutsbesitzern schöne und wohlgestaltete kräftige Pferde, und vor allen Kreisen der preußischen Lausitz zeichnet sich der görlitzer durch die Neigung seiner Gutsbesitzer, gute Fohlen zu züchten, aus. Der Pferdehandel ist nicht unbedeutend; die meisten Roßhändler finden sich in Wittichenau, Rothwasser und Marklissa. Großes Aufsehen machten seiner Zeit die arabischen Hengste, welche Fürst Pückler in Muskau 1841 einführte. — In Betreff der Schafzucht lehren statistische Angaben, daß dieselbe, sofern man auf die Anzahl sieht, in Folge der Ablösung der

Schafhutungsgerechtigkeit abgenommen hat; denn eine halbe Million Schafe, welche 1820 die gesammte Oberlausitz besitzen mochte, kommt gegenwärtig nicht mehr vor, wenn man von der Verminderung, die von 1840 bis 1858 in dem preußischen Landestheile nachgewiesen worden ist, auch auf eine Abnahme in der sächsischen Oberlausitz schließt. In ersterem Jahre hatte die preußische Oberlausitz 113170 und in letzterem nur 77552 Stück; doch ist zu bemerken, daß die Zahl der edlen Thiere daselbst zugenommen hat, da man 1840: 8769 und 1858: 14870 Merinos zählte. Die stärkste Schafzucht trieb man 1820 bei Ruhland und in den Herrschaften Muskau, Hoyerswerda, Königsbrück und Seidenberg.

Es würde zu weit abführen, wollte ich das statistische Material in Bezug des Viehstandes innerhalb der letzten 50 Jahre hier vermehren. Einen Platz mögen nur noch einige Angaben finden, welche sich auf die Zucht zweier Insektenarten, die gewissermaßen auch den Hausthieren zu zu zählen sind, beziehen. Ich meine die Angaben über Bienen- und Seidenraupenzucht. Neben der alten Waldbienenzucht, welche besonders in den nördlichen waldreichen Theilen der Oberlausitz gepflegt wurde, entwickelte sich seit dem 15. Jahrhunderte, freilich nur allmählich, die Gartenbienenzucht. Erstere erreichte im gegenwärtigen Jahrhunderte bei uns ihr Ende und ebenso schlief die 1766 zu Kleinbautzen von dem Pastor Schirach gestiftete und durch den Superintendenten Vogel in Muskau erneute Bienen- oder Zeidlergesellschaft wieder ein, bis sich 1854 ein oberlausitzischer Central-Bienenverein bildete, dessen Aufgabe darin besteht, den Sinn für Bienenzucht wieder zu beleben und anzuregen und der in Folge dessen alljährlich in einer der Städte der preußischen Oberlausitz seine Sitzungen hält. Ebenso wurde in Oderwitz in der sächsischen Oberlausitz gegen Ende der vierziger Jahre ein Bienenverein gegründet und seit 1849 fanden zu Neufriedersdorf Bienenkonvente statt. Nach amtlicher Zählung gab es 1855 in der preußischen Oberlausitz 12387 Bienenstöcke, von denen allein 3841 und 3455 auf den rothenburger und hoyerswerdaer Kreis kamen. In genannten Landestheilen wird die Bienenzucht am stärksten betrieben und es giebt daselbst Züchter, welche 50 bis 100 und noch mehr Bienenvölker haben; ein großer Theil von ihnen wie überhaupt der oberlausitzer Bienenväter, züchtet nach Dzierzons Anweisung. Die ziemlich reiche oberlausitzische Literatur über Bienenzucht setzt sich bis in die neuere Zeit fort, so lieferten z. B. die Abhandlungen der görlitzer naturforschenden Gesellschaft von 1840 zwei Arbeiten Haupts in Lobenau über die Fragen, wer die Eier zu den Drohnen lege, und auf welche Weise das Schwärmen der Bienen am sichersten befördert werde.

Die Seidenraupenzucht wurde in Zittau seit 1839 eifrig betrieben, nachdem die sächsische Regierung 1832 Prämien auf die Erzeugung vaterländischer Seide gesetzt hatte. Der dortige Obstbauverein übernahm die Anpflanzung von Maulbeerbäumchen und der Gürtlermeister Ronneberger konnte bei der Gewerbeausstellung 1841 schon zittauer Seide, durch die er eine Prämie erlangte, vorlegen. Im Jahre 1844 bildete sich ein Seidenbauverein und drei Jahre später hatten bei der oberlausitzischen Gewerbeausstellung in Zittau drei Orte Seide ausgestellt. Dessenungeachtet waren alle Anstrengungen vergeblich, denn es ergab sich leider, daß der Industriezweig mehr Opfer verlangte, als der Ertrag decken konnte. Auch in der preußischen Oberlausitz wendete man nach den Unternehmungen des Italieners Chiapponi in Görlitz, welche bereits im vorigen Jahrhunderte stattfanden, der Seidenzucht fortgesetzt seine Aufmerksamkeit zu; Versuche wurden z. B. in den jetzt verflossenen Jahren außer in Görlitz und Lauban, auch in Linda, Schadewalde, Gerlachsheim, Rengersdorf, Schwerta und Mengelsdorf angestellt. —

Wenden wir uns jetzt der übrigen Industrie der Oberlausitz zu, so stelle ich die Brauerei, Weberei und Tuchmacherei in den Vordergrund.

Der alte Streit der Städte mit den Rittergutsbesitzern hinsichtlich der Braugerechtsamkeit war vor 1815 schon zum Theil erledigt, da auf einzelnen Gütern große Brauereien errichtet wurden, die zum Theil ein schöneres Bier als die Städte lieferten. Gegen das Jahr 1845 hörte aller Bierzwang auf und 1847 gab es in der sächsischen Oberlausitz auf den Dörfern allein 110 Brauereien. Damals belief sich überhaupt die Zahl derselben im Steueramte Zittau auf 42, von denen jedoch nur 38 gangbar waren, und im Steueramte Bautzen auf 88 mit 11 nicht in Betrieb gesetzten. Gewonnen wurden im Ganzen 130229 Eimer Braun-, 54660 Eimer Weiß-, und 2141 Eimer Lagerbier; seit dieser Zeit hat die Produktion des Lagerbieres bedeutend zugenommen und es scheint, als ob sich das von Löbau, sowie das von Bautzen hie und da einer besonderen Beliebtheit zu erfreuen habe. In der preußischen Oberlausitz betrug 1861 die Anzahl der Brauereien 103, und zwar hatte deren der rothenburger Kreis die größte Zahl, nämlich 31; nach ihm kamen sogleich görlitzer mit 28 und der laubaner mit 22 Brauereien. Einen bedeutenden Absatz in der Ferne fanden damals die Lagerbiere von Görlitz, Seidenberg und Muskau.

Ehe ich des Zustandes der Weberei gedenke, muß ich einige Worte über Flachsbau, Flachsbereitung und die Spinnschulen vorausschicken. Im Allgemeinen hat in der Oberlausitz der Flachsbau abgenommen, und es wird geklagt, daß besonders der südliche Landestheil den reichen Anblick der mit blauen Blüthen geschmückten Leinfelder vermissen lasse. Grade hier waren schon im vorigen Jahrhunderte vielfach Anregungen gegeben worden, die nützliche Pflanze anzubauen, und noch vor 15 Jahren sprach darüber im zittauer Gewerbeverein der Gymnasialdirector Lindemann, der wie Adam Daniel Richter, einer seiner Vorgänger, († 1782) mit besonderer Liebe die Leinpflanze umfaßte; — er wie Richter vielleicht zugleich in treuer Erinnerung an ihre beiderseitige Heimath, das Erzgebirge, wo die Flachskultur in ausgedehnterem Maße getrieben wird. — Dieselbe Klage über Abnahme des Leinbaues hört man aus der preußischen Oberlausitz, wo der laubaner und theilweise auch der görlitzer Kreis den besten Flachs liefern. Ein ausgedehnter Anbau und zugleich nach einer verbesserten, der belgischen Methode, wurde in neuerer Zeit auf dem herrschaftlichen, einem Baron von Huhn gehörigen Gute Ober-Gerlachsheim betrieben; im Jahre 1860 waren daselbst 185 Morgen mit Lein besät worden.

Allmählich fanden die Verbesserungen in der Leinbereitung Eingang, und die Regierung suchte ihres Theils dafür durch Prämien anzuregen. Einen Preis erhielt z. B. am Anfange der fünfziger Jahre die langerfeldt'sche Geschwinddörre in Alt-Löbau; eine gleiche Auszeichnung ist feinen Handgespinnsten, mehrmals z. B. denen, welche zwei Schwestern in Lückendorf geliefert hatten, zu theil geworden. Eine landständische Unterstützung erhielt die Flachsbereitungsanstalt zu Tiefendorf, und gegenwärtig besteht eine solche in Spremberg bei Neusalz. Gegen 6000 Centner rohen Flachs, den man hauptsächlich aus den Gegenden von Löbau, Weißenberg, Herrnhut und Reichenbach bezieht, werden daselbst jährlich in Wasser geröstet und mit Wasser- und Dampfkraft gereinigt; doch vermag man die Bearbeitung auf die doppelte Menge auszudehnen, sobald dieselbe von oberlausitzschen Landwirthen geliefert werden wird. Von entfernten Bezugsquellen wird der Ersparniß wegen abgesehen; der Absatz findet vorzugsweise an die Maschinenspinnerei bei Hirschfelde statt. Die Gründung dieser Spinnerei durch den Kaufmann Müller in Zittau fällt in die neuere Zeit. Drei Turbinen mit 100 und drei Dampfmaschinen zu 150 Pferdekräften setzten 1863 nahe an 6000 Feinspindeln in Betrieb, so daß der Hauptbedarf zu der angeführten Zeit, obschon so viel wie möglich im Inlande gekauft wurde, aus Belgien, Holland, Rußland, Schlesien und Baiern bezogen werden mußte. Eine zweite Flachsspinnerei mit 7000 Spindeln wurde in der sächsischen Oberlausitz 1865 bei Haynitz angelegt. — So vortheilhaft auch die Anlage von Maschinenspinnereien für die Gewinnung eines feinen Garnes sein muß, so betrübend ist doch wieder dieser Fortschritt mancher armen Spinnerin geworden. Die Bewohner der marienthaler Klosterdörfer, so wie von Schreibersdorf, Günthersdorf, Schönbrunn, Pfaffen- und Katholisch-Hennersdorf haben sich bisher durch die Lieferung von vielem und gutem Gespinnste ausgezeichnet, und gleichfalls muß ich hier auch der Spinnschulen gedenken, welche innerhalb unsers Zeitraums an vielen oberlausitzischen Orten gegründet worden sind. In derartigen Spinnschulen ward sehr bald von Kindern durch die Bemühungen von tüchtigen Lehrern ein feines Garn geliefert, die Fortschritte konnten von Woche zu Woche übersehen werden, und, was als von besonderer Wichtigkeit hier hervorgehoben zu werden verdient, dem müßigen Umherstreichen und der Bettelei wurde wesentlich gesteuert. Im Jahre 1843 wurde in Lauban, dessen Kreis 1859 noch 5400 Spinner zählte, eine Spinnschule errichtet; 1849 folgten die in Schönbach und Königshain, gegründet vom Hilfsverein für die oberlausitzischen Weberdörfer, und 1852 gab es Spinnschulen in Spremberg bei Neusalza, Berthelsdorf, Seidau, Kotitz und Pulsnitz.

Wie in der älteren Geschichte der Oberlausitz muß ich auch jetzt die Aufmerksamkeit etwas länger der Herstellung leinener und halbleinener Waaren zu wenden. Die Zahl der Stühle, auf denen dieselben, mit Ausnahme leinener Hosenstoffe und Damaste, hergestellt werden, mochte sich 1863 in der sächsischen Oberlausitz auf ungefähr 10000 belaufen, und es konnten damals in einem Jahre an 70000 Schock Leinengarn im Werthe von 3 Millionen Thalern verarbeitet, von Seiten der Weber aber 5¼ Millionen Thaler als Arbeitslöhne erworben werden. In Hirschfelde und Umgegend, sowie in Eibau, Ober-Cunnersdorf, Schönbach, Beyersdorf und mehreren anderen Orten arbeitete man in neuerer Zeit hauptsächlich für Handelshäuser, welche die Waaren im Auslande vertrieben, während z. B. die Artikel aus Spremberg, Waldorf, Oppach, Sohland an der Spree, Wehrsdorf und Neukirch ihren Absatz vorzugsweise innerhalb des Zollvereinsgebietes, nämlich in Ost- und Westpreußen, Westphalen, Hessen, Baden, Baiern, den thüring'schen und noch andern Staaten fanden. Seit ungefähr 20 Jahren geht die Ausfuhr in größerem Maßstabe nur noch nach Mexico, Venezuela, Portoriko und einigen westindischen Inseln; der Absatz nach den vereinigten Staaten, nach Brasilien, Peru, Uruguay und La-Plata ist seit dieser Zeit der sächsischen Oberlausitz verloren gegegangen. — In dem preußischen Antheile des Markgrafthums ist es besonders der laubaner Kreis, in welchem die meiste Leinweberei getrieben wird; im Jahre 1858 gab es daselbst 1846 Weber, deren Waaren besonders auf den Messen zu Leipzig, Braunschweig und Frankfurt abgesetzt wurden. Wenig Eingang hat die Weberei im rothenburger Kreise, dessen Bewohner ihre Thätigkeit vorzugsweise auf den Landbau richten, gefunden; 1840 standen im gesammten Kreise nur 147 Stühle für ganz-leinene Waaren. — Zu Anfang unserer Periode wurde besonders durch Einführung der Schnellschützen ein Umschwung in die oberlausitzische Leinweberei gebracht, indem man jetzt mehr Waare fertig brachte, als versendet werden konnte. Gegen das Jahr 1832 machte man in der sächsischen Oberlausitz 70 bis 80000 Stück weiße Leinwand, das Stück in einer Länge von 160 Ellen und durchschnittlich $^{5}/_{4}$ Ellen Breite. Die Fabrikation von leichter weißer und bunter Leinwand hat ihren Sitz außer in Nieder-Cunnersdorf hauptsächlich in Oppach und den umliegenden Ortschaften, wie in Beyersdorf, Taubenheim, Crostau und Schönbach. Bunte Leinwand wird auch in Hirschfelde, Wittgendorf, Dittelsdorf, Rosenthal, Rohnau, Seitendorf und Türchau angefertigt. In den dreißiger Jahren mochten daselbst gegen Dreiviertheile der Bewohner Weberei treiben und es wurden von ihnen 1831 außer 3750 Stück weißer auch insbesondere 27550 Stück leinene und halbleinene bunte, 1 bis 1½ Ellen breite und 60 bis 84 Ellen lange Waare geliefert. Neben der gewöhnlichen Leinwand ist auch die Herstellung von Zwillichen und Jacquards, so wie von Drells und leinenen, so wie halbleinenen Rock- und Hosenstoffen zu erwähnen. Zwillliche und Jacquards mögen in Waltersdorf auf ungefähr 400 Stühlen geliefert werden; größer ist die Fabrikation dieser Waaren in Neukirch und den dabei gelegenen meißnischen Ortschaften Ringenhain und Weifa. Was die andern genannten Stoffe anlangt, so mag bemerkt werden, daß dafür in den Dörfern Großschönau, Jonsdorf, Waltersdorf, Bertsdorf und Hainewalde vor wenigen Jahren im Ganzen 2900 Stühle gingen.

Wenn auch diese Angaben keinen Anspruch auf Vollständigkeit erheben dürfen, so sind sie doch geeignet, einigermaßen den Standpunkt der Weberei in der Gegenwart zu kennzeichnen. In der Geschichte der Industrie unserer Provinz würde aber eine Lücke entstehen, wenn ich bei der Leinenindustrie nicht wenigstens noch einige Angaben über die Damastweberei Großschönaus hinzufügen wollte. Es ist derselben in der früheren Geschichte ebenfalls gedacht worden. Wenn nun auch den großschönauer Erzeugnissen die Gefahr droht, von anderen Fabrikaten, besonders aus Oberschlesien verdrängt zu werden, so haben sie sich doch durch ihre Güte und ihren alten Ruhm auf dem Absatzmarkte zu erhalten gewußt. Ja es ist vorgekommen, daß unsere heimischen Kunstwebereien, welche besonders durch großartige Ausführungen von Wappendecken als unerreichbar gelten müssen, unter dem Namen von französischen Fabrikaten an fürstliche Personen abgeliefert worden sind. Im Jahre 1832 gab es in Großschönau 1100 Damaststühle, von denen allerdings nur 950, die in ungefähr 450 Häuser vertheilt waren, arbeiteten. Die meisten dieser Stühle waren $^{5}/_{4}$ breit und lieferten 3400 Schock, zu denen man meist Kettengarn aus der laubaner Gegend und Einschlaggarn aus Böhmen verwendete. Im Jahre 1865 hatte sich die Zahl der Stühle auf 479 verringert, was nicht allein an der zunehmenden Mitbewerbung ähnlicher Fabrikate aus andern Orten, sondern auch an der Einführung der Jacquards-Maschinen und des englischen Maschinengespinstes, wodurch ein Weber jetzt doppelt so viel als früher fertig zu bringen vermag, liegt. In den letzten Jahren wurden in Großschönau durchschnittlich 1000 Centner Waare in der Breite von einer bis 8 Ellen, in letzterer jedoch nur auf besondere Bestellungen geliefert.

Wie die nothleidenden Bewohner des sächsischen Erzgebirges und Voigtlandes, so sind auch die der oberlausitzischen Weberdörfer von Zeit zu Zeit der Gegenstand, auf den sich die werkthätige Liebe richtete, gewesen. So gab König Anton bei seiner Anwesenheit in Großschönau, am 19 October 1829 vierzig Ducaten für arme Weber. Um daraus eine bleibende Wohlthat zu machen, legte man die durch Versteigerung der königlichen Goldstücke auf 150 Thaler erhöhte Summe mit der Bestimmung zinsbar an, daß davon an dem jährlichen Gedenktage des hohen Besuches die ärmsten Weber eine Unterstützung erhalten sollten. Geschäftsstockungen trafen von jeher unsere armen Weber fühlbarer als irgend Jemanden, und daher war in einem solchen Nothjahre der Ertrag des von Elfriede von Mühlenfels unter Beisteuern von Schriftstellern im Jahre 1847 herausgegebenen „Dresdner Albums" mit zur Unterstützung der Nothleidenden in den Weberdörfern der Oberlausitz bestimmt.

Nach der Lein- muß sogleich die Baumwollenweberei eine Stelle in der Geschichte der vaterländischen Industrie angewiesen erhalten, weil dieselbe einentheils mit der ersteren verwandt, anderntheils aber vielfach jetzt an deren Stelle getreten ist. Denn obschon bereits im 16. Jahrhunderte die Baumwollenweberei in unserer Provinz einigen Eingang fand, so ist doch ihre größere Ausbreitung bei uns erst im 19. Jahrhunderte zugleich mit dem bereits erwähnten Gebrauche des Schnellschützen erfolgt. Nach Beseitigung der napoleonschen Handelssperre wurde namentlich durch zittauer und löbauer Kaufleute englische Wolle eingeführt; surinam'sche Baumwolle verarbeitete man besonders in dem herrnhuter Orte Niesky, und nun ging man seit 40 bis 50 Jahren daran, in den oberlausitzischen Weberdörfern die Weberstühle den neuen Forderungen gemäß abzuändern. Einzelne Fabrikanten ließen bald eine große Zahl von Stühlen, ein görlitzer z. B. 1839 190 Stühle für ihr Geschäft arbeiten. Obgleich sich die Fabrikation von Kattun in der Oberlausitz niemals mit der in der chemnitzer Gegend messen konnte, so gewann der Industriezweig dennoch einen nicht ganz untergeordneten Rang. Im Jahre 1832 waren in dem sächsischen Theile der Provinz ungefähr 1400 Stühle gangbar, von denen z. B. auf Hirschfelde 400 und auf Rosenthal, Rohnau, Seitendorf und Türchau je 100 kommen. Im Jahre 1858 zählte man im gesammten laubaner Kreise, wo die Baumwollenfabrikation, was die preußische Lausitz anlangt, am lebhaftesten betrieben wird, 2181 Baumwollenweber; doch hat in neuerer Zeit die Handweberei eine merkliche Stockung erlitten. Das Handlungshaus Löwe, Nauen und Comp., oder vielmehr der Kaufmann Löwe aus Berlin, legte 1834 in Marklissa eine Kattunfabrik, welche durch Dampfkraft in Betrieb gesetzt wurde, an, und es folgte 6 Jahre später durch dasselbe Haus eine ähnliche, aber zugleich auch durch Wasserkraft betriebene Fabrik in Beerberg, worauf die erste Garnbleich-Anstalt einging und erst 1856 von dem Fabrikbesitzer Woller zu Bradford in eine Kammgarn-Spinn- und Weberei verwandelt wurde. In der preußischen Oberlausitz werden von der Baumwollen-Industrie ungefähr 20000 Menschen beschäftigt; der Hauptsitz der Kattunweberei befindet sich daselbst außer in Marklissa noch in Hartmannsdorf, Gerlachsheim, Linda, Heidersdorf, Küpper, Berna, Bellmannsdorf, Schabewalde und Oertmannsdorf. Auch in der Baumwollen- tritt wie in der Leinweberei der rothenburger Kreis, welcher 1840 nur 68 Stühle für Baumwolle und Halbbaumwolle hatte, gegen andere Kreise merklich zurück. — In der sächsischen Oberlausitz waren noch vor 15 bis 20 Jahren Ebersbach und Reichenau die Mittelpunkte für die Bezirke, in denen vorzugsweise baumwollene Waaren auf vielen tausend Stühlen gefertigt wurden. Gegenwärtig hat die Maschinenweberei die Oberhand erhalten und die Handstühle wurden in Folge dessen für halbleinene und halbwollene Stoffe in Gang gesetzt. Die mechanische Weberei in Cunnersdorf bei Bernstadt zählt 330 Stühle, auf denen vorzugsweise Hals-, Kopf- und Taschentücher, so wie Shirtings angefertigt werden.

Ehe ich zur Tuchfabrikation der Oberlausitz übergehe, muß ich hier schließlich wenigstens noch der Orleansweberei gedenken. Die Orleans, als halbwollene Waaren, mögen gewissermaßen den Uebergang zu den Tuchen uns vermitteln. In Reichenau wird die Herstellung dieser Stoffe, welche eine große Menge verschiedenartigster Gewebe und Abstufungen in sich begreifen, seit dem Jahre 1846 betrieben. Im Jahre 1863 waren daselbst für diesen Zweig der Weberei 1600 Handstühle im Gange, die jährlich gegen 200000 Waarenstücke lieferten. Außerdem bestanden in dem genannten Jahre in Zittau vier Fabriken mit zusammen 700 bis 800 mechanischen Stühlen, auf denen mit noch 500 Handstühlen jährlich an 250000 Stück Waare im Werthe von über 2 Millionen Thalern fertig wurden.

Ein alter Industriezweig der Oberlausitz, welcher sogar mit die Ursache zur Erweiterung von Görlitz wurde, ist die Tuchmacherei. Die derselben vorarbeitende Wollspinnerei, welche ehedem viele Arme nährte, wird gegenwärtig auf Maschinen im Großen besorgt; so entstand z. B. 1817 in Görlitz und 1833 in Kamenz eine solche Spinnerei; und 1838 folgten drei solche in Bautzen. Der 1856 in Marklissa eingerichteten Kammgarnspinnerei wurde schon oben gedacht. In der preußischen Oberlausitz liefern Görlitz, Lauban und Seidenberg die schönsten und besten Tuche, von denen ein großer Theil ins Ausland, in Görlitz gefertigtes Tuch z. B. nach Italien, in den Orient und nach Amerika geht. Im Jahre 1816 gab es in letztgenannter Stadt über 300 Meister, die gegen 1500 Spinner beschäftigten; 1836 wurden von 118 Meistern 6949 Stück Tuche geliefert und 1839 fanden gegen 1000 Menschen durch die görlitzer Tuchmanufactur Beschäftigung; damals gab es daselbst zehn Appreturanstalten mit zusammen 242 Arbeitern.

Die frühere Weise des Einzelbetriebs der Tuchmacherei konnte in der Neuzeit nicht mehr fortbestehen; es machte sich vielmehr die Forderung für die kleinen Meister geltend, in den Dienst der größeren Fabriken zu treten, oder in Gemeinschaft mit einander solche zu gründen. So finden wir z. B. in Kamenz 1863 fünf solche Gesellschaften, die ebenso viel Anlagen für Appretur und Scheererei durch Dampfkraft betrieben; eine andere Fabrik daselbst hatte damals 42 Handwebstühle im Gange und sie lieferte jährlich ungefähr 2500 Stück, welche größtentheils in der Levante und Italien ihren Absatz fanden. Die in Bautzen früher so blühende Tuchmacherinnung ist in der Gegenwart ihrem Verfalle immer näher gerückt; erwähnenswerth ist daselbst eine größere Fabrik, welche am Anfange der sechziger Jahre, zu welcher Zeit sie 22 mechanische und 16 Handwebstühle im Gange hatte, jährlich gegen 3000 Stück Tuche lieferte. Während Kamenz um die angegebene Zeit 202 Handwebstühle hatte, belief sich die Zahl derselben in dem einst durch seine vorzüglichen Tuche sich eines großen Rufs erfreuenden Bernstadt nur auf dreißig. In den letzten Jahren 1864 und 65 war die Tuchfabrikation im Fortschreiten begriffen, was sich besonders darin zeigt, daß sich die Zahl der Webstühle vermehrte. In Kamenz stieg sie auf zusammen 293, von denen 16 mechanische Stühle waren;

und ebenso erhielt die oben angeführte baußner Fabrik 14 mechanische Stühle mehr, wogegen sich die Anzahl der Handwebstühle bis auf vier verringerte. —

Neben den schon von Alters her in der Oberlausitz gepflegten drei Industriezweigen, der Brauerei, Leinweberei und Tuchmacherei muß ich mit einigen Worten auch des Branntweinbrennereibetriebes hier gedenken. Derselbe hat in der Gegenwart mehr und mehr die Dampfapparate benutzt; und die Zahl solcher Dampfbrennereien betrug im Jahre 1861 allein in der preußischen Oberlausitz 68, so daß mithin auf eine Quadratmeile eine solche Brennerei zu rechnen ist. Zwanzig Jahre früher gab es im rothenburger Kreise 84 Brennereien überhaupt, und 1838 zählte man deren in dem sächsischen Landestheile 316, welche im Betriebe befindlich waren; dieselben lieferten jährlich beinahe 80000 Eimer Branntwein. Der Verbrauch desselben hat in der Gegenwart nicht abgenommen, da in der sächsischen Oberlausitz vor wenigen Jahren der Einzelvertrieb freigegeben wurde.

Die Entwickelung der einzelnen Gewerbe, welche handwerksmäßig betrieben werden, lasse ich unberührt und beschränke mich blos darauf, die Gesetze und sonstigen Veranstaltungen hier vorzuführen, durch die ein wesentlicher Einfluß auf den Handwerkerstand ausgeübt wurde.

Schon den 17. Januar 1845 erschien für das gesammte Königreich Preußen und demnach auch für den dazu gehörigen Theil der Oberlausitz eine allgemeine Gewerbeordnung, durch welche alle Zwangs- und Bannrechte, also z. B. der Mahl-, Branntwein- und Brauzwang, so wie das Recht der Bäcker und und Fleischer, die Bewohner der Stadt zur alleinigen Abnahme der Waaren zwingen zu dürfen, aufgehoben wurde. In der sächsischen Oberlausitz trat die Freiheit des Gewerbebetriebes durch das unterm 15 October 1861 erlassene Gewerbegesetz für das Königreich Sachsen ein. — Die letzten 50 Jahre sind mit immer größeren Forderungen in Bezug auf Verständniß und geistige Kraft überhaupt an die Gewerbtreibenden herangetreten. Mehr und mehr überzeugte man sich davon, daß auch der Handwerker einer tüchtigen Elementarschulbildung und der darauf weiter bauenden Fortbildungsschulen bedarf, und daß man selbst im Mannesalter nicht stille stehen dürfe, wenn man nicht von Andern überflügelt werden wolle. Auf Grund der Zeitforderungen entstanden deshalb Gewerbe- und Sonntagsschulen, sowie Gewerbevereine. Lenken wir unsere Aufmerksamkeit diesen Erscheinungen der Neuzeit zu, so darf von vornherein behauptet werden, daß sich die Oberlausitz ihnen nicht abgeschlossen hat, sondern daß die frische, zur Bildung anregende Strömung auch unsere Provinz durchzieht.

Eigentliche Gewerbschulen für Jünglinge bestimmt, welche sich noch nicht in unmittelbarer Berufslehre befinden, sich aber zum Behufe einer höheren gewerblichen Bildung eine größere Summe von Kenntnissen erwerben wollen, als ihnen die Volksschule gewähren kann, wurden in Zittau, Lauban und Görlitz gegründet. Die zittauer Gewerbschule, im Jahre 1836 durch die Regierung ins Leben gerufen, hat in den fünfziger Jahren der Realschule weichen müssen; noch aber besteht daselbst seit 1840 eine Baugewerkenschule, bestimmt für Maurer und Zimmerleute. Die in Lauban 1830 gegründete Gewerbschule mußte 1834 wieder eingehen; doch wurde dafür 1852 in Görlitz eine gleichnamige Anstalt, welche besonders dazu dient, ihre Schüler für das königliche Gewerbeinstitut in Berlin vorzubereiten, und mit der auch eine Handwerkerschule verbunden worden ist, gegründet. Eine Schule für Handwerkslehrlinge in Görlitz entstand unter zu Grundelegung eines Planes, welchen der Bürgermeister Demiani ausarbeitete, nachdem im Jahre 1829 die Regierung in Liegnitz zur Gründung einer solchen Schule aufgefordert hatte. Da der edle Hofrath Sohr den größten Theil der Geldmittel dazu gewährte, so war aus öffentlichen Kassen nur wenig Zuschuß nöthig, und die Anstalt hat zur Heranbildung von tüchtigen Handwerksleuten gewiß nicht wenig beigetragen. Der Unterricht, welcher in den Abendstunden ertheilt wurde, erstreckte sich gleich bei Eröffnung jener Schule auf Kalli- und Orthographie, Zeichnen, Mathematik, Mechanik und Physik. — Zehn Jahre früher, nämlich schon 1819, entstand in Zittau für Handwerkslehrlinge eine Sonntagsschule. Sie sollte, wie sämmtliche nach ihr entstehenden gleichnamigen Anstalten, eine Wiederholungs- und Nachhilfeschule sein, und durch sie sollten, wie es in einem Programme des Directors Burdach heißt, die Knaben verhindert werden, „von allem, was Verstandesbildung, Schulkenntniß und Schulfertigkeit, Geschmacksbildung und Sittenverbesserung heißt, gleichsam Abschied zu nehmen, und von dem Standpunkte der Kultur, auf dem sie bei ihrer Entlassung aus der Schule sich befanden, nach und nach wieder zurück zu sinken." Die Unterrichtsgegenstände waren auch hier schon dieselben, welche in Görlitz aufgenommen wurden; hinzu hatte man nur noch, und zwar mit Recht, ökonomisch-technische Naturbeschreibung, nebst Länder- und Völkerkunde, besonders Vaterlandskunde genommen. — In Bautzen stiftete 1835 die Freimaurerloge „zur goldnen Mauren" eine Sonntagsschule und legte die Leitung derselben sogleich am Anfange in die Hände der wackern Lehrer M. Bornemann und Prieber. Die Stadt betheiligte sich durch Bewilligung von Geldmitteln daran und später übernahm der Gewerbeverein die ganz naturgemäße Stellung eines Beschützers und Leiters dieser Anstalt. Andere Sonntagsschulen entstanden 1838 in Kamenz, 1839 in Großschönau, 1841 in Lauban und seit wenigstens 1838 auch in Löbau. Jedenfalls sind in neuerer Zeit noch mehrere hinzugekommen, da die Forderungen nach tüchtiger Schulbildung immer dringender werden und das sächsische Gewerbegesetz es z. B. ausspricht, daß die Gründung von Fachschulen und ähnlichen gemeinnützigen Anstalten hauptsächlich eine Aufgabe der gewerblichen Innungen sei. In Betreff des Besuches und der Zahl der Unterrichtsstunden unserer Sonntagsschulen liegen aus den Jahren 1838 und 1848 folgende Mittheilungen vor: die Sonntagsschule in Bautzen zählte damals 51 und 47 Schüler, welche von 4 Lehrern in wöchentlich 7 Stunden unterrichtet wurden; die zu Kamenz hatte 95 und 47 Schüler mit 2 Lehrern und 5 Unterrichtsstunden. In Großschönau unterrichteten 4 Lehrer in 3 wöchentlichen Stunden 43 und 39 Schüler; die größte Schüler-, sowie Lehrer- und Stundenzahl finden wir in Zittau und Löbau. In erfterer Stadt gab es in genannten Jahren 150 und 88 Schüler, welche von 8 Lehrern in 9 Stunden wöchentlich, und in Löbau 68 und 240 Schüler, die in 12 Stunden von ebenfalls 8 Lehrern unterrichtet wurden. Die Sonntagsschule in Lauban hatte von 1841 bis 1848 gegen 400 Schüler aufgenommen. — Ein großes Verdienst um Errichtung von Sonntagsschulen, sowie um Bildung der Handwerker überhaupt, hat sich unzweifelhaft der Rentamtmann Karl Preusker, einer von den besten Söhnen der Lausitz, erworben; seine „Bausteine oder Andeutungen über Sonntags- Real- und Gewerbschulen" erschienen 1835. Und ebenso schrieb zwei Jahre später Robert Preßler in einem Programm der zittauer Gewerbschule über die theoretische Bildung der Gewerbetreibenden.

Während früher die Handwerker, sobald sie Meister geworden waren, mit sich abgeschlossen hatten oder höchstens ihre Erfahrungen durch das Ablauschen verschiedener Vortheile und Kenntnisse von zureisenden fremden Gesellen vermehrten, erwachte in unserm Jahrhunderte bei ihnen der Trieb nach Fortbildung, und sie traten in Vereinen zu gegenseitigem Austausch ihrer Erfahrungen, zur Besprechung von Gewerbsangelegenheiten und zur Unterstützung gewerblicher Unternehmungen zusammen. Die Gewerbevereine, welche häufig von Gelehrten berathen, ja selbst geleitet wurden, sind Erscheinungen der Neuzeit, deren Grundzug besonders darin besteht, daß sich die Einzelnen aneinander schließen, um gemeinschaftlich gesteckten Zielen zuzustreben. Neben rein gewerblichen Gegenständen und Erscheinungen, zu deren Besprechung besonders auch verschiedene technische Zeitschriften, die man in Umlauf setzte, anregten, griff man in den Gewerbevereinen hauptsächlich noch zu den reichen geistigen Schätzen, welche die Naturwissenschaft dem Volke darreicht. Der in Görlitz 1830 gegründete Gewerbeverein, welcher aus dem technischen Lesevereine des Baurath Weinhold hervorging und zu dessen Gründung die liegnitzer Regierung noch besonders angeregt hatte, machte es sich zur Aufgabe, „das Streben nach wissenschaftlicher und industrieller Vervollkommnung anzuregen und das vorhandene Bedürfniß derselben zu befriedigen, den zweckmäßigeren Betrieb der Gewerbe und die Anwendung höherer Kenntnisse darauf zu befördern, und überhaupt die Gewerbthätigkeit in seinem Bereiche zu erhöhen." In den Zustand des görlitzer Gewerbewesens griff er in Folge dessen durch Vertheilung silberner Denkmünzen an vorzügliche Schüler der Handwerkerschule, so wie durch Anstellung von Versuchen und Aufstellung von Preisaufgaben aufmunternd ein. Durch seine Verhandlungen über die Möglichkeit, bairisches Bier in der Stadt zu brauen, regte er zu Versuchen an, die auch mit Glück von der Braukommune angestellt wurden; er forderte zum Anbau der Färberröthe auf und ließ auch auf seine Kosten eine Belehrung über die Kultur dieser Pflanze drucken und vertheilen. Andere Aufforderungen des Vereins bezogen sich auf den Anbau des Waids und der Rauhkarden, er veranlaßte zu glücklichen Versuchen in Betreff des schnellen Austrocknens der Hölzer mittelst Dämpfen, da der Mangel an hinlänglich trocknem Holze die Tischler, Instrument- und Wagenbauer sehr drückte. Ich würde aber über die mir gesteckten Grenzen hinausgreifen, wollte ich alle die einzelnen Verdienste dieses, so wie der übrigen oberlausitzischen Gewerbevereine hier aufzählen. Trat auch da oder dort eine Stockung ein, so erwachte dann doch wieder um so regeres Leben, gleichsam als hätte der Verein nur eine kurze Rast halten wollen, um dann um so kräftiger seinen Lauf wieder beginnen zu können. Der Gewerbeverein zu Budissin entstand 1833, der zu Zittau 1834, der zu Landau 1839 und später folgten auch die in Löbau (1847), Kamenz und Bernstadt. Der zittauer Gewerbeverein richtete sein Augenmerk auch auf Errichtung eines Innungskrankenhauses und auf Gründung einer Creditanstalt für Handwerker. Nach dem Berichte der Handels- und Gewerbekammer zu Zittau belief sich gegen Ende 1865 die Zahl der Mitglieder in Zittau auf 405, in Bautzen auf 170, in Löbau auf 163, in Kamenz auf 100 und in Bernstadt auf nur 61.

Einer Wirksamkeit der Gewerbevereine muß ich schließlich zusammenfassend hier noch gedenken, die ganz besonders dazu beigetragen hat, den Zustand des Gewerbewesens dahin zu führen, daß er den Anforderungen der Gegenwart gerecht wird. Ich meine die Veranstaltungen für immer wiederkehrende Gewerbeaufstellungen. Die Gewerbevereine der sächsischen Oberlausitz wechseln in der neueren Zeit damit aller 3 Jahre ab, während man früher die Einrichtung getroffen hatte, daß eine allgemeine oberlausitzische Gewerbeausstellung für den sächsischen Antheil in je zwei Jahren abwechselnd in Budissin und Zittau abgehalten wurde. Die Seele dieser Unternehmungen waren damals in Budissin der Papierfabrikant von Otto und in Zittau Bürgermeister Haberkorn und Kaufmann Exner. Noch ehe in der Oberlausitz Gewerbevereine gegründet worden waren, gab es 1827 in Budissin eine Ausstellung von Gewerb- und Kunstprodukten. In genanntem Jahre kam König Anton zur Huldigung in das Markgrafthum, und es war ein ganz neuer Gedanke, der zur Ausführung gelangte, daß man dem Landesherrn ein kleines Abbild der Erzeugnisse seiner fleißigen Bürger vorführte. Besonders hatte damals Herrnhut schöne Arbeiten aus dem Bruder- und Schwesternhause eingeschickt; Großschönau lieferte die viel bewunderten Damastgewebe, und die Fischerische Fabrik zu Obergurig konnte mehr als 100 Sorten Papier aufweisen. — Es war diese Ausstellung der Vorläufer für alle ähnlichen Unternehmungen, welche später in rascher Aufeinanderfolge durch die Gewerbevereine hervorgerufen wurden. Da zeigte sich ein reger Wetteifer; jeder Aussteller wollte ein vorzügliches Erzeugniß seines Fleißes liefern, und mit immer größerer Werthschätzung betrachtete das Publikum die Produkte seiner heimischen Industrie. Schon ein Jahr nach seiner Gründung, 1831 veranstaltete der görlitzer Gewerbeverein eine Ausstellung, und im Jahre 1835, der dritten, welche von ihm ins Leben gerufen wurde, forderte er die Gewerbtreibenden der gesammten preußischen Oberlausitz zur thätigen Theilnahme auf, ohne große Erfolge zu erzielen, da nur 75 Gegenstände erlangt werden konnten. Besser besetzt war die vierte Ausstellung, welche 300 Nummern aufwies, und auch die sechste, die im Jahre 1847 veranstaltet wurde, zeigte ein erfreuliches Aufblühen der Gewerbe in Görlitz und Umgegend und auch in Lauban, das sich besonders mit dabei betheiligt hatte. Die erste von dem Gewerbevereine veranstaltete Ausstellung in Bautzen fand 1835 statt; sie, wie die im Jahre 1857, war reich beschickt worden und man sah auf ihnen außer den Arbeiten der zünftigen Handwerker auch kunstvolle Stickereien, von Frauenhand gefertigt, Zeichnungen und physikalische Apparate. Zittau folgte 1836, und zwei Jahre später sah man daselbst neben den mannichfachsten Arbeiten der Handwerker auch eine vielbewunderte Obstausstellung. Von Interesse war die dritte Ausstellung im Jahre 1841, da auf ihr die Erzeugnisse der zittauer Seidenzucht durch den Bürger Ronneberger ausgestellt worden waren, und von der Flachsbehandlung auf niederländische Weise durch ausgelegte Proben ein Bild gegeben ward. Wenn auch solche Ausstellungen nicht immer ein vollständiges Bild der gewerblichen Thätigkeit des Bezirkes, für den sie berechnet waren, gaben, da z. B. bei der vierten Ausstellung in Zittau 1844 geklagt wurde, daß die Weberei viel zu wenig vertreten worden sei, so waren sie dessenungeachtet wesentliche Förderungsmittel eines gesunden, ansprechenden Geschmackes, und man erkannte auf ihnen, daß die Kunstbildung von Jahr zu Jahr größere Fortschritte gemacht habe. Doch ich breche hier ab, ohne sämmtliche Jahre aufzuzählen, an denen in unserer Provinz wenigstens ein theilweises Bild der gewerblichen Thätigkeit ihrer Bewohner geboten wurde.

Die Bildung des Gewerbetreibenden ist es jedoch nicht allein, durch welche immer größere Erfolge erzielt werden; neben der Bildung muß auch das nöthige Kapital vorhanden sein, wenn die Industrie nicht wie eine Blüthe, die sich wohl erschließen möchte, aber der durch fehlende Wärme und mangelnden Sonnenschein die Lebensbedingungen abgeschnitten werden, kränkeln soll, ohne gesunde Früchte anzusetzen. Daher verdienen an dieser Stelle insbesondere die Spar- und Vorschußvereine, welche hauptsächlich zur Unterstützung kleinerer Gewerbtreibenden gegründet wurden, einiger Erwähnung. Nachdem sich 1856 in Zittau ein Spar- und Unterstützungsverein mit einem Ausfalle von 28 vom Hundert aufgelöst hatte, gelang daselbst vier Jahre später trotzdem die Gründung eines Spar- und Vorschußvereins, und gleiche Vereine, durch welche nicht blos Gelegenheit geboten ist kleine Ersparnisse zinsentragend anzulegen, sondern welche auch den Mitgliedern Vorschüsse gewähren, entstanden z. B. in Löbau (1862) und in Bautzen. Die in Kamenz bestehende Vorschuß- und Leihanstalt ist städtisch und steht mit der Sparkasse in Verbindung. Der Sparkassen aber, als Einrichtungen, welche mit den Angelegenheiten der Gemeinden in Verbindung stehen, und für deren Sicherheit die letzteren auch haften, ist in dem vorigen Abschnitte bereits gedacht worden. —

Wenn ich auf die Entwicklung der einzelnen Handwerke nicht näher eingehen kann, so muß ich doch auf einige Industriezweige neben den früher bereits genannten, noch die Aufmerksamkeit lenken.

Man darf wohl behaupten, daß zwei Dinge ganz besonders heutzutage gewaltige und tiefgreifende Veränderungen hervorzubringen vermögen und hervorbrachten: das Papier und das Pulver. Die Fabrikation dieser Gegenstände in der Oberlausitz mag zuerst genannt werden, und zwar verdient es die des Papiers noch ganz besonders, weil sie in unserm Landestheile nicht ganz unbedeutend ist. In der Geschichte der Oberlausitz bis zum Jahre 1815 wurde der älteren Papiermühlen gedacht, gedenke ich auch kurz der gegenwärtigen Fabriken. Noch wird die Papierfabrikation in der preußischen Oberlausitz zu Wingendorf, Wehrau, Sänitz und Köbeln betrieben; an letztgenanntem Orte fertigte man am Anfange der fünfziger Jahre jährlich 500 Ballen. Treffliche Papierproben waren 1848 auf der oberlausitzer Gewerbeausstellung aus Bautzen und Zittau ausgelegt. In der neueren Zeit sind die hauptsächlichsten Artikel der noch in Zittau bestehenden Bütten-Fabrik gewöhnliche Sorten von Schreibpapieren, Packpapieren und Pappen, während aus den drei Papierfabriken zu Bautzen mit 55 Mahlholländern und 5 Maschinen, die durch 8 Wasserräder, 10 Turbinen und drei Dampfmaschinen getrieben werden, jährlich gegen $2^{1/2}$ Millionen Pfund Druck-, Schreib- und Postpapier in den Handelsverkehr gelangen.

Auch die Pulverfabrikation ist in der Oberlausitz nicht ganz ohne Bedeutung; bei Bautzen wird in drei Werken, welche 1865 zusammen 380 Stampfen hatten und jährlich 5000 Centner Pulver fertig brachten, gearbeitet.

Wenn der Tabaksbau, dessen ich in der Geschichte des vorigen Jahrhunderts gedacht habe, abgesehen von einzelnen unbedeutenden Versuchen, z. B. in der Nähe Strehlas bei Bautzen, nicht mehr in Aufnahme gekommen ist, so hatte sich doch die Verarbeitung der Tabaksblätter, besonders zu Cigarren, in der letzten Zeit eines Aufschwunges zu erfreuen. Ein neues Geschlecht hat neue Bedürfnisse, und so begegnet uns ein Industriezweig, dessen ich in der Darstellung des gewerblichen Lebens unserer Vorfahren noch nicht gedenken konnte. Zwei größere und eine kleinere Cigarrenfabrik in Bautzen verarbeiteten im Jahre 1863 nur amerikanische Blätter zu ungefähr 5 Millionen

Stück Cigarren, und 1865 wurde der jährliche Verbrauch einer größeren Fabrik in Löbau mit 450 Centnern amerikanischen und 250 pfälzer und neumärker Tabaken angegeben; in ihr wurden jährlich gegen 4½ Millionen Cigarren fertig. Durch den steigenden Verbrauch ist eine immer weitere Ausbreitung der Cigarrenfabrikation in Aussicht gestellt; die angeführten Beispiele machen aber keineswegs die gesammte Masse der in der Oberlausitz hergestellten Waare ersichtlich, da außer den genannten noch einige größere Fabriken und besonders viele Privatpersonen in Städten und auf Dörfern, z. B. in Neukirch und Brettnig, sich mit der Herstellung von Cigarren beschäftigen.

Wie ich schon erwähnte, ist es nicht meine Absicht, eine ins Einzelne gehende Geschichte der oberlausitzischen Industrie und Gewerbe zu geben; ich beabsichtige vielmehr, den Blick auf einige hervorstechende Industriezweige zu lenken, seien es nun solche, die eine größere Zahl von Händen beschäftigen, oder solche, die uns ein besonderes Interesse abnöthigen. Da würde z. B. auch der alten Siebmanufactur Hainewaldes bei Zittau gedacht werden können, die nach der Sage bereits im 16. Jahrhunderte von einigen Familien aus Herwigsdorf dorthin verpflanzt wurde. In Herwigsdorf ist keine Spur dieses Industriezweiges mehr vorhanden, während derselbe gegenwärtig in Hainewalde immer noch an 200 Personen regelmäßig, im Winter aber noch mehr beschäftigt, so daß in mittelmäßigen Jahren ein Absatz von 15 bis 20000 Thalern erzielt werden kann. — Ferner behauptet die Pfefferküchlerei in Pulsnitz noch ihren alten Ruf durch einen jährlichen Umsatz von gegen 1000 Centnern Pfefferkuchen. — Die Töpfereien bei Kamenz, Pulsnitz und Königsbrück haben zugenommen; 1865 gab es in Kamenz, Spittel und den nächsten Dörfern 20, in Pulsnitz 24 und in Königsbrück 35 Brennöfen; die Waaren gehen meist ins Ausland, z. B. nach Böhmen und Ungarn. In der preußischen Oberlausitz werden gegenwärtig gute Töpferwaaren in Muskau, Rothenburg, Seidenberg, Reichenbach, Görlitz und Marklissa verfertigt, und besonders erfreuen sich die muskauer und rothenburger Gefäße eines Absatzes über die Provinz hinaus. — Da, wo sich hinreichendes und billiges Brennmaterial in der Nähe von Thon- und Lehmlagern vorfindet, blüht die Ziegelfabrikation. Hervorgehoben zu werden verdient die Maschinenziegelei zu Löbau, sowie die Fabrikation von Façon-Ziegeln und ornamentalen Arbeiten in der zittauer Gegend. Aehnliche Arbeiten, sowie Drainröhren, die auch neben Chamottesteinen aus der Thon- und Chamottenfabrik Margarethenhütte bei Bautzen hervorgehen, lieferte 1861 die Thonwaarenfabrik des Maurermeister Augustin zu Lauban. Sehr lebhaft wird die Ziegelfabrikation in der preußischen Oberlausitz, welche 1861 120 Ziegeleien zählte, betrieben; berühmt sind darunter die zu Marklissa, Holzkirch, Troitschendorf und Staunewisch. — Die Glasfabrikation, in deren älterer Geschichte auch der oberlausitzische Edelmann und Physiker Walter von Tschirnhausen genannt wurde, ist unserm Landestheile noch geblieben. Die Glashütte zu Rauscha liefert Hohl- und Tafelglas, und aus der zu Leipa gingen 1841: 4790 Hüttenschock Weißglas, 18000 Schock Tafelglas, 12500 Schock Flaschen- und Grünglas und 2380 Schock Medicinglas hervor. Außer den genannten Hütten giebt es deren noch in Wehrau, Penzig und Bernsdorf, welche letztere, unterstützt durch Feuerungsmaterial aus den Staatswaldungen, erst im Jahre 1845 errichtet wurde. — Der oberlausitzischen Eisenhämmer wurde bereits in der Geschichte bis zum Jahre 1815 gedacht; die zu Creba und Burghammer sind wohl gegenwärtig als völlig eingegangen zu bezeichnen, im Betriebe sind noch die zur muslauer Herrschaft gehörigen Werke in Keula und Boxberg. Im Jahre 1841 lieferten dieselben nebst Creba noch 7450 Centner Roheisen, 4507 Centner Stab-, 100 Centner Zain- und 150 Centner Gußeisen. — Aus dem bernsdorfer Werke ging 1854 der eiserne Thurm auf dem löbauer Berge, mit einem Gewicht von 1400 Centnern und einer Höhe von 90 Fußen hervor. Maschinenbauanstalten finden sich in Görlitz, Bautzen, Löbau, Zittau, Olbersdorf und Hörnitz, abgesehen von den kleineren Maschinenwerkstätten, welche in den hauptsächlichsten Industrieorten gegründet wurden.

Die Töpfereien, die Ziegel- und Glasfabrikation, sowie die Eisenwerke lenken unsere Blicke auf die mineralischen Schätze hin, welche der Boden unseres Landes liefert. Auch dieser Industrie sei in ihren wesentlichsten Punkten hier gedacht:

Zunächst mag bei der Steinbrecherei auf den nicht unbedeutenden Erwerb hingewiesen werden, welchen die Bearbeitung der mächtigen Granitblöcke den männlichen Bewohnern vieler Ortschaften verschafft. In den Granitbrüchen zu Königshain, Jauernick, Schönberg und Schwarzkollm werden hauptsächlich Treppenstufen und Tröge gefertigt. Bei Häßlich und in der Umgegend von Kamenz überhaupt, von wo aus Platten, Säulen, Thür- und Fenstergewände selbst nach Berlin, Stettin und Hamburg kommen, befaßt man sich in neuerer Zeit auch mit der Anfertigung geschliffener Formensteine. Bei Kamenz wurde 1866 in einem Bruche eine Granitbank von 40 Ellen Länge und 5 Fuß Höhe bloßgelegt, ja es sollen daselbst Bänke vorkommen, welche bis 70 Ellen aushalten.

Durch die Mühlsteinfabrikation zu Jonsdorf, deren Anfänge bis auf das 17. Jahrhundert zurückreichen, wurden vor 10 bis zwanzig Jahren jährlich gegen 300 Steine geliefert, und seit 1848 werden daselbst auch Mühlsteine durch Kitt aus einzelnen Stücken zusammengesetzt. Gegenwärtig finden daselbst 50 bis 60 Arbeiter Beschäftigung, und Bodensteine wie Läufer, welche an Güte mit den französischen wetteifern und im Preise von 16 bis 72 Thalern stehen, werden besonders nach Sachsen, Preußen, Thüringen und den österreichischen Staaten ausgeführt. — Auch der Betrieb der Sandsteinbrüche in dem nicht weit davon entfernten Waltersdorf ist ein lebhafter; so wurden daselbst z. B. 1864 gegen 80,000 Ctr. verschiedene Steine verladen. Unter den Sandsteinen der preußischen Oberlausitz gilt der waldauer als schönster, und er wird, da er dem bekannten pirnaer nicht nachstehen soll, gleich diesem zu Leichensteinen, Thür- und Fenstergerüften, Wassertrögen u. dgl. verwendet. Zu denselben Gegenständen, sowie zu Schleifsteinen eignet sich der Sandstein von Penzig und Langenau.

Schließlich will ich noch auf die Kalksteinbrüche hinweisen, welche sich nur in dem preußischen Landestheile, in Hennersdorf bei Görlitz, Ludwigsdorf, Sohra, Sohrneumdorf, Kunnersdorf und Wehrau finden; sie liefern das Material für ungefähr 13 Kalköfen, zugleich aber auch nebenbei ein vortreffliches Düngemittel.

Die Torfgräberei, welche in der Oberlausitz 1740 begann, findet sich besonders in dem flachen Theile des Landes; in dem rothenburger Kreise werden jährlich mehr als 40 Millionen Stück Torf verkauft. Bedeutend sind die Lager bei Hoyerswerda, interessant ist auch ein solches bei Keula, da der Torf desselben wegen seines Reichthums an Schwefelkies und freier Schwefelsäure in Muskau zur Vitriolbereitung benutzt wird. Aus 5 bis 6000 Tonnen Torf gewinnt man 5000 Centner Eisenvitriol, braucht jedoch dabei noch einen Zusatz von 5 bis 600 Centnern Eisen, weil die in den Schwefelkiesen enthaltene Menge bei der Herstellung des Vitriols nicht ausreicht.

Die alten Goldgruben der Oberlausitz sind längst verlassen worden; beinahe sagenhaft wird die Erinnerung an sie und an alle Versuche, welche zur Gewinnung edler Metalle hie und da in unserm Heimathlande angestellt wurden. Aber wenn auch die Hoffnungen auf Gold- und Silberausbeute geschwunden sind, so wächst dafür die Zahl der Gruben, aus denen der Bergmann andere Reichthümer zu Tage fördert. Als man 1799 um Zittau die reichsten Lager von Braunkohlen entdeckte, da ahnte man vielleicht noch nicht in vollen Umfange, daß damit eine Quelle des Wohlstandes für die Provinz erschlossen wurde, wie selten eine. Mehr und mehr lernte man die vaterländischen Kohlen, ein trefflicher Ersatz des immer theurer werdenden Holzes schätzen, und auf der zittauer Gewerbeausstellung im Jahre 1838 konnte man bereits vorzügliche Proben des tertiären Holzes aus Olbersdorf, Herwigsdorf, Türchau und Seitendorf vorlegen. Gegenwärtig läßt sich die gesammte Ausbeute an Braunkohlen auf den Werken zu Hartau, Poritsch, Olbersdorf, Türchau und Zittau zu anderthalb Millionen Scheffeln jährlich abschätzen. Schwunghaft werden auch die Werke zu Gießmannsdorf und Oppelsdorf, sowie der Abbau der Flöze zu Schneckwitz und Slaska in der lamenzer Gegend und die Kohlenwerke zu Schönau und Bertsdorf bei Bernstadt betrieben; die letzteren beschäftigten bereits im Jahre 1863: 85 Arbeiter und Beamte mit einem Lohne von beinahe 10,000 Thalern jährlich. Vor ungefähr 25 Jahren schloß man die reichen Braunkohlenlager unweit Mirka bei Bautzen auf, die mit den benachbarten von Quatitz etwa eine Ausbeute von $^1\!/_2$ Million Scheffel geben, ungerechnet noch der aus klaren Kohlen gefertigten Briquets, welche sich jährlich auf ungefähr 20,000 Centner belaufen mögen. Schon früher hatte man in der Umgegend von Bautzen nach Braunkohlen gegraben, 1817 z. B. am Boxberge bei Puschwitz und am Spitzberge bei Großwelka. Als Beweis von der bedeutenden Mächtigkeit der Kohlenlager in der sächsischen Oberlausitz mögen die zu Draussendorf und Seitgendorf, welche eine solche von 20 und 80 Fuß aufwiesen, genannt werden. Fast unerschöpflich scheint auch der Boden des preußischen Landestheils an Braunkohlen zu sein. Fort und fort wurden neue Lager durch Bohrungen erschlossen, so zum Beispiel in den fünfziger Jahren bei Prauske, 1854 bei Weigersdorf, 1856 bei Steuter und Schnellförthel und bei Klein-Saubernitz; an letzterem Orte wurde man auf die Flöze beim Graben eines Brunnens aufmerksam. Im Jahre 1835 wurde eine Bohrung bei Moholz vorgenommen; man fand daselbst die Kohlen mit einem Thonlager schon in einer Tiefe von 28 Fuß, und weiter noch bei 102 Fußen, welche Tiefe man überhaupt damals erreichte. Auch alte Stollen wurden wieder in Bau genommen, so 1856 einer bei Teicha. Ein reiches Lager von Braunkohlen und Alaunerbeflözen befindet sich bei Muskau; die Hauptgrube des Werkes, der Gotthelfsschacht, hatte 1856 eine Tiefe von 14 Lachtern. Schon seit Jahrhunderten hat man daselbst mit wechselndem Eifer nach der Alaunerde gegraben, aus der man das aus schwefelsaurer Thonerde und schwefelsaurem Kali bestehende Doppelsalz, den Alaun gewinnt. Jedenfalls reicht die Geschichte dieses Werks bis vor das Jahr 1597 zurück. Die daselbst gewonnenen Braunkohlen schätzte man zu Anfange des gegenwärtigen Jahrzehnts auf jährlich 60 bis 70,000 Tonnen.

Mehrfach ist im Vorhergehenden des oberlausitzischen Handels gedacht worden. In Betreff der gewebten Waaren ist derselbe ganz besonders unserm Lande eigenthümlich, denn zur Herstellung derselben müssen die Rohprodukte entweder vollständig oder doch zum Theil eingeführt werden, und wieder liegen die Absatzmärkte vorzugsweise im Auslande, so daß die Wollen- und Leinenweberei einen starken Ein- und Ausfuhrhandel nach sich zieht. — Die Gegenstände, welche dem Lande zugeführt werden, decken zum Theil sehr nothwendige Bedürfnisse, und es wären deshalb statistische Uebersichten, aus denen der jährliche Bedarf in den verschiedenen Orten ersichtlich würde, sehr erwünscht. Von Kamenz liegt z. B. aus dem Jahre 1817 eine solche Uebersicht mir vor; nach derselben wurden damals unter Anderem in die Stadt 400 Centner Apothekerwaaren, 100 Centner Heringe, 120 Centner Oel und Thran, 80 Centner Papier, 100 Centner Schnittwaaren, 7200 Stück Schaffelle, 42 Centner gegerbtes Leder, 90 Centner Eisen und 15 Centner Glas eingeführt. — Nach den der Darstellung unserer heimischen Industrie beigefügten Angaben will ich mich mit nur wenigen Bemerkungen begnügen. Sie beziehen sich zunächst auf einige nicht sehr bedeutende Artikel, die aber bennoch die Grenzen der Oberlausitz überschreiten. Aus dem nördlichen Landestheile wird z. B. Hirse und Haidekorn, Theer und Wildpret ausgeführt; letzteres geht besonders nach Berlin und Dresden. In der zittauer Gegend bildet der Handel mit Gartenerzeugnissen, die unter Anderem auch vielfach nach Böhmen geschafft werden, einen Erwerb für viele Familien. — Wolle aus der preußischen Oberlausitz ging wenigstens vor 15 Jahren vielfach nach Breslau; der rothenburger Kreis lieferte 1841: 188 Centner einschurige und 350 Centner zweischurige Wolle. Ein reger Absatz fand sich von jeher auf den Wollmärkten zu Görlitz, Hoyerswerda und Bautzen. — Milch und Butter haben ebenfalls durch den raschen Transport, welchen Eisenbahnen möglich machen, einen entfernteren Absatzmarkt, aus der sächsischen Oberlausitz z. B. in Dresden, gefunden. — Aus der preußischen geht noch jetzt viel Holz in die sächsische Oberlausitz, und der Nutzen, welchen einzelne Herrschaften aus ihren ausgedehnten Waldbeständen zogen, mochte zum Theil auch auf Zwischenhändler übergehen. — Ein Handelsartikel sind auch die in den wendischen Dörfern aufgezogenen Gänse. Zwar hat sich durch Verringerung der Teiche die Gänsezucht in der neuern Zeit etwas vermindert, doch giebt es Dörfer des hoyerswerdaer Kreises, in denen sich die Anzahl der Gänse auf viele Hunderte beläuft; Särchen hat jährlich mehr als 1000 Stück. — Mit den Jahrmärkten sind zur Deckung des inländischen Bedarfs in den meisten Städten auch Viehmärkte verbunden; hauptsächlich kommen dabei Pferde, Kühe, Ochsen und Schweine zum Verkauf, und wie bedeutend dieser Handel ist, ersieht man aus einer görlitzer Berechnung, nach welcher an vier Märkten zusammen 2227 Stück Rindvieh zum Verkaufe ausgeboten wurden. Aus Zittau wird noch 1852 geklagt, daß die Versuche, daselbst den Viehmarkt zu heben, immer vergeblich gewesen seien. Doch erfreuen sich dafür die Märkte einiger kleinen Städte und selbst Marktflecken, was den Viehhandel betrifft, einer großen Theilnahme; hervorzuheben sind hierbei Wittigenau, Hoyerswerda und Baruth, auch ist anzunehmen, daß die seit 1834 in Rothenburg abgehaltenen Viehmärkte im Allgemeinen mit zu den lebhaftesten der Provinz gehören. — Hervorgehoben zu werden verdient noch der Getreidehandel, der sich hauptsächlich in Görlitz und Löbau zusammendrängt. Die Getreidezufuhr betrug 1837 in ersterer Stadt 360,899, die Ausfuhr 252,238 Scheffel, so daß mithin der Verbrauch in Görlitz selbst 112,661 Scheffel gewesen ist; das Jahr vorher war die Zufuhr noch bedeutender, da sie sich auf 407,138 Scheffel belief. Aus dem gegenwärtigen Jahrzehnt wird die Ein- und Ausfuhr jährlich auf 1 Million Scheffel angegeben; viel Getreide kommt mit der Eisenbahn und geht meist nach Sachsen und Böhmen. — Für die sächsische Oberlausitz nimmt der Getreidehandel in Löbau die hervorragendste Stelle ein. Aus den Marktbüchern ergiebt sich, daß daselbst 1853 die Einfuhr vom Inlande 37,706, vom Auslande 71,503, in Summa also 109,209 Scheffel betrug. Die Ausfuhr nach dem Inlande belief sich auf 59,714, nach dem Auslande auf 15,708, ins gesammt demnach auf 75,122 Scheffel. Im Jahre 1864 wurden 321646 Scheffel, nämlich 94,698 vom In- und 226,948 vom Auslande eingeführt; die Ausfuhr bestand aus 281166 Scheffeln, von denen 190338 nach dem In- und 90828 nach dem Auslande gingen. — Nächst Löbau ist in der sächsischen Oberlausitz Bautzen zu nennen, wo sich 1864 die Zufuhr an Getreide aller Art auf 350364 Scheffel belief. Der Getreidemarkt in Kamenz ist in der letzten Zeit zurückgegangen, da sich die Zufuhr aus der gubener Gegend von da weggewendet und auch der Absatz nach Dresden und in das Erzgebirge weggefallen ist. — Von großem Interesse sind die aus verschiedenen Städten uns erhaltenen Marktpreise, wenn wir sie mit den gegenwärtigen vergleichen. Ich theile solche vom Monat September 1835 mit; damals galt durchschnittlich der preußische Scheffel

	Weizen		Roggen		Gerste		Hafer	
	Thlr.	Sgr.	Thlr.	Sgr.	Thlr.	Sgr.	Thlr.	Sgr.
in Bautzen	1	25½	1	12¼	—	29¼	—	22¼
- Görlitz	2	1¼	1	2	1	1¼	—	18¾
- Löbau	1	23¼	1	3¾	—	29½	—	21½
- Lauban	2	—⅔	1	1¾	1	2¹⁄₁₂	—	20
- Kamenz	1	24¼	1	4¼	—	25	—	21¾
- Hoyerswerda	1	19¹⁄₁₂	1	4⅝	1	—	—	23¼

Zur Beförderung des Handels und der Gewerbe traten durch Verordnung vom 11. Februar 1848 im ganzen preußischen Staate die Handelskammern ins Leben; eine solche entstand in Folge dessen auch in Görlitz. Dieselbe Einrichtung wurde durch das schon genannte Gewerbegesetz für das Königreich Sachsen in dem sächsischen Theile der Oberlausitz eingeführt, wo Zittau der Sitz der Handels- und Gewerbekammer geworden ist. Es soll dieselbe, wie die übrigen Kammern, „dem Ministerium des Innern oder der betreffenden Regierungsbehörde als begutachtendes, sachverständiges Organ in Fragen dienen, welche Handel und Gewerbe des ganzen Landes oder des Bezirks angehen;" und sie ist, da sie die Interessen des Handels und der Gewerbe vertritt, auch „befugt, selbstständige Anträge und Wünsche an das Ministerium des Innern oder die betreffende Regierungsbehörde zu richten." — Noch muß schließlich hier auch der Handelsgerichte kurz Erwähnung geschehen, welche in der sächsischen Oberlausitz innerhalb der Bezirksgerichte bestehen. Im Jahre 1864 wurden durch das Handelsgericht in Budissin 37 Handelsgerichtssachen rechtlich entschieden, und 63 wurden verglichen oder sonst erledigt. Durch die Handelsgerichte in Löbau und Zittau fanden in demselben Jahre 29 und 80 Fälle ihre rechtliche Entscheidung, während noch 48 und 55 Vergleiche daselbst zu Stande kamen. —

Wir sehen, daß von Seiten der Regierungen unausgesetzt die Interessen des Handels und der Gewerbe im Auge behalten wurden; dafür zeugen auch die mit verschiedenen Staaten abgeschlossenen Handelsverträge, sowie die Geldunterstützungen, welche die Staatskasse zu Zeiten allgemeiner Stockung des Handels und der Gewerbe bewilligte.

Der Durchfuhrhandel ist schon vor Jahrhunderten in der Oberlausitz ein bedeutender gewesen, und noch heute hat er ihre Grenzen nicht umgangen, da die Verkehrswege sich eines guten Zustandes erfreuen, die Chausseen zweckmäßig gebaut, Postverbindungen hergestellt, und was als besonders wichtig gilt, die größern Städte und einzelne gewerbreiche Dörfer mit in das allgemeine Eisenbahnnetz verflochten worden sind. Obgleich Chausseen bereits vor 1800 aufkamen, so wurden sie doch erst nach Ablauf der ersten 25 Jahre dieses Jahrhunderts der Oberlausitz zu theil. Bis 1838 hatte man in dem sächsischen Antheile 53708 Ruthen chaussirt, und die Regierung fuhr nicht allein fort, andere Wegstrecken auf diese Weise umzubauen, sondern sie verlegte auch allzu steile Straßen gänzlich, und führte zum Schutze gegen Wasserflächen, denen Chausseen ausgesetzt waren, die nöthigen Dämme und Mauergründe auf. Von 1824—27 baute man die Chaussee zwischen Bautzen und Zittau, 1835 wurde die Chaussee, welche von Görlitz nach Seidenberg und von da weiter nach Prag führt, dem Verkehr übergeben; 1847 vollendete man eine solche von Muskau bis an die sächsische Grenze, so daß nun eine gute Verbindung mit Bautzen hergestellt ward; 1849 und 50 wurde an der spremberg-görlitzer Chaussee über Niesky und Muskau gearbeitet und 1852 vollendete man die Kunststraße, welche Marklissa mit Linda verbindet. Es mögen diese Angaben genügen. Die Chausseen sind durch die Eisenbahnen etwas in den Hintergrund gedrängt worden. Am 10. Juni 1844 begannen die Arbeiten an der sächsisch-schlesischen Eisenbahn zwischen Dresden und Bischofswerda, und in demselben Jahre wurden die Kosten zu der zittau-löbauer Bahn, welche man auf 2 Millionen Thaler verrechnete, reichlich durch Actien gezeichnet. Den 7. August 1847 traf auf dem sächsisch-schlesischen Schienenwege die erste Locomotive „Lusatia" in Görlitz ein, die vollständige Eröffnung dieser, sowie der niederschlesisch-märkischen Bahn erfolgte am 1. September 1847. Als besonders große Schwierigkeiten, welche bei dem Baue der sächsisch-schlesischen Eisenbahn auf lausitzer Grund und Boden zu überwinden waren, sind zwei große Einschnitte, ferner der Brautwiesendamm kurz vor dem görlitzer Bahnhofe und die Ueberbrückungen der Spree, des löbauer Thals und der Neiße hervorzuheben. Der erste der genannten Einschnitte befindet sich bei Dolgewitz und hat eine Länge von 1660 Ellen. Es mußte eine Masse von 1498342 Kubikellen, unter denen 149032 Kubikellen mehr oder weniger fester Granitfelsen waren, fortgeschafft werden, und die Kosten beliefen sich, mit Hinzurechnung derjenigen, welche einige bald erfolgende Nachstürze verursachten, auf 118424 Thaler. Der reichenbacher Einschnitt, welcher in seiner Länge von 3000 Ellen größtentheils durch schlammigen, wasserhaltigen, mit großen Granitblöcken untermischten Sand führte, verursachte einen Kostenaufwand von 52262 Thalern. Der Brautwiesendamm, dessen Länge 1800 und dessen vom tiefsten Punkte des Thales aus gerechnete Höhe 28 Ellen beträgt, enthält 401233 Kubikellen und kostete 21322 Thaler. Die Spreebrücke bei Bautzen wurde am 9. April 1845 in Angriff genommen, und am 21. Juni 1846 bis zum Befahren beendigt, so daß die Bauzeit dieses Werkes, welches eine Länge von 398½ Ellen und eine Höhe von 34 Ellen über dem Wasserspiegel der Spree hat, 14½ Monate betrug; die Gesammtkosten beliefen sich auf 88987 Thaler. Beinahe so viel, nämlich 87605 Thaler kostete die Ueberbrückung des löbauer Thales; dieselbe ist 336 Ellen lang und 50¼ Ellen hoch. Man begann damit am 8. September 1845 und wurde im Spätherbste 1846 fertig. Die Neißbrücke bei Görlitz, an welcher am 26. Juni 1847 der Schlußwölbestein des letzten Bogens versetzt wurde, erhebt sich vom gewöhnlichen Wasserspiegel bis zur Bahnhöhe 112 Fuß und hat eine Länge von 1505½ Fuß. Von ihren Pfeilern stehen drei auf Pfahlrosten, 12 sind auf Felsen und die übrigen kleineren auf eine feste Sandschicht gegründet worden. — Die Zahl der Bauwerke auf der ganzen Bahnstrecke beläuft sich überhaupt auf 504; darunter sind 211 Schleusen und größere Viaducte und 22 Ueberbrückungen der Bahn zu nennen. Der Unterbau, d. h. die gesammte Arbeit, welche nöthig war, um die Bahn bis zur Legung des Gleises herzustellen, kostete 3192487, der Oberbau dagegen 1288903 Thaler.

Der erste Spatenstich bei dem Baue der löbau-zittauer Eisenbahn geschah am 5. Mai 1845 und am 10. Juni 1848 wurde sie durch die erste Fahrt der Locomotive „Löbau" dem Verkehr übergeben. Die Bahn hat eine Länge von 4„ Meilen und ihr höchster Punkt fällt zwischen dem Kottmar und Strawalbe, 890 Fuß über den Spiegel der Elbe. Die stärkste Steigung, nämlich 1 zu 90, findet sich auf einer Länge von nur 2350 Ellen zwischen Nieder-Ruppersdorf und dem herrnhuter Bahnhofe. Es wurden 5 große Brücken mit zusammen 44 Bogen, 32 einbogige Durchfahrten und 5 Bahnüberbrückungen angelegt und der zu bewegende Boden betrug im Ganzen 10 Millionen Kubikellen. Als am 20. Juni 1849 die 6. Generalversammlung der löbau-zittauer Eisenbahngesellschaft abgehalten wurde, da waren die Aussichten nichts weniger als günstig, denn die bis auf wenige Baulichkeiten fertige Bahn kostete über 2½ Millionen Thaler, ohne Zinsen zu tragen, so daß die Direktoren ihrem Gehalte entsagten und zur Deckung der fehlenden Einnahme von der Regierung über 26000 Thaler vorgeschossen werden mußten. Durch den Weiterbau der Bahnlinie nach Reichenberg in Böhmen gestalteten sich Zustände günstig, und aus den vorliegenden Uebersichten ist ein fortgesetztes Wachsen des Verkehrs zu erkennen. Während z. B. 1863 185181 Personen und 2331978 Centner Güter befördert wurden, ergab sich auf das Jahr 1864 eine Gesammtsumme von 209153 Personen und 2827945 Centnern Güter. Gewinnen wird der Verkehr gewiß durch die bereits am 2. Januar 1868 eröffnete Eisenbahn von Zittau nach Großschönau, und die Interessen der südlichen Lausitz lassen auch die baldige Ausführung eines eingleisigen Anschlusses von Großschönau an die sächsisch-schlesische oder sächsisch-böhmische Staatseisenbahn lebhaft wünschen, ebenso wie eine viel besprochene Bahn von Radeberg nach Kamenz in den Bezirk der letzten Stadt, sowie in den von Pulsnitz eine neue Lebensader bringen würde. Während die Bahnlinie von Görlitz nach Cottbus, mitten durch den nördlichen holzreichen Theil der Oberlausitz in jüngster Zeit vollendet worden ist, harrt ein anderer Plan, Zittau über Friedland und Rabishau mit Liegnitz zu verbinden und so den billigsten Bezug des schlesischen Getreides und der schlesischen Kohle für den südlichen Theil der sächsischen Oberlausitz zu vermitteln, gegenwärtig noch auf seine Ausführung.

Die Orte rücken immer näher aneinander, ihre Bewohner sind in einen lebhaften Verkehr getreten, wie die Geschichte keiner früheren Zeitepoche uns Aehnliches berichtet; die Erzeugnisse des Bodens und der fleißigen Hand decken den Bedarf in weit entlegenen Gegenden, und wie eine Sache aus der Großväterzeit schauen wir den schwer beladenen Frachtwagen an, der uns, selten genug und immer seltener, auf der einsamen Chaussee begegnet. Seine Bewegung scheint uns nicht besser als die der Schnecke zu sein, da wir uns durch den Dampfwagen sehr bald daran gewöhnten, in einer Minute die Strecke von 700 bis 1000 Ellen zurückzulegen. Als gegen Ende des Jahres 1824 wöchentlich zwei Eilposten zwischen Dresden und Bautzen eingerichtet wurden, durch welche man den Weg in 5½ Stunden zurücklegte, da glaubten Manche gewiß, daß dadurch die möglichste Geschwindigkeit bei dem gewöhnlichen Verkehre erzielt worden sei. Wir wollen heute fragen, ob man mit der Geschwindigkeit des dampfgeflügelten Rosses allseitig schon zufrieden sei! Der denkende Mensch strebt immer weiter, selten wird er zufrieden sein und dieses Ringen nach immer Besserem und Vollkommnerem ist die Wiege, in welcher vielleicht manche große Erfindung schlummert.

Ehe ich diesen Abschnitt schließe, mögen noch einige Angaben, welche sich auf die Geschichte der Heilkunde beziehen, hier einen Platz finden. Zum materiellen Wohlbefinden der Bewohner trägt nicht blos die Blüthe der Industrie und der fleißige und lohnende Betrieb der Gewerbe bei; eine Hauptstütze desselben liegt in einem gesunden Körper. Zur Kräftigung desselben, sowie zur Heilung des erkrankten Leibes haben Regierung und Gemeindeobrigkeiten das Ihrige beigetragen. Ich erinnere zunächst an die Einführung des Turnunterrichtes in den höheren und niedern Schulen; schon 1846 und 47 wurden z. B. in Bautzen und Görlitz Turnschulen eröffnet, und nach einem kurzen Stillstande wandte man sich in den letzten Jahren wieder lebhafter der Frage zu, wie dem vielen, der Gesundheit nachtheiligen Stubensitzen der Kinder ein Gegengewicht zu setzen sei. Mit größerer Planmäßigkeit wurden nun die körperlichen Uebungen ein- und durchgeführt und sie wurden unter der Leitung pädagogisch gebildeter Männer mit in den Lehrplan der Schulen als gleichberechtigte Forderungen der Unterrichts- und Erziehungslehre aufgenommen. Erwähnenswerth ist hierbei auch die Anordnung des görlitzer Stadtraths vom Jahre 1838, nach welcher für die Bürgerschüler und Gymnasiasten eine Schwimmschule mit einem Schwimmlehrer aus dem Völkchen der Halloren eingerichtet wurde. Physikate, d. h. Bezirke mit Kreisärzten, die Einführung der Schutzpockenimpfung und Anderes sind Angelegenheiten der Gesundheitspflege, welche in den verflossenen 50 Jahren unserer Provinz zu Gute kamen. Die Zahl der Apotheken vermehrte sich nach Maßgabe des Bedürfnisses, mit großen Opfern wurden öffentliche Krankenhäuser gebaut, und ärztliche Kreisvereine knüpften das Band zwischen den einzelnen Männern um so fester, deren Beruf es ist, Hilfe und Linderung in die Krankenstuben zu bringen. Im Jahre 1847 bildete sich in Görlitz ein wundärztlicher Kreisverein, der sich an den 1844 gegründeten norddeutschen Chirurgenverein, als seinen Hauptverein anschloß. Als Zweck der Vereinigung wurde Hebung des wundärztlichen Standes, Beförderung der Wissenschaft und ächter Amtsgenossenschaft, Gründung einer Wittwen- und Waisenkasse, sowie einer Unterstützungskasse für verarmte Collegen festgesetzt. —

Die Lehren Dr. Hahnemanns haben auch unter den Aerzten der Oberlausitz Anhänger gefunden, ja Einer der letzteren, Dr. Konstantin Hering, muß als derjenige genannt werden, welcher die Homöopathie nach Nordamerika verpflanzte. Unter den homöopathischen Schriftstellern sind die Doctoren Ferdinand Rückert und Timotheus Thoter (in Königsbrück und Görlitz) hervorzuheben; von Ersterem erschien in den dreißiger Jahren eine „systematische Darstellung aller bis jetzt bekannten homöopathischen Arzneien in ihren reinen Wirkungen auf den gesunden menschlichen Körper," und eine „kurze Uebersicht der Wirkungen homöopathischer Arzneien auf den menschlichen Körper, mit Hinweisung auf deren Anwendung in verschiedenen Krankheitsformen;" der Letztere gab von 1834 bis 39 eine Zeitschrift für Homöopathie unter dem Titel: „Praktische Beiträge im Gebiete der Homöopathie" heraus. Jedenfalls war derselbe ein Hauptberather und thätiges Glied des um 1833 in Görlitz entstandenen homöopathischen Vereins. — Außer den genannten Aerzten haben auch andere, welche Hahnemanns Lehrsysteme nicht huldigten, als Schriftsteller gewirkt. Ich nenne den königsbrücker Arzt Dr. Karl Gustav Schmalz, von dem im Jahre 1825 der „Versuch einer medicinisch-chirurgischen Diagnostik in Tabellen, oder Erkenntniß und Unterscheidung der innerlichen und äußerlichen Krankheiten mittels Uebereinanderstellung ähnlicher Formen" in vierter Auflage erschien. Der 1846 in Lübeck verstorbene und früher in Bernstadt wirkende Arzt Dr. Joseph Urban gab 1832 unter dem Namen Dr. Braun „die Medicin des 19. Jahrhunderts, wie sie ist und sein sollte," heraus, und von Dr. Christian August Pescheck in Zittau erschien 1821 „der Arzt, eine Monatsschrift zur belehrenden Unterhaltung für Nichtärzte." Mit Recht wird in der Anzeige dieser Schrift, welche z. B. Aufsätze über das Zahnen der Kinder, den Magen und Darmkanal als Quelle vieler Krankheiten und über Schutzpockenimpfung enthält, darauf hingewiesen, daß es für jeden Menschen, welcher auf Geistesbildung, insofern darunter Lebensweisheit verstanden werde, nöthig sei, zu wissen, was der Körper sei und wie derselbe bestehe. Eine andere Monatsschrift: „Medicinische Beobachtungen für Aerzte und Nichtärzte" gab 1830 der Stadtphysikus zu Löbau, Dr. Ernst Benjamin Herzog heraus, und an diese Schriften reihten sich die Arbeiten von Nichtärzten an, welche ebenfalls mehr oder weniger sich auf Heilkunde bezogen. Dieser Art ist z. B. des Pastor Johann Borott in Zittau 1824 erschienenes „Tagebuch, geführt im muskauer Hermannsbade, zum Nutzen für Gesunde und Kranke." Den medicinischen Schriftstellern ist auch Dr. Bönisch in Kamenz anzuzeigen, welcher in Verbindung mit Dr. Ficinus in Dresden eine Arbeit über „die Schwefelquellen bei Schmedwitz," die darin nach ihren physikalischen und chemischen Eigenschaften geprüft und nach ihren arzneilichen Kräften gewürdigt werden (2. Aufl. 1819), herausgab.

Da diese Angaben durchaus nicht erschöpfend sein sollen, so will ich einige Jahrzehnte überspringen und aus der neuesten Zeit den jetzigen Medicinalrath Dr. Friedrich Küchenmeister in Dresden nennen, welcher bereits als Arzt in Zittau durch seine auf tiefen Forschungen beruhenden medicinischen und naturhistorischen Schriften die Beachtung der wissenschaftlichen Welt auf sich zog. Seine Beiträge zur Lehre von den Parasiten, von den Herztönen und Anderes erschienen in verschiedenen ärztlichen Zeitschriften; in Günsburgs Zeitschrift für klinische Medicin veröffentlichte er auch 1851 „Einiges über den Uebergang von Finnen in Tänien (Bandwürmer)" und 1853 gab er seine Schrift über die Cestoden (Bandwürmer) im Allgemeinen und die des Menschen insbesondere, hauptsächlich mit Berücksichtigung ihrer Entwickelungsgeschichte, geographischen Verbreitung und Abtreibung," heraus.

Jedenfalls hat innerhalb der letzten 50 Jahre mancher Lausitzer auch in der Ferne Anerkennung gefunden; den Homöopathen Dr. Hering habe ich bereits genannt; ich will auch des Professor Pech, eines gebornen Hochkirchers, welcher bis zur Auflösung der medicinischen Academie in Dresden an derselben wirkte, und des russischen Hofraths und Professors Dr. Rudolph Buchheim in Dorpat, eines Budissiners, von welchem 1853 in Leipzig ein „Lehrbuch der Arzneimittellehre" erschien, hier gedenken.

Auch aus heimischen Kreisen ist noch der und jener Name aufzuzeichnen, dessen Träger durch unermüdliche, verdienstvolle Thätigkeit hervorragte. Es war z. B. Dr. Ludwig Hirt, (gest. 1827), welcher in der zittauer Gegend die Schutzblatternimpfung einführte und auf seine Kosten eine Medaille prägen ließ, die er den Kindern als Andenken überließ. Diese Münze zeigt auf der einen Seite ein geimpftes Kind mit der Umschrift: „Dies erhält mir Leben, Gesundheit und Wohlgestalt;" auf der Rückseite aber steht geschrieben: „Zum Andenken an die Schutzblattern. Von Dr. Hirt in Zittau." Zwar bin ich damit etwas in der Zeit zurückgegangen, da Dr. Hirt die Blatterimpfung bereits in dem Jahre 1801 begann; doch fällt dessenungeachtet ein Theil der Wirksamkeit dieses Mannes noch in unsere Zeit und sein Name muß deshalb auch der neuesten Geschichte unseres Landes angehören.

Trotz der aufopfernden Thätigkeit der Aerzte und der Fürsorge der Obrigkeiten wurden einige Mal einzelne Orte der Oberlausitz von ansteckenden Krankheiten heimgesucht. So verbreitete 1850 in Bautzen ein bösartiges Nervenfieber, das manches Menschenleben forderte, unter den Bewohnern Bangigkeit und Furcht, und 1866 herrschte an verschiedenen Orten die Cholera, an der zum Beispiel auf der Seidau bei Bautzen vom 14. August bis 11. September 96 Personen starben. Fünfunddreißig Jahre früher war dieselbe Krankheit den Grenzen unseres Landes ziemlich nahe gerückt, weshalb auf Antrag der preußischen Regierung vom 12. Juni bis 5. September 1831 bei Zittau ein Grenzcordon zwischen Böhmen und Sachsen gezogen ward. In ersterem Lande wurden viele Opfer gefordert, und deshalb durften böhmische Reisende nur mit Gesundheitspässen und allein zu Lückendorf, Seifhennersdorf und Neugersdorf die Oberlausitz betreten. In Görlitz erschien damals eine kleine Schrift für Nichtärzte: „Ueber die Cholera. Rathgeber für Alle, welche sich gegen diese Krankheit schützen wollen." Vorkehrungsmittel wurden auch 1866 von Seiten der Obrigkeit und Aerzte öffentlich bekannt gemacht, und man sorgte außerdem für die Armen durch unentgeltliche Verabreichung von Arzneien, sowie durch Austheilung von warmen Kleidungsstücken, welche bereitwillig von den Wohlhabenden gespendet wurden. —

Zum Schlusse lenken wir unsern Blick noch auf die Heilquellen des Landes. Schon seit Jahrhunderten hatte man von den Mineralquellen bei Muskau vereinzelt einen nützlichen Gebrauch gemacht, bis sich 1822 die allgemeine Aufmerksamkeit auf dieselben lenkte und das Jahr darauf durch den Fürsten Pückler die Badeanstalt, welche gleich am Anfange von 130 Personen als wirklichen Badegästen besucht wurde, gegründet ward. Besonders war es der in Muskau ansässige Kreisphysikus Dr. Kleemann, welcher auf die Heilkräftigkeit der Wässer wieder von Neuem hinwies. Von dem geheimen Rathe und Professor Dr. Hermbstädt rühren die ersten chemischen Bestimmungen der beiden Quellen, der Badequelle (Hermannsbad) und der Trinkquelle (Hermannsbrunnen) her; beide enthalten Kohlensäure, Schwefelwasserstoff und Stickgas, sowie noch eine Zahl von Salzen, z. B. kohlensauren und schwefelsauren Kalk, schwefelsaure Thonerde und Natron, und dann Kieselerde und bituminösen Extractivstoff. Im Jahre 1824 wurde die Aufmerksamkeit auch auf den in der Nähe vorkommenden Moorboden wegen seiner fast völligen Uebereinstimmung mit dem Badeschlamm zu Marienbad hingelenkt, so daß die Einrichtung von Moorbädern erfolgte. In der spätern Zeit kamen in der Anstalt auch andere Heilmittel, wie Dampfbäder, Molkenkur und künstliche Mineralwässer nach Strube in Aufnahme.

Auch die Schwefelquellen „Marienborn" bei Schmeckwitz waren schon in früherer Zeit wegen ihrer medicinischen Eigenschaften manchen Landleuten der Umgegend bekannt gewesen. Da ward Dr. Bönisch in Kamenz darauf aufmerksam und gründete in Verbindung mit mehreren Freunden eine Badeanstalt. Im Jahre 1818 ward der älteste Brunnen, die sogenannte Schwefelquelle, außer der man noch zwei neugefundene, die Eisen- und die Rosenquelle faßte, mit einem Badehause versehen und den nöthigen Anstalten umgeben. Später kam die Anstalt, welche bisher einer Actiengesellschaft gehört hatte, in den Besitz einer Familie Horn, und 1831 an das Lessingstift. Nach den chemischen Bestimmungen, welche uns in der schon früher angeführten Schrift der Doctoren Bönisch und Heinrich Ficinus (die Schwefelquellen bei Schmeckwitz) mitgetheilt werden, besteht der Gehalt der drei genannten Quellen aus freiem Schwefelwasserstoff, aus freier und an Basen gebundener Kohlensäure, sowie. aus geringen Mengen salzsaurer und schwefelsaurer Salze, deren Basen Kalk und Talk sein mögen, aus kohlensaurem Kalk, kohlensaurer Talkerde und etwas oxydirtem Eisen, das wahrscheinlich mit Kohlensäure und Schwefelwasserstoff verbunden ist.

Im Jahre 1838 kam eine bei Schönberg schon seit 100 Jahren bekannte Quelle, der „Heilbrunnen," in große Aufnahme, weshalb dort eine Badeanstalt gegründet ward. Außer der genannten Quelle finden sich daselbst noch drei andere, die man nach ihren Wirkungen als Gicht-, Augen- und Krampfbrunnen bezeichnet. Nach den im Jahre 1838 bei der Hauptversammlung der oberlausitzer Gesellschaft der Wissenschaften vorgelegten Untersuchungen des Apotheker Strube enthält das Wasser vorzugsweise Quellsäure und Quellsalzsäure, die an Ammoniak und Talkerde gebunden sind. Außerdem kommen darin etwas Kieselerde, schwefelsaurer Kalk, salzsaure Talkerde, salzsaures Natron, kohlensaurer Kalk, salpetersaurer Ammoniak und kaum bestimmbare Spuren von Eisen und Thonerde vor.

Ein starkbesuchtes Bad mit eisenhaltiger, der flinzberger an Kraft nahe kommender Mineralquelle liegt in dem schönen Thale der Schwarzbach am Fuße der Tafelfichte und des Heufuders. Im Jahre 1858 wurde von dem Besitzer ein neues Kur- und Brunnenhaus angelegt.

Durch den Pulverfabrikanten Hottenroth wurde 1827 im Spreethale bei Bautzen eine Mineralquelle entdeckt, deren Wasser rein war, aber bei langem Stehen eine dunkle Farbe annahm und stark nach Schwefel roch. Nach den von dem Apotheker Sprotte angestellten Untersuchungen bestand es aus Schwefelwasserstoff, Kohlensäure, schwefel- und salzsaurem Natron, salzsaurer Talkerde, kohlensaurem Eisenoxydul, kohlensaurer Talk- und Kalkerde, kohlensaurem Natron, aus Kieselerde, bituminösem Extractivstoffe und Spuren von Kali. Der Wunsch, an diesem Orte eine Trink- und Badeanstalt einzurichten, ist wohl hauptsächlich wegen der Nähe der Pulvermühle nicht in Erfüllung gegangen.

Noch liegen außer dieser mehrere Mineralquellen der Oberlausitz unbenutzt, z. B. bei Schönbrunn im laubaner Kreise, bei Stenker in der görlitzer Heide und eine Eisensalz enthaltene Quelle bei Rauscha. Ausgebreitet ist der Gebrauch der künstlichen Mineralwässer; 1834 wurde in Görlitz eine Trinkanstalt für dieselben eingerichtet; und ebenso mehrten sich die Freunde des Kaltwasserheilverfahrens, so daß die 1842 in Jonsdorf bei Zittau in romantischer Gegend von dem Arzte Linke gegründete Wasserheilanstalt mehrere Jahre hindurch und auch noch nach dem Tode des Unternehmers fortbestehen konnte.

IV.

Bildungsmittel und Veranstaltungen für Förderung der Sittlichkeit und Religiösität.

Die Geschichte einer Provinz soll ein Spiegel für deren Bewohner sein. Aber sie schauen darin nicht blos die gegenwärtigen gewordenen, sondern auch die vergangenen Gestaltungen, den Gang der Entwickelung und das sich daraus Entwickelte. Und wie ein Bild nur dann wahr ist, wenn es neben den allgemeinen Umrissen auch die kleinsten Theile wiedergiebt, so muß die Geschichtsschreibung innerhalb der umfassenden Züge die Einzelheiten vorzuführen nicht verschmähen. Gewiß erfordert es immer die Ueberwindung einiger Schwierigkeiten, wenn man die zertragenen und verstreuten Nachrichten, welche im Verlaufe der letzten Jahrzehnte niedergeschrieben worden sind, sammeln und zu einem Gesammtbilde vereinigen will. Ganz besonders wachsen diese Schwierigkeiten bei der Aufgabe, die geistigen Zustände, die Fortschritte in der Bildung und Gesittung der Bewohner eines, wenn auch nur kleinen Landes vorzuführen. Denn Manches versteckt sich dem Suchenden und es liegt die Gefahr sehr nahe, in der Darstellung der Begebenheiten und Zustände eine Lücke zu lassen. Und doch liegt grade in dem treuen Vorführen derjenigen Veranstaltungen, welche zur Hebung alles geistigen Lebens getroffen worden sind, der Gipfelpunkt der Geschichte. Wir wollen jetzt hineinschauen in die geistigen Werkstätten und die auf Bildung und Gesittung gerichteten Bestrebungen der Berufenen und der sich berufen Fühlenden an uns vorüberziehen lassen. Da treten uns vier Bildungselemente entgegen: die Kirche, Schule, das wissenschaftliche Vereinsleben und die Literatur und Kunst. Unter diesen vier wichtigen Förderungsmitteln stellen wir

Die Kirche

schon wegen ihrer Jahrhunderte hindurch behaupteten Bedeutung in den Vordergrund.

Ehe ich die Gestaltung des kirchlichen Lebens in unserm Markgrafenthum innerhalb der letzten 50 Jahre, sowie alle die Erscheinungen hier vorführe, welche sich auf die im Dienste der Kirche Stehenden beziehen oder von ihnen ausgegangen sind, will ich die Bevölkerungsverhältnisse auf Grund des religiösen Glaubensbekenntnisses und anderes damit Zusammenhängende vorausschicken. Es liegen mir aus dem Jahre 1858 genauere Zählungen vor, nach denen damals in der sächsischen Oberlausitz mit den jetzt zu dem Kreisdirectionsbezirke gezogenen meißnischen Ortschaften 277302 Lutheraner und 23603 Katholiken lebten. Dieselben vertheilten sich in folgender Weise: der hauptmannschaftliche Bezirk Bautzen zählte 135237, der zu Löbau 142065 Lutheraner, während sich die Anzahl der katholischen Glaubensgenossen in den beiden genannten Abtheilungen der Provinz auf 12787 und 10816 belief. Nach den Gerichtsamtsbezirken gestaltete sich die Vertheilung so, daß in dem zu

Königsbrück,	Kamenz,	Königswartha,	Bautzen,	Weißenberg,	Pulsnitz,	Löbau,
8745	17148	6590	33010	6673	16447	26353
20	6045	785	3184	21	30	95

Bernstadt,	Ostritz,	Reichenau,	Zittau,	Großschönau	und	Ebersbach	
7836	3421	11556	40923	15895		17371	Lutheraner
130	7571	695	1405	765		146	Katholiken

wohnten. Außerdem sind noch folgende statistische Angaben aus den nicht völlig der engern Oberlausitz, sondern auch zum Theil den sächsischen Erblanden, aber mit zum Kreisdirectionsbezirke Budissin gehörigen Gerichtsamtsbezirken anzuführen:

	Bischofswerda,	Schirgiswalde	und Neusalza:	
mit	20514	13655	19128	Lutheranern.
	120	2483	130	Katholiken.

Es ergiebt sich daraus, daß in dem Gerichtsamtsbezirke Ostritz die katholische Bevölkerung gegen die lutherische um etwas über das Doppelte beträgt, daß sie aber in dem Gerichtsamtsbezirke Königsbrück auf 1/437 und in dem von Pulsnitz sogar bis auf 1/548 sinkt.

In der preußischen Oberlausitz lebten in dem oben angeführten Jahre 204202 evangelische und 12305 katholische Christen, welche in den einzelnen Kreisen und Kreisantheilen folgendermaßen vertreten waren:

Die Zahl der Evangelischen und der Katholiken belief sich

im görlitzer Kreise auf	65506	1882
" rothenburger Kreise auf	48917	356
" hoyerswerdaer Kreise auf	26589	4018
" laubaner Kreistheile "	49733	5065
" bunzlauer " "	10532	962
" saganer " "	2350	20
" sorauer " "	575	2 Seelen.

Die meisten Katholiken hat der laubaner, und nächst diesem der hoyerswerdaer Kreis. Die zum laubaner Kloster gehörigen 6 Dörfer sind größtentheils von Katholiken bewohnt.

Glieder anderer Religionsgemeinden sind in der gesammten Oberlausitz nur sparsam vorhanden. Juden leben besonders in Görlitz, wo sie eine eigene Synagoge haben; hauptsächlich vermehrten sie sich seit Einführung der allgemeinen Gewerbeordnung vom Jahre 1845; ihre Zahl war nämlich in dem preußischen Landestheile in den Jahren von 1840 bis 1858 von 32 bis auf 331 gestiegen. In der sächsischen Oberlausitz gab es 1858 nur zwei Personen mosaischen Glaubensbekenntnisses.

In dem Jahre 1865 werden in der sächsischen Oberlausitz 257230 evangelisch-lutherische Einwohner, und zwar 52653 in den Vierstädten mit den zugehörigen Dörfern und 204577 in dem sogenannten Landkreise angeführt. Sie besitzen, unter 99 Parochien vertheilt, 112 Kirchen, nämlich 99 Pfarr-, 2 Tochter-, 5 Neben-, 5 Begräbnißkirchen und eine Hospitalkirche; auf die Vierstädte kommen davon 7 Parochien mit 18 Kirchen. Katholische Kirchen giebt es in der sächsischen Oberlausitz außer vier Kapellen sechzehn, von denen zwei Klosterkirchen sind. — Die Zahl der evangelischen Geistlichen beträgt im Ganzen 129, nämlich 18 in den Vierstädten und 111, mit 5 Predigern der Brüdergemeinde, in dem Landkreise. Katholische Geistliche, unter ihnen ein Bischof, zählte die sächsische Oberlausitz 39. — In der preußischen Oberlausitz gab es 1858 zusammen 130 evangelische und 10 katholische Kirchen (darunter eine Klosterkirche) mit noch vier katholischen Betsälen. Dieselben vertheilten sich in der Weise, daß auf den

    görlitzer Kreis   48 evangelische und 2 katholische,
    laubaner Kreis   23   „   „ 4 „
    rothenburger Kreis 29   „   „ —
    hoyerswerdaer Kreis 21   „   „ 3 „   und
    auf die Antheile des
    bunzlauer   7   „   „ 1 „   und des
    saganer Kreises   2   „   „ —   Kirchen kamen.

Die Zahl der Geistlichen belief sich im genannten Jahre auf 143, von denen 133 der evangelischen und 10 der katholischen Konfession angehörten.

Wenden wir uns nun den Regierungsverfügungen zu, welche sich auf kirchliche Einrichtungen beziehen, so muß aus der sächsischen Oberlausitz zunächst hervorgehoben werden, daß durch eine bereits früher angezogene Verordnung vom 12. März 1821 statt des bisher bestandenen „Oberamtes" und „Judicii ordinarii" eine „Oberamts-Regierung" mit einem Präsidenten, vier weltlichen Räthen und einem geistlichen Beisitzer unter dem Titel eines Kirchen- und Schulrathes eingesetzt wurde. Zum ersten Kirchenrath berief man den bisherigen Superintendenten in Colditz und spätern Hofprediger in Dresden, Dr. Fränkel. Im Jahre 1823 folgte ihm Dr. Gottlob Leberecht Schulze, geboren 1779 in Hirschfeld bei Kirchberg, und seit 1809 Pfarrer in Polenz bei Grimma, ein Mann, dessen Verdienste um das Volksschulwesen ganz besonders es sind, welche sein Andenken zu einem bleibenden nicht blos in der Oberlausitz, sondern im gesammten Königreiche Sachsen erheben. Nach Schulzes Berufung zum geheimen Kirchen- und Schulrathe beim Ministerio folgte Dr. Erdmann Petri von 1832 bis 1849; dessen Nachfolger sind der gegenwärtige geheime Kirchen- und Schulrath Dr. Robert Otto Gilbert bis 1855 und Dr. Karl August

Wildenhahn. Am 1. Mai 1835 wurde die bisherige Oberamtsregierung in eine königliche Kreisdirection verwandelt und derselben außer der Oberlausitz noch das Amt Stolpen und die Ephorie Bischofswerda, die einzige Superintendentur des Regierungsbezirkes, untergeben. Die eigentliche sächsische Oberlausitz bildet demnach nur eine einzige Ephorie, in welcher die Geschäfte des Superintendenten zugleich dem Kirchenrathe zufallen.

Anders gestalteten sich auf Grund einer Verordnung des breslauer Konsistoriums vom 30. November 1818 die Verhältnisse in der preußischen Oberlausitz. Diese wurde in 8 Diözesen mit ebensoviel Superintendenturen geschieden, wovon drei auf den görlitzer und je zwei auf den laubauer und rothenburger Kreis fallen; am ausgedehntesten ist die hoyerswerdaer, als die achte Diözese. Die wenigen Ortschaften der Oberlausitz, welche gegenwärtig dem bunzlauer und saganer Kreise in politischer Beziehung angehören, sind auch auf Grund der Diözesenverfassung diesen Kreisen zugewiesen worden.

Während in der sächsischen Oberlausitz für die katholischen Kirchgemeinden das Domstift St. Petri zu Bautzen als Konsistorialbehörde gilt, ist das katholische Kirchen und Schulwesen in dem preußischen Landestheile theils dem Erzpriesterthume Lauban, theils den Archipresbyteriaten Naumburg a. O. und Sagan zugewiesen.

Eine Reihe von Verordnungen des evangelischen Kirchenregiments umfaßte rein äußerliche Angelegenheiten, denn es wurden darin z. B. Bestimmungen über die Verpflichtung der Gemeinden, zu Aufbringung des für ihre Kirchen erforderlichen Aufwands, über Parochiellasten, die Verwaltung des Kirchenvermögens und Anderes mehr ausgesprochen. Wichtiger sind die Verordnungen, welche das kirchliche Leben selbst berührten. Da muß zunächst die Gemeindeordnung für die evangelischen Kirchengemeinden der östlichen Provinzen des preußischen Staates und die Einführung des evangelischen Oberkirchenraths berührt werden. Nach dieser Kirchenordnung wurde auch in der preußischen Oberlausitz größere Theilnahme an kirchlichen Einrichtungen bei den Gemeindemitgliedern geweckt und christliche Gesinnung und Sitte lebhaft gefördert. Diese Theilnahme aber sprach sich noch insbesondere bei den Kirchen- und Schulvisitationen aus, welche sowohl in der preußischen als sächsischen Oberlausitz in den fünfziger Jahren angeordnet und abgehalten wurden. Jedem selbstständigen Gemeindemitgliede stand es frei, Wünsche und Beschwerden vorzubringen, als nach gehaltenen Predigten und Katechesen und den Besprechungen mit Geistlichen und Lehrern, die Hausväter sich versammelten. Von großem Segen sind ferner die öffentlichen Ordinationen der Geistlichen, weil dadurch ein bedeutender Eindruck und ein nicht zu verwischendes Gefühl von der Wichtigkeit des seelsorgerischen Amtes hinterlassen wird, für die Kirchgemeinden der sächsischen Oberlausitz geworden. Diese Ordinationen der zu geistlichen Stellen gewählten Candidaten werden mit der Einführung ins Amt verbunden und durch einige aus der Nachbarschaft hierzu berufene Geistliche vollzogen; die ersten Fälle dieser Einrichtung, welche für das gesammte Königreich Sachsen getroffen wurden, kamen 1834 in Schönau auf dem Eigen und 1835 in Huttau vor.

Während diese Neuerung gewiß allen Gliedern der Kirchengemeinden willkommen war und mit herzlicher Freude begrüßt wurde, begegnete man anderen Einrichtungen zum Theil mit dem größten Widerstreben. Dies geschah z. B. hie und da bei Einführung der Kirchenunion und neuen Agende (1825) durch König Friedrich Wilhelm III. Viele Gemeindeglieder, ja selbst einzelne Gemeinden, besonders unter der wendischen Bevölkerung des preußischen Landestheils, wollten von der Vereinigung der lutherischen und reformirten Kirche nichts wissen, und sie schlossen sich in Folge dessen gänzlich von der evangelischen Landeskirche aus, um besondere, streng-lutherische Kirchengemeinden zu gründen. Solche bestehen z. B. in Klitten mit Jahmen und in Weigersdorf, wo von ihnen 1846 und 47 eigene Gotteshäuser gebaut wurden. — Eine andere Veranlassung zur Unzufriedenheit, die sich sogar an einzelnen Orten, z. B. bei der wendischen Michaelisgemeinde in Budissin durch unruhige Auftritte äußerte, war die 1831 in der sächsischen Oberlausitz, wie in Sachsen überhaupt, ins Werk gesetzte Abschaffung mehrerer Feiertage. Ganz in Wegfall kamen die dritten Feiertage an den hohen Festen, sowie der Sommerbußtag; andere Feste, nämlich das für Mariä Reinigung, Mariä Heimsuchung und das Johannisfest, wurden mit den darauf folgenden Sonntagen verbunden. Da, wo auf einen der weggefallenen Feiertage eine Stiftspredigt fiel, mußte dieselbe bleiben, und ebenso gab man den Gesuchen einzelner Gemeinden insofern nach, als erlaubt wurde, daß die Geistlichen eine Predigt oder Betstunde, ohne jedoch den Festtag herzustellen, halten durften, so lange dieselbe fleißig besucht werden würde. Gewissermaßen als Ersatz für die abgeschafften Feiertage wurden gleichzeitig der Charfreitag und Reformationstag zu ganzen Feiertagen erhoben. — Gewiß ging die oberste Behörde von der richtigen Voraussetzung aus, daß ein Theil der nach einanderfallenden Feiertage weniger zur Erbauung als vielmehr, und das gilt insbesondere von den dritten Feiertagen, zur Zerstreuung und wohl gar zur Abhaltung rauschender Vergnügungen benutzt wurde. Wenn hier demnach eine Beschränkung für angemessen erachtet ward, so bestimmte dafür wieder das Kirchenregiment, daß andere und selten fallende Tage durch eine kirchliche Feier ausgezeichnet wurden. Allgemein ward im Jahre 1817 das dritte Reformations-Jubelfest gefeiert. Außer einer Beschreibung der dabei in der sächsischen Oberlausitz veranstalteten Festlichkeiten, verfaßt von M. Gottfried Erdmann Petri, erschienen verschiedene bei dieser Gelegenheit gehaltene Reden und Predigten im Druck, unter denen nur die von dem eben Genannten, ferner von M. Christian Adolph Pescheck in Zittau, Karl Gottlob Hergang in Budissin und M. Theodor Sintenis in Hirschfelde hervorgehoben sein mögen. Der Director des Gymnasiums in Zittau, M. Rudolph feierte das Jubelfest durch eine Einladungsschrift, in welcher der Beweis, daß die heilige Schrift für jeden rechtschaffenen Leser deutlich sei, durchgeführt wurde, und Theodor Sintenis gab gleichzeitig als einen Beitrag zur Würdigung der 300jährigen Feier der deutschen Reformation „Dr. Martin Luthers Leben und unsterbliches Verdienst" heraus. In Budissin, Zittau, Kamenz und Jonsdorf zeichnete man den Tag durch milde Stiftungen aus und in Oppach wurde von dem Minister Nostitz-Jänkendorf durch eine Schenkung der Grund zu einer Kirchen- und Schulbibliothek gelegt. — Da die Reformation in unserm Vaterlande nicht durch einen Machtspruch, sondern nach und nach und von jeder einzelnen Kirchengemeinde selbstständig eingeführt worden war, sobald die Gemüther sich für Luthers Lehre erwärmt hatten, so feierten die einzelnen Gemeinden vielfach auch noch ihr besonderes Reformationsfest und ihre Geistlichen schrieben zu Ehren dieses Tages die Geschichte der betreffenden Kirchgemeinden. Als z. B. am 31. October 1836 die dreihundertjährige Feier der Reformation in der Kirche und Parochie Schwerta im laubaner Kreise begangen ward, erschien von dem dortigen Pfarrer Karl Wilhelm Franz ein „kurzer Abriß der Geschichte jener Parochie."

Wie das Reformationsfest, so wurde auch die Uebergabe der augsburgischen Konfession bei der dreihundertjährigen Wiederkehr des wichtigen Tages im Jahre 1830 festlich gefeiert. Der 26. Juli als Hauptfesttag, wurde in der preußischen Oberlausitz am Abende vorher feierlich eingeläutet; die Kirchen waren mit Ehrenpforten und Kränzen geschmückt, und nicht nur die festlich gekleidete und bekränzte Schuljugend, sondern selbst die ganze Gemeinde zog an vielen Orten unter Glockengeläute in die Kirche, wo sie mit großer Andacht dem Gottesdienste beiwohnte. In manchen Städten, wie in Lauban und Seidenberg waren des Abends viele Häuser glänzend erleuchtet, so daß recht augenscheinlich zu Tage trat, wie alle Glieder der evangelischen Kirche der hohen Bedeutung des Tages eingedenk waren. Elementar- und gelehrte Schulen blieben nicht zurück, so daß in den Herzen der Jugend nicht blos das Bewußtsein an die Unerschrockenheit der Vorkämpfer des evangelischen Glaubens geweckt, sondern auch dadurch ein Beispiel zur Nacheiferung und der Treue an der überlieferten reinen Lehre vorgehalten wurde. Am Gymnasium zu Görlitz suchte der Rector Dr. Anton in der Festrede zu zeigen, „daß wir durch Christum um des Glaubens willen aus Gnaden Vergebung der Sünden erlangen," während im laubaner Gymnasium der Conrector Kaiser darüber sprach, „daß das Andenken an die augsburgische Konfession eine kräftige Ermunterung sei, gegen die Hauptgebrechen unserer Zeit zu kämpfen." — Wichtig war in der preußischen Oberlausitz die Gedächtnißfeier der Uebergabe der augsburgischen Konfession auch noch dadurch, daß an diesem Tage vieler Orten die neue Agende für die evangelische Kirche zuerst in Anwendung kam.

In der sächsischen Oberlausitz waren von der obersten Kirchenbehörde drei Festtage vorgeschrieben worden, jedoch so, daß der zweite Festtag, an welchem besonders die Schuljugend ihre Feier hatte, nur als ein halber Feiertag betrachtet wurde. Gewissermaßen als Vorbereitungsschriften waren des Katecheten M. C. A. Peschel „Konfessionsbüchlein, oder historische Belehrung über die Bedeutung des Jubelfestes der augsburgischen Konfession, der reifern Jugend gewidmet", und Friedrich Meyers Büchlein: „das augsburgische Glaubensbekenntniß im Auszuge, nebst geschichtlicher Einleitung und erläuternden Anmerkungen" erschienen; und ebenso hat gewiß des zittauer Oberlehrers Friedrich August Leschke „Neues evangelisches Festbüchlein", das als Lesebuch für reifere Zöglinge protestantischer Schulen und für erwachsene protestantische Christen bestimmt war, zur Jubelfestfeier viel beigetragen. Neue Kanzel- und Altarbekleidungen, als Ergebniß angestellter Sammlungen oder Geschenke frommgesinnter Wohlthäter, legten an mehreren Orten, z. B. in Budissin und Crostau Zeugniß von dem noch nicht erloschenen evangelischen Sinne der Bewohner ab. Um auch der Schuljugend die Festtage zu unvergeßlichen zu machen, wurden an dieselbe in Budissin Bibeln und neue Testamente, Geschenke des dortigen Zweigbibelvereins, vertheilt, und durch die Bemühungen eines wendischen Frauenvereins konnten außerdem die Kinder der budissiner Michaelisschule am zweiten Festtage mit Erfrischungen bedacht und einige Jubeldenkmünzen als eine besondere Auszeichnung fleißigen Schülern und Schülerinnen überreicht werden. Dadurch, daß neben den Gesangbüchern auch acht eigens für die Jubelfeier bestimmte und vom Pastor Trautschold zu Kötschenbroda herausgegebene Kirchenlieder benutzt wurden, förderten die Gemeinden außer dem Hauptzwecke, der eigenen Erbauung, noch den Nebenzweck: „Begründung einer allgemeinen Pensionskasse für die Wittwen und Waisen evangelischer Geistlichen und Schullehrer in der sächsischen Oberlausitz." Der Ertrag dieser Lieder, sowie eine am ersten Festtage angeordnete Kirchenkollekte war dieser Kasse angewiesen worden. — Wie an den Gymnasien zu Görlitz und Lauban, so wurde auch an denen der sächsischen Oberlausitz das allgemeine protestantische Fest durch Reden und Gesang gefeiert. In Budissin suchte dabei der Conrektor Fritsche verschiedene Einwendungen gegen die Jubelfeier zu beseitigen und entwickelte dann die Gründe, welche für die Abhaltung derselben sprachen. Ein Schüler der ersten Klasse trug sodann die Geschichte von der Uebergabe der augsburgischen Konfession in deutscher Rede den vielen Festtheilnehmern vor, welche sich, neben den Lehrern, aus verschiedenen Ständen auf dem zu diesem Behufe überlassenen Rathhaussaale eingefunden hatten. — Die budissiner deutsche evangelische Kirchengemeinde hatte im Jahre 1826 eine neue Liedersammlung, bearbeitet von ihren Geistlichen M. Stöckhardt, Schulze und M. Hergang, erhalten, sie war also damit 15 Jahre später der in ihrer Schwesterstadt Zittau gefolgt, wo eine ähnliche Sammlung bereits im Jahre 1811 herausgegeben worden war. Obschon nun diese „Sammlung alter und neuer geistlicher Lieder zum kirchlichen und häuslichen Gebrauche" zunächst für die Stadt Budissin bestimmt wurde, so mußte es doch als wünschenswerth erscheinen, wenn auch andere Kirchgemeinden, besonders die in der Nähe jener Stadt, dasselbe Gesangbuch bei sich einführten. Die deutsche Gemeinde in Postwitz war damit am Neujahrstage 1827 vorangegangen, und die oben besprochene Jubelfeier der Uebergabe der augsburgischen Konfession gab die Veranlassung, daß das Gesangbuch auch in der Gemeinde Crostau und in dem in dortiger Kirche eingepfarrten Dorfe Worbis durch die Gerichtsherrschaften, welche eine große Anzahl Bücher unentgeltlich austheilten, zur Einführung gelangte. Ebenso ließ zu derselben Zeit ein Herr Glauch auf Kosel bei Königsbrück eine nicht unbedeutende Zahl von neuen budissiner Gesangbüchern an weniger bemittelte Gemeindeglieder austheilen und führte so den Gebrauch derselben beim Gottesdienste in der dasigen Kapelle ein. — Jubelfeste, wie deren eines das Erinnerungsfest der Uebergabe der augsburgischen Konfession ja ist, machen die Herzen weit und opferwillig; und die gespendeten Opfer tragen, wie ein Zeitgenosse schreibt, dazu bei, daß die Begehung der Feste im Innern der Herzen auf die würdigste Art verherrlicht wird.

Vieles, was an die Zeit der Reformation erinnert, muß die evangelische Kirche erfassen, um es durch Festtage zu verherrlichen. Sie muß dabei auch des auserwählten Werkzeuges Gottes eingedenk sein und nicht bloß die That des unerschrockenen Gottesmannes Luther, sondern auch seinen Geburts- und Todestag feiern. Die 300jährige Festfeier zum Andenken an den letzteren wurde am 18. Februar 1846 in allen Kirchen der preußischen Oberlausitz abgehalten. In Görlitz gab sich eine große Theilnahme bei dem in der schönen Peterskirche gefeierten Abendgottesdienste kund, und in Rothenburg hielt außer dem vormittägigen Gottesdienste der Prediger des Abends auf dem Markte, wo das Brustbild Luthers bei festlicher Beleuchtung aufgestellt worden war, eine die Bedeutung des Tages umfassende Rede, und ein Sängerchor trug das protestantische Siegeslied: ‚Ein' feste Burg ist unser Gott' vor. — In der sächsischen Oberlausitz, so wie überhaupt in Sachsen war die kirchliche Feier „durch höhere Verordnung auf den Sonntag vor den 18. Februar angesetzt und sowohl allerlei Gepränge als auch jedes Wort verboten worden, was etwa Katholiken beleidigend scheinen könnte." Es wurden an dem zur Feier bestimmten Sonntage Gedächtnißpredigten, in den Schulen aber an dem eigentlichen Todestage Reden gehalten, in denen z. B., wie es in Zittau geschah, das Verhältniß zwischen Luther und unsere Zeit und die Verdienste des Reformators auch um das deutsche Schulwesen dargelegt wurden. Durch allgemeine Kirchenkollekten sammelte man das Geld zu einer Stiftung für studirende Anverwandte des großen Reformators. Nicht allenthalben war man im Volke mit dieser weniger glänzenden und nicht genugsam hervortretenden Feier des Tages einverstanden und es kann, um die Worte eines damaligen Berichterstatters zu gebrauchen, ausgesprochen werden, daß diese Unzufriedenheit den lutherischen Bewohnern unseres Landes einentheils selbst, andermtheils aber auch dem großen Todten Ehre machte.

Sowohl für Protestanten als auch Katholiken mußte der 5. Juni 1855 ein gleich bedeutungsvoller Tag sein, und die Kirche feierte ihn zur Erinnerung an den vor 11 Jahrhunderten von den heidnischen Friesen erschlagenen Winfried Bonifacius, den man mit Recht den Apostel der Deutschen nennt.

Es waren aber nicht blos Tage, durch deren Feier man eine kirchliche Begebenheit wieder von Neuem und so recht zum Bewußtsein brachte, sondern auch wichtigen Erinnerungstagen aus dem politischen Leben gab die Kirche ihre Weihe. Einige solcher Tage, — ich erinnere an die Feier des Constitutionsfestes, — wurden bereits früher genannt, und es müssen noch zwei derselben hinzugefügt werden. In der preußischen Oberlausitz wurde wie in der gesammten Monarchie die 150jährige Jubelfeier des preußischen Königshauses am 18. Januar 1851 festlich begangen, und am Trinitatisfeste des Jahres 1843 gedachte man allenthalben in den Kirchen des 1000jährigen Bestehens des deutschen Reiches.

Wenn ich endlich auch eines Festes der herrnhuter Brüdergemeinde hier gedenke, so sehe ich im Geiste die ersten mährischen, glaubenstreuen Ansiedler, welche in ihrer Einfachheit, als sie ihre ersten Hütten bauten, schwerlich ahnen mochten, daß sie die Gründer eines Ortes, dessen Name in der alten und neuen Welt gar bedeutungsvoll geworden ist, werden sollten. An 20000 Menschen waren bei der Jubelfeier der Brüdergemeinde in Herrnhut vom 17. bis 19. Juni 1822 gegenwärtig und sie gedachten nach Hinweisung der Festreden an den Anfang der Gemeinde und ihre Geschichte im vergangenen und gegenwärtigen Jahrhunderte. Rührend war es dabei, daß ein alter Mann aus Zauchenthal in Mähren, von wo die ersten Stifter Herrnhuts ausgegangen waren, bitterlich darüber weinte, daß er von den Hütern der Saalthüre wegen Ueberfüllung des Bethauses abgewiesen wurde. Diese große Theilnahme verschaffte ihm den Zutritt und als man endlich hörte, wer er war, konnte man ihn nirgends finden, denn mit den Worten, daß er nun gerne sterben wolle, nachdem er dieses Fest erlebt habe, hatte er bereits den Rückweg angetreten. An der Stelle, wo am 17. Juni 1722 Christian David den ersten Baum gefällt hatte, wurde ein einfacher Stein mit Inschrift aufgerichtet; Beschreibungen des Jubelfestes aber, welche bald darauf erschienen, mögen das Gedenken daran und an den Segen, welcher bisher auf Zinzendorfs und seiner Freunde Arbeit gelegen hat, noch bei dem späteren Geschlechte auffrischen.

Jubelfeste, welche die Kirche feiert, verbreiten stets über die Theilnehmer eine religiöse Weihe; sie sind Glanzpunkte des kirchlichen Lebens, und manches laue Herz wird durch sie von Neuem erwärmt. Wie das Jubelfest der Gründung Herrnhuts bei vielen evangelischen Glaubensgenossen, so mußte das der vor 600 Jahren geschehenen Stiftung des Klosters Marienstern, am 14. October 1834, bei der katholischen Bevölkerung des Landes Gefühle des Dankes erwecken. In Veranlassung dieses letzten Festes erschien damals Schönfelders verdienstliche Geschichte des Klosters, eine Gabe, die auch dem Protestanten ihres historischen Werthes wegen höchst willkommen ist. Noch hat der Katholizismus an einigen Punkten unseres Landes seinen Boden nicht verloren; er beherrscht noch die Gemüther in den Umgebungen der Nonnenklöster zu Lauban Marienthal und Marienstern, sowie am Wohnsitze des Domdechanten. Trotz der kirchlichen Bewegung, welche in den vierziger Jahren allenthalben in Deutschland von Johannes Ronge hervorgerufen wurde, blieb es in den katholischen Bezirken unseres Landes ziemlich ruhig und es bildeten sich nur in Görlitz und Lauban zwei christ- oder deutsch-katholische Gemeinden. Ja, mitten in der religiösbewegten Zeit feierte die katholische Kirche in der Oberlausitz ihre Wallfahrtsfeste, Seitenstücke der Rockfahrten nach Trier, welche von der einen Seite die schöne Poesie des Katholizismus, von der andern aber Verirrungen der Kirche, welche an heidnischen Bilderdienst erinnern, genannt werden. In der Kirche zu Rosenthal bei Kamenz steht ein uraltes, hölzernes Marienbild mit dem Jesuskinde wohlverwahrt in einem Schreine von Silber. Ein Soldat aus Kaiser Karls des Großen Armee soll es, so erzählt die Sage, einst auf der Schanze bei Ostrow zurückgelassen haben; da verbarg es sich, als das Christenthum durch die Slaven auf einige Zeit verdrängt wurde, in einer Linde und ließ sich später wiederfinden. Ein Edelmann, der in der Gegend jagte, soll es gefunden haben; darauf wurde es nach Rosenthal gebracht. Zu diesem Bilde nun zieht man weit und breit, weil es für besonders wunderthätig gilt, und es ist uns die Beschreibung einer Wallfahrt aus dem Jahre 1846 im neuen lausitzischen Magazine überliefert worden. Damals waren es acht Prozessionen, geführt von Geistlichen und mit Kirchenfahnen an der Spitze, welche unter Glockengeläute in Rosenthal einzogen und von dem budissiner Decan zur Messe und Predigt, sowie zur Aussprache der verschiedensten Gelübde in die Kirche geleitet wurden.

Jubelfeste wurden die Weihen neuer Gotteshäuser. An manchen Orten mehrte sich die Zahl der Katholiken, so daß neue Kirchen für dieselben gebaut wurden; von 1852—53 z. B. in Görlitz und von 1852—54 in Marklissa. Ebenso schuf man neue evangelische Parochien oder wies einzelne Dorfgemeinden anderen Parochien zu. Im Jahre 1839 wurde die Kirche für die neu gegründete Parochie Jauernick-Kunnerwitz vollendet; vorher hielten sich die zugehörigen Gemeinden theils nach Tauchritz, theils nach Leschwitz, Taufen und Trauungen der Evangelischen verrichtete aber der katholische Pfarrer zu Jauernick nach evangelischem Gebrauche. Ein eignes Pfarramt wurde auch 1843 in Petershain, das vordem nach Collm gehörte, geschaffen, und mit dem Jahre 1858 wurden die fünf wendischen Gemeinden Mochholz, Altliebel, Viereichen, Rappatsch und Zweibrücken, die bisher zu der entfernten Kirche in Daubitz gehört hatten, in die nähere zu Reichwalde gewiesen.

Ich habe der außerordentlichen Festtage innerhalb der evangelischen Kirche gedacht und will nun noch die Veranstaltungen, welche in Betreff der religiösen und sittlichen Bildung ihrer Glieder, sowie für die Ausbreitung und Befestigung der Kirche getroffen worden sind, weiter anführen.

Der Grund, auf welchem die Lehre der evangelischen Kirche ruht, ist die Bibel, und Luthers unsterbliches Verdienst ist es, dem deutschen Volke das ganze unverfälschte Wort Gottes in die Hand gegeben zu haben. Die Bibel soll in jedem Hause, auch in der kleinsten Hütte liegen, sie soll ein theuerer Besitz selbst der Aermsten in dem Volke sein. Die Bibelgesellschaften haben sich das schöne Ziel gesetzt, dahin, wo die Armuth so drückend ist, daß kaum für des Leibes Brot gesorgt werden kann, auch des christlichen Lebens Brot zu bringen. In der sächsischen Oberlausitz bestanden schon 1835 fünf Zweigbibelgesellschaften zu Budissin, Herrnhut, Königsbrück, Löbau und Zittau, welche mit der sächsischen Hauptbibelgesellschaft verbunden sind; es kamen im genannten Jahre durch dieselben 851 deutsche und 81 wendische Bibeln nebst 38 deutschen und wendischen neuen Testamenten zur Vertheilung. Während seines neunjährigen Bestandes hatte damals der löbauer Zweigverein 1220 Bibeln ausgetheilt.

Im Jahre 1847 bildete sich in Bautzen ein Frauenbibelverein, welcher bis Ende 1848 im Ganzen 242 Bibeln und 16 neue Testamente zum Theil unentgeltlich oder doch gegen sehr geringe Bezahlung an Bedürftige abließ. In der preußischen Oberlausitz bestanden 1861 Bibelgesellschaften in Görlitz, Lauban und Seidenberg; davon ist die görlitzer, gegründet 1816 durch den verdienten Bürgermeister Samuel Traugott Neumann (gest. 1831), die älteste. Im Laufe der ersten 18 Jahre ihres Bestehens hatte sie 6131 deutsche und 2647 wendische Bibeln und neue Testamente vertheilt.

Um die halberwachsene Jugend noch mehr zu befähigen, einer Predigt mit ungetheilter Aufmerksamkeit folgen zu können, wurden an den Sonntagsnachmittagen in den Kirchen religiöse Unterredungen auf Grund der heiligen Schrift eingeführt. Schon im Jahre 1824 erschien eine derartige Verordnung für die preußische Oberlausitz, in der bestimmt wurde, daß die Theilnahme der confirmirten Jugend an solchen Unterredungen zwei Jahre dauern solle, und es wird darin gesagt, daß die Anwendung moralischer Mittel diese Einrichtung wirksamer befördern würde, als gesetzliche Bestimmungen, welche ihrer Natur nach nur die äußere Form der Handlungen zum Gegenstande hätten, aber auf die Gesinnung keinen Einfluß ausübten. Hervorgehoben wird, daß in Folge des verbesserten Schulunterrichtes der Sonntagsunterricht weniger eine bloße Beschäftigung des Verstandes sein solle, sondern daß die Prediger besonders dahin wirken müßten, das heilige Buch, durch Besprechung einzelner Abschnitte in demselben, den Gemüthern aufzuschließen und für ihr ganzes Leben werth zu machen. — Alle religiösen Unterredungen aber werden häufig nutzlos bleiben, wenn nicht zugleich auch Vorkehrungen getroffen werden, daß die Jugend von solchen Plätzen entfernt gehalten wird, wo ihre sittlichen Gefühle Schaden leiden können. Rettungshäuser, d. h. Anstalten zur Versittlichung verwahrloster Kinder, wie deren eine 1836 von den Ständen der preußischen Oberlausitz gegründet wurde, müssen seltener werden, wenn neben den Behörden auch die Geistlichen und Lehrer darüber wachen, daß die Wirthshäuser nicht von Kindern und jungen Leuten ohne Aufsicht besucht werden. In diesem Sinne spricht sich eine Verordnung der liegnitzer Regierung unterm 27. April 1828 aus. Es werden darin die Geistlichen und Schullehrer beauftragt, die Ortspolizei-Behörden durch ihren Einfluß auf Eltern und Kinder zu unterstützen, „damit der zu frühen Aufregung roher Sinnlichkeit, Schwächung des sittlichen Gefühls und Befreundung mit dem Laster wirksam begegnet werde." Diese Gefahren aber müssen der Jugend, bei welcher auf sittliche und religiöse Reife und auf Festigkeit des Charakters nicht gerechnet werden kann, drohen, wenn sie, wie dies häufig der Fall ist, in den Wirthshäusern Gelegenheit erhalten, unsittliche Gespräche und Scherze anzuhören.

Auf die religiöse und sittliche Bildung des Volkes wird nicht nur durch Predigten und Unterredungen, sondern auch durch entsprechende Schriften eingewirkt. Die Zahl der oberlausitzischen Geistlichen, welche als Schriftsteller zum Behufe der Erweckung und Ausbildung eines christlichen Lebens aufgetreten sind, ist keine geringe. Abgesehen von den Predigten, welche zur Erbauung in Druck gegeben wurden, hebe ich zunächst die Schriften, deren Aufgabe in der Anleitung zum verständnißvollen Bibellesen besteht, hervor. Der görlitzer Prediger M. Christoph Wilhelm Mößler schrieb bis zum Jahre 1824 sein „Hilfsbuch für Nichttheologen und unstudirte Freunde der Bibellectüre," während 1829 M. Christian Adolph Peschecks in Zittau: „Allgemeine faßliche Anleitung zur nähern Kenntniß und zum erbaulichen Lesen der heiligen Schrift," ein von einer Gesellschaft von Bibelfreunden gekröntes Buch, erschien. Allgemeine Erbauungsbücher gab z. B. M. Theodor Sintenis († als Archidiaconus in Görlitz 1846) heraus; ich nenne dessen „der Andacht gewidmete Morgenstunden, ein Beitrag zur häuslichen Sonn= und Festtagsfeier" (1824), die „Losungsworte und Stimmen der Andacht, ein christliches Taschenbuch auf alle Tage des Jahres, für denkende Verehrer Jesu" bestimmt (1826) und endlich dessen neue Ausgabe von „Arndts wahrem Christenthum (1825)." Von Peschecks Andachtsbuche „Jesus und die Frauen" erschien 1821 in Amsterdam eine holländische Uebersetzung. — Des Katecheten M. Adolph Ferdinand Jentsch in Zittau: „Des evangelischen Christen Glaube, Wandel und Hoffnung" (2. Auflage 1822) besteht aus kurzen Sätzen und Aussprüchen der heiligen Schrift; der Prediger Johann Baptist Borott in Zittau († 1832) aber griff gewissermaßen in die Natur hinein, und suchte in den „Betrachtungen über Natur und Fürsehung" (1829) das Gemüth bei der täglichen Anschauung der Schönheit, Nützlichkeit und zweckmäßigen Einrichtung der Natur auf Gottes Weisheit und Liebe hinzulenken. Der religiösen und sittlichen Bildung und besonders der Geisteserhebung für die studirende Jugend diente auch Peschecks 1821 erschienenes Buch: „Menschenwerth in Thatsachen und Vorbildern," das den Werth des Menschenlebens überhaupt, ferner den in unsern Verhältnissen und den wir selbst erringen müssen, behandelt. Für besondere Verhältnisse schrieb M. Karl Gottlob Willkomm in Herwigsdorf; sein „Elieser" (1836) ist eine Weihnachtsgabe für Dienstboten zu Führung eines christlichen Wandels in ihrem Stande und Berufe; sein Buch: „Die Gattin im Umgange mit Gott" (1827) aber dient der frommen Hausfrau zur Erhebung und zur Tröstung bei den wichtigsten Veränderungen ihres Lebens. Unter den neuern theologischen Schriftstellern der Oberlausitz ist Dr. Karl August Wildenhahn hervorzuheben; denn die Lebensbeschreibungen christlicher Männer, welche er verfaßte, sowie sein „evangelisches Laienbrevier" (1855) haben gewiß viel zur Erbauung selbst über die Grenzen der Lausitz hinaus beigetragen. — Für die slavischen Bewohner unseres Landes schrieben schon früher die Pastoren Gottlob Hänig und Georg Möhn; der Erstere gab in Verbindung mit dem Diaconus Kapler in Bautzen eine wendische Postille heraus, und der Andere war Mitübersetzer von Luthers Hauspostille ins Wendische. Der Verein für wendische Volksbildung, die Macica Serbska in Bautzen sorgte in neuerer Zeit neben der Herausgabe wissenschaftlicher Schriften auch für Bücher, welche der religiösen Erziehung und der häuslichen Erbauung dienen; ich nenne beispielsweise neben einigen Predigten Lubenskys des Pastor Jacob Schrift: „Wie wird der Jüngling auf dem reinen Wege wandeln" (1852), und des Canonikus Buk: „Ein besonderes Geschenk für Christen" (1856), ein Buch, bei dessen Abfassung der katholische Verfasser wol vorzugsweise auf seine Konfessionsgenossen sah. Für seine böhmische Gemeinde in Zittau schrieb auch der Prediger Borott böhmisch; in dieser Sprache erschien z. B. 1830 eine Vorbereitungsschrift zum Konfessionsjubiläum. —

Neben den genannten und noch andern Büchern wurden von Oberlausitzern auch Zeitschriften, welche der christlichen Erziehung und der Erbauung dienen sollten, herausgegeben. Missionsberichte, Predigten und fromme Lieder enthält der wendische Missionsbote (Misionski posol), dessen Herausgeber 1844 der Pastor Richter in Kotitz war. Ein „Sonntagsblatt," welches religiöse Gedichte und auf die Sonntagstexte Bezug habende Abhandlungen lieferte, wurde 1829 und 30 von M. Willkomm und M. Petri herausgegeben, und endlich erschien auch 1845 unter der Redaction des Pastor Werner in Rammenau und unterstützt von mehreren oberlausitzischen Geistlichen die religiöse und kirchengeschichtliche Wochenschrift: „Der Pilger aus Sachsen." — Im Anschlusse an diese freilich nicht erschöpfende Darstellung der literarischen Thätigkeit unserer vaterländischen Geistlichen, soweit sie sich auf die Weckung und Weiterbildung des religiösen Gefühls und die häusliche Erbauung bezieht, füge ich noch die Namen einiger durch ihre Stellung hervorragender Theologen unsers engern Vaterlandes und der Verfasser streng wissenschaftlicher theologischer Schriften hier an.

Als Oberkonsistorialrath zu Dresden starb 1836 Dr. Karl Christian Seltenreich, der sich auch als preisgekrönter Schriftsteller einen Namen erwarb; geboren wurde er 1765 in Kamenz. — In Reichenbach erblickte 1793 Dr. Johann Ernst Rudolph Käuffer das Licht der Welt; nach einer Wirksamkeit als Vespertiner und Lehrer in Leipzig, als Conrector am Gymnasium zu Bautzen und als Professor und Religionslehrer an der Landesschule zu Grimma wurde er 1830 zweiter evangelischer Hofprediger in Dresden; er starb daselbst 1865 als erster Hofprediger, Konsistorial- und geheimer Kirchenrath. — In Bautzen und Grimma war auch an denselben Lehranstalten Dr. Friedrich Gotthelf Fritsche thätig; obwohl in Dresden (1799) geboren, zählen wir ihn doch zu den Landeskindern, weil er einen großen Theil seiner Jugend- und Mannesjahre in Bautzen zubrachte, und auch als historischer Schriftsteller seine Liebe zu unserm engern Vaterlande dargelegt hat; er starb 1851 als Konsistorialrath und Generalsuperintendent in Altenburg. — Ein theologischer Schriftsteller war Karl Friedrich Brescius, geboren 1766 in Budissin und gestorben 1842 als Generalsuperintendent und Konsistorialrath in Berlin. — Karl August Baumeister, ein geborner Görlitzer (1741), starb 1818 als Bischof der Brüdergemeinde in Herrnhut; er war ein sehr beliebter Prediger, denn seine Lehrvorträge zeichneten sich durch die größte Klarheit und eine vielseitige Anwendung auf das menschliche Herz aus. — Von edlen Katholiken und Protestanten, sowie von seinem Könige gleich hoch geachtet und geehrt, starb 1831 Franz Georg Lock als Domdechant zu Budissin, Prälat und Bischof von Antigone in Macedonien. Dieser edle Mann, welcher auch den protestantischen Schulen der ihm untergebenen Domstiftsdörfer große Theilnahme bewies, wurde als Sohn armer Aeltern 1751 in Wittigenau geboren. — Dr. Christian Anton August Fiedler, welcher 1771 in Budissin geboren wurde, starb 1843 als Pastor und Superintendent in Plauen im Voigtlande; der 1843 als Pastor primarius und Kreissuperintendent in Hoyerswerda verstorbene Gotthelf August Bohl wurde 1770 in dem nahen Bluno geboren. — Ein Großschönauer, der Dr. Karl Heinrich Eduard Lommatzsch wurde Professor und Mitdirector des Predigerseminars in Wittenberg; M. Christ. Gottl. John, aus Seidenberg gebürtig, starb 1829 als geistlicher Inspector und Prediger zu Schulpforta. — Mit dem in der Geschichte des vaterländischen Schulwesens anzuführenden Dr. Gottfried Erdmann Petri ist der Kirchen- und Konsistorialrath zu Fulda, Dr. Friedrich Erdmann Petri, Verfasser des Fremdwörterbuches, welcher 1776 in Budissin geboren wurde, nicht zu verwechseln. — Der ehemalige zittauer Gymnasiallehrer und spätere Professor in Jena, Dr. Leopold Immanuel Rückert, geboren 1797 in Großhennersdorf, trat bereits im Jahre 1824, als unter Anderem seine „christliche Philosophie" erschien, in die Reihe der vaterländischen theologischen Schriftsteller. Von 1831 bis 34 ließ er Kommentare über die Berichte Pauli an die Römer, Galater und Epheser folgen. — Eine „christliche Religionsphilosophie über die göttliche Verehrung Jesu, die Gefangennehmung der Vernunft, über den christlichen Glauben und das sittliche Verderben der menschlichen Natur," schrieb auch 1832 der zittauer Gymnasiallehrer Johann Gottlieb Rätze. Derselbe sprach sich dahin aus, daß es eine Pflicht des Religionslehrers sei, die biblischen Offenbarungsformen festzuhalten; aber er solle sie auch nur im biblischen Sinne und Geiste vortragen und anwenden, nicht aber in einer von Menschen aufgestellten Dogmatik, denn diese setze die Schriftlehre oft mit der gesunden Vernunft in Widerspruch und entferne dadurch Viele vom Glauben. Betont wird der Satz, daß kein wahrer vollkommener moralischer Religionsglaube möglich sei, wenn er nicht aus der christlichen Offenbarung geschöpft werde; „denn alles höhere göttliche Leben, Lieben und Wirken der Gläubigen ist eine Wirkung des Geistes Christi, der sich ihnen durch das Evangelium mittheilt."

Unter den geistlichen Liederdichtern der Neuzeit hebe ich Gottlob Adolph Ernst von Nostitz-Jänkendorf, der neben lyrischen auch religiöse Gedichte hinterlassen hat, ferner den Pfarrer Karl Gottlieb Willkomm, in dessen 1818 herausgegebenen Sammlung von Grabliedern auch mehrere gute von ihm selbst sind, und den herrnhuter Prediger Karl Bernhard Garve († 1841), welcher 1825 eine Sammlung geistlicher Lieder veröffentlichte, hervor. Frohberger ist hierbei nicht zu vergessen, obschon dessen Liedersammlung bereits 1782 erschienen ist; er starb 1827. Auch Theodor Sintenis ist als Dichter religiöser Lieder in seiner Andachtsgabe evangelischen Sinnes für Freunde häuslicher Erbauung, welche 1828 unter dem Titel: „Der Tag des Herrn" erschien, aufgetreten. Eine Sammlung geistlicher Lieder und Betrachtungen oder „Blüthen und Früchte natürlicher Dichtergabe" erschien um das Jahr 1828 von dem Tagearbeiter Johann Schuppe in Kamenz, der jedenfalls nur Bibel und Gesangbuch als Vorbilder benutzte. Reinheit des Gemüths und religiöses Gefühl sprechen sich in diesen ungekünstelten Aeußerungen einer unter ärmlichen Verhältnissen ringenden Dichterseele aus. —

Für die Hebung des Kirchengesanges ward durch Herausgabe neuer Choräle und zweckmäßiger Choralbücher gesorgt. So erschienen 1837 von August Bergt und M. Hering: „Neue Choralmelodien für das budissiner, dresdener und zittauer Gesangbuch", die insofern willkommen geheißen werden mußten, als in den Gesangbüchern zuweilen Melodien über den Liedern stehen, die blos in Ansehung des Metrums, nicht aber in Ansehung des Geistes auf dieselben passen.

Genannt zu werden verdienen Blühers 1825 erschienenes „Choralbuch zum Gebrauch für Kirchen und Schulen" und Herings „allgemeines Choralbuch" aus demselben Jahre; letzteres sollte vorzugsweise von Gesanglehrern in Schulen benutzt werden. Des Hoforganisten Gustav Merkels, eines gebornen Oberwitzers, herausgegebenes „Taschenchoralbuch" wurde 1864 vom sächsischen Ministerio den Seminaren und Lehrern empfohlen, so daß wohl anzunehmen ist, es werde auch in der sächsischen Oberlausitz die weitere Ausbildung des Kirchengesanges unterstützen helfen.

Wir wollen unsern Blick jetzt auch einigen Aeußerungen, die dem kirchlichen Sinne der Gemeindeglieder entspringen, zuwenden. Es wurde schon darauf hingewiesen, daß durch die kirchlichen Jubelfeste vieler Herzen opferwillig wurden, und in der That kann behauptet werden, daß in den beiden Jahren 1817 und 1830 an vielen Orten die Lust erwachte, die Kirchen zu verschönern. Dieselben wurden auf Kosten der Gemeinden außen und innen erneuert, wie in Görlitz, Großschönau, Jonsdorf und Lückendorf, oder die Umgebungen derselben erhielten manche Verschönerungen, z. B. in Nieder-Oberwitz; es wurden neue Kanzeln und Altäre durch Wohlthäter errichtet, wie in Reichenau; oder Künstler schenkten aus treuer Liebe an den Heimathsort Altarbilder, wie es in Reichenau und Zittau geschah. Neue Orgeln wurden aufgestellt (in Gutta) und Vereine von Jünglingen und Jungfrauen oder einzelne kirchenfreundliche Personen verehrten Leuchter (Jonsdorf, Großschönau), Altar- und Kanzelbekleidungen (in Zittau, Friedersdorf, bei Görlitz und Krischa) u. s. w.

Außerdem erhielten innerhalb der letzten 50 Jahre viele Kirchen Vermächtnisse, zum Theil mit besonderen Bestimmungen. In Lauban errichteten 1833 die Eheleute Böhmer eine Stiftung von 1000 Thalern, damit ein Wochengottesdienst in einer dortigen Kirche eingerichtet werde. Die evangelische Kreuzkirche daselbst wurde 1822 durch den Bürger Johann Gottlieb Schubert mit einem Vermächtnisse von 450 Thalern, das jedoch auch die Armenkasse und das Waisenhaus mit umfaßte, bedacht. Der Kirche zu Marklissa wurden Schenkungen von einer Frau Hauptmann Giersberg, geborene von Mobrach (300 Thlr.), sowie auch von dem 1824 verstorbenen Kaufmanne Johann Christian Lindner, der überhaupt seine Vaterstadt sehr reichlich bedachte, zu Theil. Vermächtnisse erhielten ferner die Kirche zu Meffersdorf (1844) durch den Papierfabrikanten Schmidt in Hermsdorf, die zu Alt-Gebhardsdorf (1838) durch Frau Kaufmann Emmler, geb. Heidreich, die zu Geibsdorf (1842) durch den Häusler und Weber Andreas Scholze daselbst, welcher 400 Thaler schenkte. Der Ortsrichter Hoffmann vermachte 1835 der Kirche zu Steinkirch 9115 Thaler, und mancher Lausitzer erinnerte sich bei Abfassung seines Testamentes auch der Kirche seines fernen Heimathortes. So hinterließ z. B. der Gutsbesitzer Hertel in Daubitz der Ober-Bellmannsdorfer Kirche, wo er getauft und eingesegnet worden war, eine Gabe, und der 1828 in Görlitz verstorbene Archidiaconus Gottlieb Adolph Klien schenkte außer Anderem auch der Kirche seines Geburtsortes Cunnersdorf so viel, als in seinem Vermögen stand. Nicht die Höhe der Vermächtnisse entscheidet bei der Anführung derselben, da auch die geringe Gabe das Zeugniß eines wohlthätigen Sinnes, und nicht blos die nach Tausenden zu zählende, dem Kirchenvermögen zufließende Schenkung der Ausfluß eines religiösen und kirchlichen Sinnes sein kann. Eine Anzahl von Beispielen, die ihren Weg in die größere Oeffentlichkeit gefunden haben, konnte ich nicht gänzlich übergehen, um dadurch die allgemein hingestellte Thatsache, daß sich auch in den letztverflossenen Jahrzehnten die Herzen nicht gänzlich gegen die Bedürfnisse der Kirche verschlossen haben, zu unterstützen.

Der immer größeren Ausbreitung der Kirche dient die äußere Mission. Eine hervorragende Stelle nimmt in dieser Beziehung die herrnhuter Brüdergemeinde ein, denn im Jahre 1851 hatte dieselbe 70 Missionsplätze, an denen 297 Personen angestellt waren. Die sämmtlichen Einnahmen für die Mission beliefen sich auf 86221 und die Ausgaben auf 83419 Thaler. Noch im Jahre 1849 wurde ein Platz auf Port Philipp in Neuholland mit zwei Missionaren gegründet und bald darauf schickte man auch zwei Heidenboten unter die Mongolen, wozu besonders Dr. Gützlaff, den man mit Recht den Apostel der Chinesen nennt, durch einen Vortrag im großen Betsale zu Herrnhut 1850 angeregt hatte. — Die Veranstaltungen Herrnhuts für die innere Mission, welche in der Vertheilung religiöser Schriften, in der Unterstützung durchreisender Handwerksgesellen und der Armen, sowie in der Unterhaltung des berthelsdorfer Rettungshauses besteht, will ich nur kurz erwähnt haben.

Auch die Glieder der allgemeinen evangelischen Kirche in der Oberlausitz haben sich von den Bestrebungen für die äußere Mission nicht fern gehalten. Da und dort wurden Missionsfeste unter der Betheiligung fremder Geistlichen gefeiert; in den Missionsstunden, welche von vielen Predigern für ihre Gemeindeglieder abgehalten wurden, erhielten letztere Nachricht von den Erfolgen der ausgesandten Heidenboten; ganz besonders aber suchte man durch die Gründung von Missionsvereinen für die Heidenbekehrung zu wirken. Der Missionsverein zu Seidenberg wurde z. B. 1820, der zu Lauban 1842, der hoyerswerdaer 1843 und der in Zittau 1849 ins Leben gerufen. — Unter den geborenen Oberlausitzern, welche unabhängig von der Brüdergemeinde als Missionare innerhalb der letzten Jahrzehnte hindurch gewirkt haben, nenne ich hier folgende mir bekannt gewordene: Heinrich Julius Berger, der Uebersetzer der Bibel und evangelischer Kirchenlieder in die Dajakensprache, geboren in Lissa bei Görlitz, starb 1845 auf der Insel Borneo. Christian Friedrich Heinze, geboren 1804 in Cunewalde und in Basel gebildet, arbeitete 1832 auf dem dänischen Antheile der Goldküste. Johann Gottlieb Linke (geb. 1804 in Belwitz) und Karl Benjamin Leupold (geb. 1805 in Reichenau), welche ebenfalls ihre Ausbildung in Basel empfangen hatten, waren 1832 in Ostindien, der Eine zu Burdwan, der Andere zu Penares thätig.

Die evangelische Kirche hat nicht allein die Aufgabe, ihre Lehre unter den fernen Heiden zu verbreiten, sondern sie muß auch darauf bedacht sein, den armen Glaubensgenossen, welche mitten unter einer katholischen Bevölkerung treu geblieben sind, thatkräftig und helfend zur Seite zu stehen. Diese schöne Aufgabe haben sich die aller Orten gebildeten Gustav-Adolph-Vereine gestellt. Es kam nicht blos darauf an, dem glaubensstarken und heldenmüthigen Schwedenkönige ein steinernes Denkmal zu errichten (die sächsische Oberlausitz steuerte dazu 1833 an freiwilligen Gaben 775 Thaler bei), sondern es galt sein Andenken noch viel fester und dauernder herzustellen. Deshalb folgten auch viele Christen der Oberlausitz dem Aufrufe, und es entstanden Gustav-Adolph-Vereine zu Görlitz, Lauban, Zittau, Bautzen, Löbau, Kamenz, Bernstadt und Pulsnitz. Die Scherflein, von den einzelnen Mitgliedern derselben freiwillig gesteuert, haben mit dazu beigetragen, daß manche kleine Gemeinde andern Landes sich ein eigenes Gotteshaus erbauen und einen Prediger und Lehrer anstellen konnte. In der Theilnahme für die Bedürftigen spricht sich der wahre Christensinn und das Zeugniß aus, daß die Lehrer an Schule und Kirche nicht umsonst in den Gemeinden gearbeitet haben.

Wir gelangen jetzt zu einer zweiten Veranstaltung, durch welche allgemeine Bildung in das Volk verpflanzt wird, das ist

die Schule.

Die Entwickelung derselben innerhalb des letzten Zeitraumes in unserer Oberlausitz vorzuführen, mag nach verschiedenen Richtungen hier unternommen sein. Vorausschicken will ich die statistischen Angaben aus der neuern Zeit, um dann erst die Geschichte des Volks- und höhern Schulwesens, soweit das letztere nicht den besonderen Zweigen der Industrie dienstbar ist, anzuschließen.

In dem kirchlich-statistischen Handbuche für das Königreich Sachsen (1865) werden in dem Markgrafthume Oberlausitz außer zwei Gymnasien und einer Realschule 215 evangelische Schulen, als 13 Stadt-, 87 Kirch- und 112 Nebenschulen, eine Waisen- und zwei herrnhutische Erziehungsanstalten angeführt. Königlichen Patronats sind deren 9, Privatpatronats 333 Schulstellen. Die katholische Bevölkerung hat 24 Schulen, von denen 15 Haupt- und 9 Nebenschulen sind. Der Lehrerbildung dient ein evangelisches und ein katholisches Seminar, ersteres mit einer Proseminar-, letzteres mit einer Seminar- und Gymnasial-Präparandenanstalt. — Die preußische Oberlausitz besitzt zwei Gymnasien, eine Realschule und 253 Volks- oder Elementarschulen, wovon 17 der katholischen Konfession angehören. Für die Lehrerbildung sorgte vorzugsweise das Seminar zu Bunzlau; seit 1858 hat die Provinz auch ihr eigenes Seminar zu Reichenbach erhalten.

Bei der Darstellung der Geschichte des oberlausitzischen Schulwesens beginne ich mit den Volksschulen und verweile dabei bei den Lehrerbildungsanstalten, bei den in das Gebiet der Elementar-Unterrichts- und Erziehungskunde einschlagenden literarischen Erscheinungen, und bei den Lehrern selbst und ihren Schulen. Der Sechsstadt Zittau, in welcher von jeher ein reger, wissenschaftlicher Sinn und Bildungseifer gewaltet hat, gebührt der Ruhm, das erste und mehrere Jahre hindurch auch das einzige Seminar unserer Provinz gegründet zu haben. Den 13. Oktober 1811 wurde es eröffnet, und die Direction desselben führte neben einem geistlichen Vorsteher der jedesmalige Director der allgemeinen Stadtschule. Im Jahre 1828 entstand auch eine Präparandenanstalt, welche schon 1829 mit der neu errichteten Realklasse der Bürgerschule, 1836 aber mit der Königlichen Gewerbeschule in der Weise verbunden wurde, daß ihre Zöglinge, von dem mathematischen Zeichnen abgesehen, gleichen Unterricht mit den Gewerbschülern empfingen. Im Allgemeinen war der Lehrplan der Präparandenanstalt auf zwei Jahre berechnet, während der Besuch des Seminars bis 1829 ein drei- und später vierjähriger war. Als 1817 das landständische Seminar in Budissin gegründet wurde, verblieb dessenungeachtet der zittauer städtischen Anstalt ihre Selbstständigkeit, so daß es jedem künftigen Lehrer der sächsischen Oberlausitz freistand, sich seine Bildung daselbst zu erwerben. Gesorgt wurde für letztere in 28 bis 30 Unterrichtsstunden durch die Anleitung zu schriftlich abgefaßten Katechisationen, durch Uebungen im deutschen Styl und in der Lehrmethode. — Erster Direktor war Johann Adolph Friedrich Krug. Zwar kein Lausitzer von Geburt, ja nicht einmal bis zu seinem Tode unserer Provinz angehörig, zählen wir ihn dessenungeachtet gerne zu den Unsrigen, denn den schönsten Theil seiner amtlichen Thätigkeit entfaltete er in Zittau. Neben der Theologie hatte er in Leipzig fleißig Naturkunde, Anatomie und Physiologie studirt und sich auf diese Weise zum Lehrer und Erzieher vorbereitet. Schon in Messersdorf, wo er bei dem gelehrten und edlen Traugott von Gersdorf als Hauslehrer wirkte, entstand sein erstes „Lehr- und Lesebuch," welches die achtunggebietende Stelle in den pädagogischen Kreisen anbahnte, die Krug als Erfinder einer neuen Lesemethode lange Zeit hindurch behauptet hat. Vor seiner Anstellung in Zittau war er in der Schweiz bei Pestalozzi und Fellenberg; von 1819 an, in welchem Jahre er Zittau verließ, wirkte er in Dresden als Direktor einer neugegründeten höhern Bürgerschule; doch mag er in seinen spätern Lebensjahren mit Bedauern auf diesen Amtswechsel hingeblickt haben, denn enttäuscht und in äußere Noth versetzt, starb er als Emeritus 1843. — Erster geistlicher Vorsteher war der damalige Katechet, spätere Pastor primarius und im Jahre 1832 als Kirchen- und Schulrath nach Budissin berufene Dr. Gottfried Erdmann Petri. Er unterrichtete zugleich in Religion und Katechetik, begründete die zittauer Lehrerkonferenzen und eine Schullehrerbibliothek, und hat sich schon durch diese seine Wirksamkeit, abgesehen von seiner spätern ausgebreiteten Thätigkeit, ein segensreiches Andenken gesichert.

Es war eine nicht genug zu preisende Fügung, daß an der Spitze des Lehrerpersonals gleich am Anfange zwei Männer standen, welche neben reichem Wissen zugleich auch einen hohen Grad von pädagogischer Einsicht und volle Hingabe an ihren wichtigen Beruf besaßen. Neben ihnen aber muß ich die Erinnerung an einen Mann hier auffrischen, der als königlicher Bevollmächtigter sich insbesondere um die Förderung der genannten Anstalt und überhaupt um Hebung des Volksschulwesens in der Oberlausitz sehr verdient machte. Es ist dies Karl Gottfried Herrmann, geboren 1753 in Bischofswerda und gestorben als emeritirter Oberamts-Regierungsrath 1834. Er war ein sinniger Beobachter der Mängel des Volksschulwesens, und um Erfahrungen zu sammeln, unternahm er schon 1808 eine pädagogische Reise zu Pestalozzi, als deren Ergebniß von ihm ein gedruckter Bericht an die oberlausitzische Gesellschaft der Wissenschaften erschien. Dem zittauer Landschullehrer-Seminare vermachte er tausend Thaler.

Nach Krugs Abgange wurde Karl Wilhelm Burbach Seminar- und Schuldirektor. Als Lehrer thätig gewesen unter Plato in Leipzig und dann in Sorau, verstand er es, die ihm in Zittau anvertrauten Schulanstalten einen immer größeren Umfang und größere Tüchtigkeit gewinnen zu lassen. Es berührt uns hier weniger, daß er 1836 auch die Leitung der neugegründeten königlichen Gewerbeschule anvertraut erhielt, die er mit der allgemeinen Bürgerschule eine Realklasse verband; wichtiger ist es uns zu hören, daß 1825 durch ihn eine Seminarschule, welche den Seminaristen zur Uebungsschule diente, eingerichtet ward. Als er 1842 starb, wurde ihm an heiliger Stätte nachgerufen, daß er ein sorgenvolles, bewegtes und mühereiches, aber auch ein noch am Schlusse mit Gottes Gnade gekröntes Leben geführt habe. Burdachs Stelle füllte von 1843 der bisherige Seminarlehrer in Budissin, Karl Heinrich Brösing aus. Gesagt wird von ihm, daß er seine Schüler an scharfes Denken gewöhnt und ihrer Charakterbildung vollen Raum gelassen habe. — Wer aber wollte jetzt nicht eines Mannes gedenken, der seit Gründung des zittauer Seminars Lehrer an demselben, ja der seit Petris Abgange 1832 geistlicher Vorsteher der Anstalt gewesen war? Ich meine den nun auch in Gott ruhenden Dr. Christian

Adolph Pescheck. Er war ein Lehrer, der auch noch den herzlichsten Antheil an seinen Schülern nahm, nachdem dieselben längst von ihm geschieden und in öffentlichen Aemtern thätig waren. Sein Ruhm als Geschichtsforscher ragt weit hinaus über die Grenzen unsers Heimathlandes. Wie eine Biene, die überall Honig sucht und unermüdet schafft, so war der Mann, und darum war er in der gewissenhaften Ausnutzung der Zeit seinen Schülern ein schwer zu erreichendes Vorbild. In einer 1829 erschienenen Gelegenheitsschrift führt Pescheck die Verdienste lausitzischer Schriftsteller um die deutsche Jugend an, und er selbst war ein solcher verdienstvoller Schriftsteller, wie schon seine „Kinderreisen," die ich statt alles Anderen an dieser Stelle nennen will, uns beweisen können. Auf dem Oybin, wo Pescheck's Büste 1861 feierlich enthüllt wurde, wird vielleicht gar mancher seiner Schüler lebhafter als je an den erinnert werden, der ihm als Lehrer ein Beispiel außerordentlichen Fleißes vorlebte.

Wie gerne würde ich alle die Männer hier nennen, die wahrlich nicht eines irdischen Gewinnes wegen, sondern aus Liebe zur Sache der Volkserziehung, durchglüht von Eifer für eine immer größere Entwickelung des Volksschulunterrichts, in dem Seminare lehrten, welche Samen ausstreuten, je nach ihrer Begabung, der schon hundertfältig Frucht getragen hat. Da wäre ein Karl Gottlieb Hering, der aus der Fülle seiner musikalischen Kenntnisse pädagogischweise austheilte, ein Dr. Karl Gottlob Hergang, dem wir unter den pädagogischen Schriftstellern unserer Provinz wieder begegnen werden; ein Seidemann, welcher seit 1836 Geschichte, Geographie und Naturkunde lehrte und es verstand, die Zöglinge in einer Weise anzuregen, daß er wohl niemals über Unaufmerksamkeit derselben klagen durfte. Der Pastor primarius Dr. Klemm erklärte in dem letztgenannten Jahre die deutschen Klassiker, während ein Jahr vorher der Gymnasialdirector Lindemann den für die Landschullehrer so wichtigen Unterricht in der Obstbaukunde angeregt und freiwillig übernommen hatte. Doch der mir zugemessene Raum fordert Beschränkung, weshalb ich andere Namen übergehen muß, welche ganz gewiß in den Herzen der dankbaren Schüler fortlebten und noch fortleben. Michaelis 1857 wurde das Seminar in Zittau, da es eine der neuen sächsischen Seminarordnung entsprechende Einrichtung nicht erhalten konnte, durch Verordnung des königlichen Kultusministerii aufgelöst.

Am 1. October 1817 war in Budissin das von den Landständen der sächsischen Oberlausitz errichtete und größtentheils von ihnen aus eignen Mitteln erhaltene Seminar eröffnet worden. Ein lange gehegter Wunsch ging damit in Erfüllung; denn schon im vorigen Jahrhunderte hatten sich die Stände des gesammten Markgrafthums mit dem Plane beschäftigt, eine Anstalt für Bildung tüchtiger Volksschullehrer zu gründen, und im Jahre 1798 waren die dazu bestimmten Ersparnisse auf 10300 Thaler angewachsen. Unter den Wohlthätern der neugegründeten Anstalt ist der am 13. December 1833 verstorbene Hauptmann Karl Gottlob Ferdinand von Nostitz auf Weigsdorf mit Köblitz und Schönberg hervorzuheben; derselbe hinterließ dem Landschullehrer-Seminare zu Budissin die Summe von 20000 Thalern und zwar so, daß davon 5000 Thaler zur Gewinnung eines bessern Locals für die Anstalt, die Zinsen von 5000 Thalern zur besseren Besoldung der bereits angestellten oder noch anzustellenden Lehrer, und die Zinsen von 5000 Thalern zur Unterstützung der würdigsten Seminaristen, sofern sie dessen bedürften, bestimmt sein sollten. — In der königlichen Urkunde vom 17. November 1834, welche die Vereinbarung der oberlausitzischen Provinzialverfassung mit der Gesammtverfaſſung des Königreichs in den einzelnen Punkten feſtſetzt, wird ausdrücklich der Fortbeſtand des landſtändiſchen Seminars „in der bisherigen Maaße" gewährleiſtet und geſagt, daß die Theilnahme der Stände des Landkreiſes an deſſen Direction und der Verwaltung ſeines Fonds unverändert bleibe. Da aber einerſeits dieſer Fond, welcher aus milden Stiftungen und freiwilligen Beiträgen erwachſen ſei, nicht ausreiche, und daher durch höhere Verzinſung eines Theils ſeiner zu der Landſteuerkaſſe gezogenen Kapitale mit 4 bis 5 vom Hundert, ſowie durch jährliche Zuſchüſſe aus ſelbiger unterſtützt werden müſſe, auch andererſeits die Anſtalt, als die einzige im Königreiche, wo Lehrer für die wendiſchen und katholiſchen niedern Schulen gebildet würden, zugleich einem Bedürfniſſe der Erblande abhelfe, ſo ſei bedungen worden, daß die in der Landſteuerkaſſe ſtehenden Kapitale der Anſtalt von der Staatsſchuldenkaſſe ganz in der Maaße und zu derjenigen Verzinſung, wie ſolche bisher ſtattgefunden habe, unablöslich übernommen werden ſollten. Das ſind die Worte jener Urkunde, aus denen zu erſehen iſt, welche Wichtigkeit die Staatsregierung grade dieſem Seminare beilegte. Seit dem October 1857 iſt von demſelben auch ein neues, ſtattliches Gebäude bezogen worden, die Anſtellung der Lehrer aber erfolgt in der Weiſe, daß für die vier Hauptlehrerſtellen das Kollaturrecht den Landſtänden des Landkreiſes, für die Hilfslehrerſtellen und die Lehrerſtelle am Proſeminare aber dem ſächſiſchen Miniſterio des Kultus zukommt. Die in der vorhin angezogenen Urkunde ausgeſprochene Thatſache, daß in derſelben Anſtalt neben evangeliſchen auch katholiſche Zöglinge zu Lehrern herangebildet würden, beſteht ſeit Oſtern 1851 nicht mehr; denn zu dieſer Zeit wurde in Budiſſin ein zweites Seminar zur Bildung von Lehrern für katholiſche Schulen in der ſächſiſchen Oberlauſitz und den Erblanden eröffnet.. — Da der Forderungen, welche in der Neuzeit an die Volksſchullehrer hinſichtlich ihrer theoretiſchen und praktiſchen Bildung geſtellt werden, andeutungsweiſe bei der Angabe der Lehrfächer im zittauer Seminare bereits gedacht wurde, ſo kann ich hier darüber weggehen; denn im Weſentlichen wurden auch in dem landſtändiſchen Seminare zu Budiſſin dieſelben Gegenſtände eingeführt und die Zöglinge durch einen vierjährigen Unterricht, zu welchem ebenfalls Uebungen in der mit der Anſtalt verbundenen Seminarſchule kamen, für ihren Beruf vorbereitet. Aber aus der Reihe der verdienſtvollen Arbeiter hebe ich einige Namen, die in weiteren Kreiſen durch ihre ſchriftſtelleriſchen und künſtleriſchen Leiſtungen genannt werden hervor. Am längſten wirkte als Direktor an der Anſtalt Johann Gottlieb Dreßler, geboren 1799 in Neukirch am Hochwalde, geſtorben 1867 nach einem faſt neunjährigen Ruheſtande, in welchen der offene Verfechter von Benekes Pſychologie durch die Verhältniſſe gezwungen treten mußte. Als am 1. Oktober 1867 mehr als hundert ehemalige Zöglinge des Seminars zur 50jährigen Jubelfeier der Anſtalt ſich verſammelt hatten, da gedachten dieſe ganz beſonders ihres treuen Lehrers Dreßler und ſeines Schülers, Freundes und ſpäteren Mitarbeiters Johann Friedrich Traugott Ruffany. Der Letztere (geb. 1822 in Kamenz) war von 1849 an in der Anſtalt thätig und wirkte beſonders durch ſeine lebensfriſchen Vorträge und durch das Beiſpiel ſeines Bienenfleißes. — Als Componiſten erwarben ſich Auguſt Bergt (geb. 1772 in Oederan, geſt. 1837), ſowie ſein Nachfolger, der noch gegenwärtig an dem Seminare als Muſiklehrer thätige Karl Eduard Hering (geb. 1809 in Oſchatz) in weiteren Kreiſen Anerkennung und Freunde. —

Da das bunzlauer Seminar ſeit längerer Zeit nicht im Stande war, das

Bedürfniß an Lehrern für den liegnitzer Regierungsbezirk und den ihm zugehörigen preußischen Antheil der Oberlausitz zu decken, sahe sich die Regierung genöthigt, am 5. Juli 1858 in Reichenbach eine Präparandenanstalt zu eröffnen, aus der sich 1862 ein Seminar herausbildete. Die Bildungszeit für die Zöglinge wurde anfangs auf nur zwei Jahre festgesetzt, mit der Bestimmung jedoch, daß dieselbe von 1867 an eine dreijährige werden solle. Zu den Kosten für das aufgeführte Gebäude lieferten die Landstände die Summe von 20000 Thalern, und sie verpflichteten sich außerdem zu einer jährlichen Unterstützung von 500 Thalern. In Folge dessen wurde ihnen zugestanden, daß ein besonderes „Kuratorium" aus ihrer Mitte sich von dem Zustande und den Leistungen der Anstalt in fortgesetzter Kenntniß erhalten und „daß dasselbe jederzeit an die dem Seminare vorgesetzte Aufsichtsbehörde Anträge richten, auch derselben über seine die Seminaranstalten betreffenden Wahrnehmungen Mittheilung machen dürfe." Eine unmittelbare Einmischung in die Verwaltung der Anstalt wurde jedoch davon ausgeschlossen. Neben der genannten Unterstützung von Seiten der Landstände des Markgrafthums verpflichteten sich die Städte Görlitz, Lauban und Reichenbach zu bestimmten jährlichen Beiträgen in der Gesammthöhe von 456 Thalern, so daß für die Staatskasse zur Zeit noch eine Beihülfe von jährlich 4874 Thalern übrig bleibt.

Neben den Seminaren wirken noch andere Factoren auf den Lehrer ein. An die Stelle des von den Lippen strömenden lebendigen Wortes tritt das geschriebene Wort, treten die Bücher. Gerade in der Geschichte des Schulwesens spielt die pädagogische Literatur eine nicht zu unterschätzende Rolle, und es müssen daher an dieser Stelle die in das Gebiet der Unterrichts- und Erziehungskunst einschlagenden literarischen Erscheinungen, soweit sie von Männern der Lausitz ausgegangen sind, genannt werden. Neben bedeutenderen Erscheinungen des Büchermarktes wird auch manches Unbedeutende mit unterlaufen; hier muß es genannt werden, während es in einer Geschichte des deutschen Schulwesens und speziell der deutschen Volksschule wohl kaum Erwähnung finden dürfte.

Im Jahre 1826 ließ der Kirchen- und Schulrath Gottlob Leberecht Schulze „die vorzüglichsten Gegenstände des Landschulwesens und der Verbesserung desselben mit besonderer Rücksicht auf die königlich sächsische Oberlausitz" erscheinen. Das Buch behandelt die Landschule als Volksbildungsanstalt, die Landschulkinder, den Schulunterricht und die Schulzucht, den Schullehrer, das Schullokal, und endlich die Mittel und Bedingungen, durch welche die vollständige Erreichung des Zwecks der Landschulen möglich wird. Eine reiche Erfahrung stand dem Verfasser zu Gebote, denn Plato und Dolz, unter denen er seine Amtsthätigkeit in Leipzig begonnen, waren ihm vor Augen stehende Vorbilder im ersten Schulamte, das er, ehe er zum geistlichen Berufe überging, mit dem Subrectorate am Lyceo in Schneeberg vertauscht hatte.

Der schon genannte Dr. Karl Gottlob Hergang, geboren in Zittau 1776 und gestorben in Budißin als Archidiaconus 1850, schrieb schon 1819 „über Schuldisciplin. Ideen und Vorschläge, besonders für Lehrer an allgemeinen Stadtschulen." Die Ideen über Schuldisciplin sind darin geordnet: 1. in Beziehung auf den Zweck, den sie erreichen soll, 2. auf die Subjecte, welche discipliniren und disciplinirt werden sollen, und 3. auf die Mittel, welche dazu als zweckmäßig erscheinen. — Hergang war überhaupt ein fleißiger pädagogischer Schriftsteller; im Jahre 1839 gab er einen literarischen Wegweiser für Lehrer unter dem Titel: „Handbuch der pädagogischen Literatur" heraus, und 1840 erschien von ihm der erste Band der weit bekannten „pädagogischen Real-Encyklopädie oder encyklopädisches Wörterbuch des Erziehungs- und Unterrichtswesens und seiner Geschichte." — Ein Mitarbeiter des genannten Werkes und überhaupt ein fleißiger pädagogischer Schriftsteller in verschiedenen Zeitschriften war M. Friedrich Liebegott Prätor, der als emeritirter Conrector der löbauer Bürgerschule 1843 in Budissin starb. Er verfaßte eine Geschichte der löbauer Schule fürs lausitzische Magazin, in welches auch M. Sigismund Bornemann, der verdienstvolle Begründer des Volksschulwesens in Budissin eine ähnliche Arbeit über die von ihm geleiteten Schulanstalten lieferte. — Unter den Geistlichen, welche auf dem Gebiete der Pädagogik als Schriftsteller thätig waren, muß auch der Oberpfarrer Ernst Mende in Seidenberg genannt werden, von welchem 1840 „der Gehorsam in der Erziehung" erschien. —

Ein Beitrag zur Pastoralklugheit, wie auf dem Titel steht, aber gewiß auch ein Beitrag zur Schulkunde ist die in dem letztgenannten Jahre von dem damaligen Diaconus Kirsch in Königsbrück herausgegebene Schrift: „Die Aufsicht der Geistlichen über die Volksschule, nach den Grundsätzen des deutschen Schulrechtes." — Theilnahme für die Schule erweckte jedenfalls die im Jahre 1833 erschienene Schrift des löbauer Directors M. Friedrich Junge: „Die Schule, ein Gemeindegut." Es wird ihr darauf hingewiesen, daß die Schule keine von der allgemeinen Wohlfahrt abgesonderte Interessen erstrebe, um als eine besondere Körperschaft nur ihren Vortheil und ihre Rechte zu wahren; schon Luther sage, das sei einer Stadt bestes und allerreichstes Gedeihen, Heil und Kraft, daß sie viel feiner, gelehrter, vernünftiger, ehrbarer, wohlerzogener Bürger habe; daß man das Schulgeld nicht als eine lästige Steuer ansehen solle, da man doch die andern Ausgaben für Kinder, z. B. für Nahrung und Kleidung, nicht als solche betrachte. —

Wenn ich die Schrift Karl Preuskers: „Ueber Jugendbildung, zumal häusliche Erziehung," erschienen 1837, hier mit anführe, so geschieht es, um eines Mannes Verdienste zu würdigen, der zwar kein Lehrer von Beruf, aber dessenungeachtet als Schriftsteller für Volkswohl ein Lehrer geworden ist. Viel genannt ist Preusker, der 1786 in Löbau geboren wurde und noch jetzt in Großenhain als emeritirter Rentaitmann nach unermüdeter Thätigkeit des Alters Ruhe genießt, durch seine auf Fortbildungsschulen, öffentliche Bibliotheken, Vereine und andere Förderungsmittel des Gewerbfleißes und allgemeine Volksbildung gerichteten Bestrebungen. —

Für einen speziellen Theil der Erziehung schrieb 1853 der zittauer Elementarlehrer J. G. Mönch; seine „Organisation der Armenerziehung, in ihrer Nothwendigkeit und ihren Grundzügen," bezeichnete er als einen Beitrag zur Minderung des Proletariats. — Dreßlers „Beneke, oder die Seelenlehre als Naturwissenschaft," seine „practische Denklehre," und seine „Grundlehren der Psychologie und Logik," sowie auch Raues, für Lehrer nach methodischen Grundsätzen bearbeitete „neue Seelenlehre Dr. Beneckes," welche 1847 in erster Auflage erschien, haben gewiß sehr viele Volksschullehrer über wichtige Erziehungsfragen aufgeklärt oder wenigstens die geistige Trägheit gehoben und zum Nachdenken angeregt. — Zur Literatur über die Methodik des Unterrichtes haben ebenfalls viele lausitzische Lehrer beigetragen. Krugs Verdienste um die Lehrmethode sind schon früher angedeutet worden. Der Lehrer an der Bürger- und Armenschule in Budissin M. Ernst Bertraugott Zehne verfaßte einen „Leitfaden für Sprachschüler von 5 bis 10 Jahren oder ein A B C der deutschen Sprache," ein Schulbuch, welches 1820, in demselben Jahre, als Zehme als Lehrer an die königlichen Anstalten nach Bunzlau ging, in zweiter Auflage erschien. Ein „erstes Lese- und Sprachbuch für Bürger- und Landschulen" gab auch 1823 der damalige Subdirector an der Stadtschule in Kamenz, Friedrich August Pachaly heraus. Es sollte, indem es zunächst vom Buchstaben-, Silben- und Wörterlesen ausging, als Leseübungsbuch und nachher als Leitfaden beim fortgesetzten Sprachunterrichte benutzt werden. — Ein „erstes Uebungsbuch für Leseschüler," das sich in der sächsischen Oberlausitz bis in die neueste Zeit erhielt und erst durch „Lebensbilder verdrängt wurde, ferner „Wandtafeln, zur Erleichterung der ersten Leseübungen," und eine „Legographologie, oder Anleitung zu einer gründlichen und naturgemäßen Behandlung des Elementarunterrichts im Lesen und Rechtschreiben" hatte der Kirchen- und Schulrath Dr. Schulze verfaßt. Von dem letztgenannten Werke machte der Seminardirector Dreßler einen für die Bedürfnisse der Elementarschullehrer und Seminaristen berechneten Auszug, welcher 1836 unter dem Titel: „Anleitung zu einer gründlichen und naturgemäßen Behandlung des Elementarunterrichts im Lesen und Rechtschreiben" erschien. Das Buch behandelt nach einer Einleitung die Fragen: Was soll der Elementar-Leseunterricht leisten? In welche Verbindung ist derselbe mit den übrigen Elementar-Unterrichtsgegenständen, namentlich mit den orthographischen Elementarübungen zu bringen? und es schließt mit Bemerkungen und Andeutungen, den zweckmäßigen Gebrauch des ersten Lesebuchs für Leseschüler und der dazu gehörigen Wandtafeln betreffend. Für die auf dem budissiner Seminar unter Dreßlers Leitung gebildeten Schullehrer war das Buch fast unentbehrlich, und auch heute noch wird man trotz neuer Lesemethoden sehr viel aus demselben lernen können. Dreßler klagt darin in der Vorrede, daß es unglaublich sei, mit welcher Nachlässigkeit das Lesen in vielen Schulen betrieben werde, wie gedankenlos viele Lehrer eine Sache behandelten, die für den nachdenkenden Mann so einfach in ihren Erfordernissen, so leicht in ihrer Ausführung sei, sobald es nicht an Ernst und Besonnenheit im Verfahren fehle. Interessant ist ein Satz am Schlusse, der ein Schlaglicht auf die Befähigung und Strebsamkeit früherer Elementarlehrer wirft. Dreßler sagt, daß er sich bewußt sei, die Darstellung, so viel ihm nur immer möglich gewesen sei, lichtvoll und fließend gehalten zu haben, so daß man sich, wofern man nur Interesse für die Sache mitbringe, schwerlich beim Lesen langweilen, noch um den Sinn verlegen sein werde, obschon die Schullehrer noch nicht gänzlich ausgestorben seien, welche diesen Auszug ebenso wenig, als die Urschrift, nämlich die Legographologie des Kirchen- und Schulrath Schulze verstehen möchten.

Das unter dem Titel: „Gutmann oder der sächsische Kinderfreund" für Bürger- und Landschulen bearbeitete Lesebuch des Rectors Karl Traugott Thieme zu Löbau, in erster Auflage erschienen 1793, gab noch in 11. Auflage 1836 Christian Dolz heraus. Die Kinder sollten in diesem Buche nicht blos lesen, d. h. Silben und Worte aussprechen lernen, sondern durch dasselbe sollten auch ihre Vorstellungen von den darin behandelten Sachen erweitert und berichtigt werden. In beiden Theilen des Buches, — der zweite enthält Stoffe, in welchen Kinder über sittliche Gegenstände denken und urtheilen lernen, — ging der Verfasser nicht aus der Kinderwelt heraus; er führte deshalb nicht Könige und Kriegshelden, nicht Gelehrte und Weltweise, nicht Ketzerverfolger und Märthrer, sondern hauptsächlich Kinder redend und handelnd ein, und in der Sittenlehre brachte er seine Beispiele von kriegerischer Tapferkeit, von ehelicher Treue und dergleichen Tugenden, die blos dem männlichen Alter und dem bürgerlichen Leben eigen sind. Als der schwerste Theil der Arbeit galt dem alten Rektor mit Recht die Wahl des Ausdrucks, und Dolz erzählt, daß es sich sein Lehrer Thieme nicht verdrießen ließ, oft ganze Tage über den Bau eines Satzes nachzusinnen; daher ist das Buch, wie alle Schriften unsers vaterländischen Schulmannes, in Rücksicht ihres Styls und Inhalts mit einer Genauigkeit gearbeitet, welche man in nur wenigen Jugendschriften wiederfindet.

Der schon vorhin genannte Subdirektor Pachaly in Kamenz gab 1832 eine „Orthographie der deutschen Sprache nach einer naturgemäßen Methode für Stadt= und Landschulen heraus"; einer höhern Stufe des Sprachunterrichtes aber sollte des görlitzer Oberlehrers A. A. Heinze „theoretisch=praktische Anleitung zum Disponiren" (1850) dienen, indem dieselbe auch eine „Vorschule für logisch=richtiges Denken, für geordnet=schriftliche Darstellung und für den freien mündlichen Vortrag" genannt wird.

Für den elementaren Unterricht im Schönschreiben arbeitete der Schreiblehrer an der bautzener Bürgerschule und am Seminare, Zumpe, dessen Name mit seinem Duktus noch hin und wieder genannt wird. Von ihm erschien 1838 der „Elementar=Unterricht in der deutschen Kurrentschrift, mit besonderer Berücksichtigung ihrer nächsten Abstammung," ein Leitfaden nebst Vorschriften. Noch in der neuern Zeit, vielleicht vor 12 bis 15 Jahren erschienen von dem jetzigen Oberlehrer Ernst Scholze in Bautzen „Vorlegeblätter deutscher Kurrentschrift im Zump'schen Duktus."

Der Arbeiten, durch welche der Choralgesang in den Volksschulen gefördert werden sollte, ist schon theilweise gedacht worden. Ich nenne noch des Cantor Schönfelder in Bernstadt 1832 erschienene „Choralmelodien zum bernstädter Gesangbuche," für seine Schüler bestimmt. M. Karl Gottlieb Hering ist der Herausgeber eines für Gesanglehrer in Schulen bestimmten „Choralbuchs", sowie eines „Singbüchleins zur Vorbereitung auf den Choralgesang," bestimmt für die Unter= und Mittelklassen der Stadt= und Landschulen. Ersteres erschien 1825, letzteres 1833. Von dem Schullehrer Preibsch in Althörnitz wurden 1825 „Gesänge der Tugend, Unschuld und Freude, für Kinder gesammelt," herausgegeben, und Bergt schrieb „Etwas zum Choral und dessen Zubehör," ein Büchlein, das er besonders für seine Seminaristen bestimmt hatte.

Ich halte mich hier nur innerhalb der Grenzen, welche nicht über die Bedürfnisse der Volksschule hinaus gehen, da ich nicht eine Zusammenstellung der oberlausitzischen Literatur für Musik überhaupt liefern will. Uebrigens wird auch in der engen Begrenzung jedenfalls manche Leistung fehlen, die mir bei dem literarischen Reichthume der Neuzeit sehr leicht entgehen konnte.

Für Lehrer insbesondere bestimmt sind die im Jahre 1856 von dem ehemaligen bautzener Kirchenrathe Dr. Gilbert herausgegebenen „beiden Katechismen Luthers und die augsburgische Confession." Sie sind mit erläuternden Anmerkungen und einer kurzen geschichtlichen Unterweisung versehen. — Der in weiten Kreisen als verdienstvoller Schriftsteller bekannte Kirchen= und Schulrath Dr. Wildenhahn hat nicht blos durchs gesprochene Wort, sondern auch durch seine literarischen Leistungen speziell zur Lehrerbildung beigetragen. Ich nenne hier seinen „Hausprediger, eine kurze und erbauliche Erklärung der sonn= und festtägigen Predigttexte nach dem sächsischen Perikopenbuche," — Gehen wir um einige Jahrzehnte zurück, so begegnen wir mehreren von Lausitzern verfaßten Schriften, welche insbesondere der religiösen Unterweisung in den Volksschulen zu Grunde gelegt oder von den Lehrern bei ihren Vorbereitungen benutzt werden sollten. Ich nenne M. August Küchenmeisters, Pastors in Gebhardtsdorf „kleinen Katechismus Dr. Martin Luthers, für Bürger- und Landschulen bearbeitet, und mit einem kurz gefaßten Religionsunterrichte und einer Sammlung von biblischen Sprüchen, Liederversen, Schulgebeten und Gesängen versehen," der vielfach in den Schulen eingeführt wurde und dessen vierte Auflage 1821 erschien.

M. Christian Wilhelm Plößler schrieb 1826 für Lehrer an deutschen Volksschulen „Basilius Magnus, eine Sammlung von edlen Zügen aus der Heidenwelt, als erläuternde Belege zur christlichen Sittenlehre."

Doch es würde zu weit abführen, wenn ich diese, der religiösen Erkenntniß und Unterweisung dienende Literatur weiter verfolgen wollte; ebenso muß ich alle die Schriften, welche das private Studium des Lehrers in seinen Mußestunden lenken, ihn für irgend ein Lieblingsfach begeistern sollten, — als Beispiel nenne ich nur die von dem lausitzischen Arzte Rückert geschriebene Flora von Sachsen, die auf dem Titel ausdrücklich auch für Lehrer bestimmt wurde, — hier übergehen. Durch den Abschnitt über die oberlausitzische Literatur der letzten 50 Jahre wird diese Lücke ausgefüllt. Ich eile zum Schlusse. Mancher lausitzische Volksschullehrer hat in den letzten Jahren gar fleißig die Feder geführt und die pädagogische Literatur durch größere und kleinere Aufsätze, ja er hat, indem er ernsthaft einer Frage nachging, sich insbesondere selbst dadurch bereichert. — In den Kreis der Erziehungsfragen wurde von Behörden und Lehrern auch die körperliche Ausbildung der Kinder gezogen, und es haben sich die Lehrer der Oberlausitz dieser Seite der Pädagogik nicht abgewendet.

Als Schriftsteller für das Turnen der Kinder traten die Turnlehrer Carl Buhle in Bautzen und A. M. Böttcher in Görlitz auf; ein Vorläufer für sie war der zu Anerkennung und Ruhm gelangte Johann Adolph Ludwig Werner, der spätere Professor und Doctor der Philosophie, welcher in den Jahren von 1826 bis 31 Postmeister in Kamenz war.

Noch eine lange Reihe von Namen müßte angeführt werden, wenn ich erschöpfend alle die Artikel hier berühren wollte, welche von oberlausitzischen Lehrern für pädagogische Zeitschriften geliefert worden sind. Es ist mit dem Drange der Pädagogen zu schreiben, wie mit der Dichtkunst, von der es heißt:

„Nicht an wenig stolze Namen
Ist die Liederkunst gebannt,
Ausgestreuet ist ihr Namen
Ueber alles deutsche Land.

Eine mangelhafte Geschichte des Volksschulwesens würde es sein, wenn ich nicht auch die Blicke auf die Schule selbst und ihre Lehrer richten wollte.

Die Bildungsanstalten, aus denen die Elementarlehrer unserer Provinz hinaustreten ins Amt, wurden bereits vorgeführt. — Unterm 1. Juni 1826 war vom preußischen Ministerio das Erforderliche wegen Prüfung der Anstellungsfähigkeit der in den Seminarien gebildeten Schulamts-Candidaten angeordnet worden, und die liegnitzer Regierung sprach deshalb unterm 28. Mai 1827 aus, „daß nur solche Individuen, welche aus den Hauptseminarien entlassen und mit Zeugnissen der Anstellungsfähigkeit versehen, oder die mit einem Prüfungszeugnisse, wodurch die Anstellungsfähigkeit begründet sei, ausgestattet seien, zu Lehrerstellen berufen werden dürften."

Es wurde gleichzeitig mit nachgelassen, daß auch solche junge Leute, welche kein Hauptseminar besucht, sondern ihre Bildung sich auf anderem Wege erworben hätten, zu den Prüfungen bezüglich ihrer Anstellungsfähigkeit zugelassen werden sollten. — Aehnliche Bestimmungen wurden im Königreiche Sachsen und demnach für den sächsischen Antheil des Markgrafthums Oberlausitz erlassen. Die Prüfungen der Schulamtskandidaten, welche in schriftliche, praktische und mündliche zerfallen, waren durch das Volksschulgesetz vom 6. Juni 1835 vorgeschrieben worden, und im Jahre 1837 wurden deßhalb die zittauer Zöglinge zum ersten Male vor einer verordneten Prüfungscommission examinirt. Von 1852 bis zur Auflösung des Seminars im Jahre 1857 mußten dieselben ihre Schulamts-Candidatenprüfung mit in Bautzen bestehen. — Die unterm 5. September 1856 für das ganze Königreich erlassenen „Verhaltungsregeln für Schulamts-Candidaten" gelten auch in der sächsischen Oberlausitz, und es wurde von der Regierung bei dem Erlasse derselben die Erwartung ausgesprochen, daß sich die Lokalschulinspektoren die Ueberwachung der darin zusammengestellten Bestimmungen würde angelegen sein lassen. Für gute Lokalschulinspektoren sorgte die sächsische und die preußische Regierung insofern, als sie durch Verordnung den Candidaten der Theologie das Studium der Pädagogik empfahl und viele Geistliche unserer Provinz traten als Freunde an die Seite der Lehrer, deren Fortbildung sie durch Rath und That zu leiten und zu fördern suchten. Vom Pfarrer Willkomm erschien sogar 1839 eine „kurze Anweisung, wie sich der christliche Landschullehrer in seinem Amte, Beruf und Stande, an allen Orten und zu jeder Zeit anständig und würdig benehmen soll."

In einer Schrift von 1833 über das Volksschulwesen in den königlich sächsischen Landen wird ausgesprochen, daß die bedeutenden Fortschritte, welche dasselbe in der sächsischen Oberlausitz gemacht habe, als eine Frucht der seit 1821 dort bestehenden Verfassung anzusehen seien. Durch eine Verordnung vom 12. März desselben Jahres wurde nämlich wie bereits früher bemerkt, statt des bisher bestandenen Oberamtes und Judicii ordinarii eine Oberamts-Regierung eingesetzt, welche auch einen geistlichen Beisitzer unter dem Titel eines Kirchen- und Schulrathes erhielt. Nach der Berufung des ersten Kirchen- und Schulrathes für die sächsische Oberlausitz, des Dr. Fränkel als Hofprediger nach Dresden, folgte der schon früher genannte Dr. Gottlob Leberecht Schulze. Jetzt begannen heilsame Umgestaltungen. Neue Schulen wurden gegründet, neue Schulhäuser gebaut, alle zweckmäßiger eingerichtet, die Kinder an Orten mit mehreren Schulen nach bestimmten Distrikten in dieselben vertheilt, kleine Orte förmlich eingeschult, Ein- und Austritt der Schulpflichtigen und der Schulbesuch geregelt, die Einkünfte der Lehrer zum Theil verbessert, untaugliche Lehrer in den Ruhestand und tüchtige an ihre Stelle gesetzt. Der Unterricht wurde planmäßiger ertheilt, und besonders mußte der im Rechnen, Schreiben und Singen auf sämmtliche Schüler ausgedehnt werden, so daß die Bestimmung, welches Maaß von Kenntnissen die Kinder sich erwerben sollten, nicht mehr dem Ermessen der Aeltern überlassen blieb. Bessere Schulbücher wurden eingeführt und die Lehrer bedienten sich in Folge höherer Anweisung bei ihrem Unterricht zweckmäßigerer Methoden. — Nach Schulzes Berufung zum geheimen Kirchen- und Schulrathe beim Ministerio folgte ihm Dr. Erdmann Petri bis zum Jahre 1849. In seine Amtsthätigkeit fällt der Erlaß des sächsischen Volksschulgesetzes vom 6. Juni 1835, dessen Hauptbearbeiter der Geheimrath Dr. Schulze war. Wesentliche Veränderungen dieses Schulgesetzes folgten 1843 und 1851. Doch kann ich weitere Auseinandersetzungen dieser auf das gesammte sächsische Volksschulwesen sich erstreckenden Gesetzgebung füglich übergehen und mich einigen Bestimmungen, welche insbesondere für die sächsische Oberlausitz erlassen wurden, zuwenden. Obenan steht die Verfügung, nach welcher das Conferenzleben in der Oberlausitz eine Reorganisation erhielt. Die Schulen wurden nach den Gerichtsamtsbezirken in bestimmte Distrikte abgetheilt, in deren jedem die Lehrer ihre eigene Conferenz bildeten; ausgenommen sind davon die Lehrer an den Elementar-Volksschulen der Vierstädte, die unter ihren Directoren besondere Conferenzen abhalten. Außerdem treten die Mitglieder sämmtlicher Conferenzen jährlich zu einer Hauptversammlung zusammen, deren erste am 12. October 1859 in Budissin abgehalten ward und wobei der Kirchen- und Schulrath Dr. Wildenhahn, als Vorsitzender, über den Satz sprach: „Was hat der Lehrer zu thun und wie sich zu bereiten, um von seinem Religionsunterrichte den möglichsten Segen erwarten zu können?" Mehrere Verordnungen der Kreisdirection zu Budissin beziehen sich auf die Ertheilung des Katechismus- und biblischen Geschichtsunterrichts. So wurde z. B. 1853 der Gebrauch von Dinters „kurzgefaßter Glaubens- und Sittenlehre" und Tischers „Hauptstücken der christlichen Religion" untersagt, und die Kinder sollten bis zur Einführung eines anderen Lehrbuches nur Luthers kleinen Katechismus in den Händen haben, auch in den Oberklassen Spruchbücher für die biblischen Beweisstellen sich anlegen. Den Lehrern aber wurde vorgeschrieben, sich zur Vorbereitung der „Erklärung der christlichen Lehre nach Ordnung des kleinen Katechismus Luthers" von Philipp Jacob Spener zu bedienen, eines Buches, daß in der betreffenden Verordnung als ein „vortreffliches" bezeichnet wird. Empfohlen wurde unterm 13. Februar 1857 Dr. Gilberts: „die beiden Katechismen Luthers und die augsburgische Confession" und aus den Schulkassen je ein Exemplar der Schrift zum Gebrauche für jeden ständigen Lehrer angeschafft. Ebenso erschien unterm 20. März 1857 eine Verordnung der Kreisdirection, durch welche einige Uebelstände in der Ertheilung des Religionsunterrichtes in einem großen Theile namentlich der Landschulen beseitigt werden sollten. — Aufmerksamkeit ward auch dem Unterrichte im Lesen und den Realien zugewendet; die Behörde untersagte z. B. 1852 den ferneren Gebrauch der veralteten Lesebücher von Hempel und Pörnig und gestattete dabei nicht die eigenmächtige Einführung neuer Lesebücher; es wurden 1857 die Karten von Sachsen, welche der ehemalige oberlausitzische Lehrer Trommer gezeichnet und herausgegeben hatte, zum Gebrauche empfohlen, und in neuester Zeit haben auch in den Volksschulen der sächsischen Oberlausitz die kleinen physikalischen Apparate vom Lehrer Hering auf Anordnung der Behörde vielfach Eingang gefunden. — Speziell für die sächsische Oberlausitz erlassene Verordnungen von 1854, 1862 und 63 beziehen sich auf den geregelten Schulbesuch während der Sommermonate, auf das Aeußere der Schulstuben, auf Schulversäumnisse und die Ertheilung des Confirmandenunterrichts an solchen Schulen, welche von Kindern aus verschiedenen Parochien besucht werden. Dieser Unterricht sollte auf eine und dieselbe Stunde verlegt werden, damit der Klassenunterricht nicht weiteren Schaden leide. — Wie angelegentlich die vorgesetzten Behörden darauf bedacht gewesen sind, ausgesprochene Wünsche zu berücksichtigen, das ersehen wir unter Anderem auch aus der vom Kirchenrathe Dr. Wildenhahn veranstalteten Besprechung über die vielfach aufgetauchte Frage hinsichtlich des Beginns der Schulpflichtigkeit und über die Ueberbürdung der Kinder mit Schularbeiten. — Durch eine Kreisdirektions-Verordnung vom 3. September 1852 wurden Schulfeste mit Auszügen, sowie weitere Spaziergänge mit sämmtlichen Schülern ferner nicht gestattet, weil dadurch der eigentliche Zweck solcher Feste, der doch unfehlbar in einer Erheiterung der Schuljugend in der Mitte der Schulgemeinde und unter den Augen ihrer Aeltern und Erzieher zu suchen sei, verloren gehe. Auch fand sich die Kreisdirektion veranlaßt, wiederholt auf die Abhaltung von Schulfesten zurückzukommen, indem sie unterm 19. December 1856 die hin und wieder dabei vorgekommenen Veranstaltungen von Tanzvergnügungen in den Schenken für die Folge gänzlich untersagte.

Die Volksschule in der preußischen Oberlausitz stand in den Jahren von 1820 bis 30 unter demselben Einflusse, welchem das gesammte preußische Elementarschulwesen unterworfen war. Die hervorragenden Schulmänner, welche Pestalozzi's Ideen auf das vaterländische Schulwesen verpflanzten, unterschieden sich in rationalistische und orthodoxe, und ihre Forderungen gingen auf die Lehrer über, wodurch diese gewissermaßen wie in zwei Feldlagern einander gegenüber standen. Ein Schulgesetz, schon seit 1817 verheißen und auch 1818 von dem Ministerium Altenstein bearbeitet, ließ bis zur Gegenwart auf sich warten; doch erschienen außer verschiedenen Verfügungen, unter denen ich nur einige von der liegnitzer Regierung mit für die Oberlausitz erlassene Verordnungen hervorheben will, unterm 1., 2. und 3. October 1854 für den gesammten preußischen Staat die bekannten drei Regulative. — Da dasjenige, was unterm 10. Januar 1813 im Auftrage des Ministerii des Kultus und öffentlichen Unterrichts wegen Anordnung der Schulvorstände auf dem Lande und der Unterweisung für dieselben veröffentlicht worden war, in den Kreisen der preußischen Oberlausitz mehrere Jahre nachher noch unbeachtet blieb, so sahe sich die liegnitzer Regierung veranlaßt, unterm 8. August 1824 die betreffende Verordnung zu wiederholen. Es wird in derselben festgesetzt, aus wie viel und welchen Personen der Schulvorstand einer jeden Dorfschule zu bestehen habe, und welches seine Pflichten seien. Im Allgemeinen wird von ihm verlangt, daß er das Beste der Schule wahrzunehmen, und also für die Erhaltung der äußeren Ordnung, sowie für Förderung der inneren Vorzüglichkeit der Schule und für die genaue Befolgung der Schulverordnungen Sorge zu tragen habe. Der Vorstand wird darin verpflichtet, den öffentlichen Schulprüfungen beizuwohnen, für gewissenhafte Verwaltung des Schulvermögens zu sorgen, die Auszahlung der Lehrergehalte zu übernehmen und bei Erledigung der Schullehrerstellen an den Superintendenten oder Schulinspektor unverzüglich Anzeige zu erstatten. Dem Geistlichen, als dem sachkundigen Mitgliede des Schulvorstandes, „liegt es ob, auf das Innere des Schulwesens, z. B. auf die Unterweisung, Lehrmethode, Schulzucht, Befolgung des Lehrplans, fortschreitende Bildung des Lehrers u. s. w. seine Aufmerksamkeit und seine Bemühungen zu richten, und darum ist es das Bedürfniß der Schule heischt, wenigstens aber zweimal des Monats, die Schule zu besuchen." — Desgleichen wurden unterm 3. Januar 1825 von der königlichen Regierung in Liegnitz durch Verordnung die Ferien in den Elementar- und Mittelschulen auf dem Lande und in den Städten bestimmt, da dieselben bis dahin mehr willkürlich als nach einer gesetzlichen Vorschrift abgehalten und in Folge dessen mancherlei Nachtheile für den Jugendunterricht herbeigeführt worden waren. Die bereits früher gegebenen Bestimmungen, nach welchen die Kinder, welche in den Sommermonaten zur Beihilfe bei der Feld- und Gartenarbeit unentbehrlich seien, doch täglich wenigstens zwei Stunden, nämlich morgens von 5 bis 7. oder von 6 bis 8 Uhr, alle übrigen Kinder aber ununterbrochen die Schule besuchen sollten, wurden am Schlusse der angezogenen Verordnung aufrecht erhalten. — Wir erkennen daraus, wie viel der Regierung an einem ununterbrochenen Schulunterrichte gelegen war. Ebenso ging ihr Bestreben dahin, die Erziehung noch vor dem schulpflichtigen Alter zu unterstützen und zu fördern, und eine Verordnung aus Liegnitz vom 24. Februar 1828 macht auf eine aus dem Englischen übersetzte Schrift: „Ueber die frühzeitige Erziehung der Kinder" von Wilderspin aufmerksam, indem sie dieselbe den Schulvorständen und Lehrervereinen zur Anschaffung empfiehlt. Gleichzeitig werden dabei die Landräthe, Schulinspektoren und Schullehrervereine veranlaßt, zu berathen, „ob und wo ähnliche Kleinkinderschulen eingerichtet werden könnten." In dem regen Triebe zur Nachahmung, so heißt es in der Verordnung, und in den schlechten Beispielen, welche den Kindern leider so oft vor die Augen gestellt werden, beruht es, daß so viele Kinder schon frühzeitig die Bahn der Lüge, des Betruges und des Lasters zu betreten anfangen, auch dieselbe, ungeachtet des später hinzutretenden Religions- und Schulunterrichtes, nicht ganz verlassen. Da nun die Verpflichtung der Aeltern, auf ihre Kinder stets durch gute Beispiele einzuwirken und sie unter ihrer sorgsamen Obhut zu halten, groß und heilig ist, vielen Aeltern aber durch Berufsarbeiten und Sorgen diese Pflicht ungemein erschwert oder unmöglich gemacht wird, so ist es nöthig, daß Kleinkinderschulen, in welche Kinder vom 2. bis 6. Lebensjahre gewiesen werden, die Beaufsichtigung und Erziehung übernehmen. Mehr und mehr hat man sich, wie anderwärts, sowohl in der preußischen als sächsischen Oberlausitz dieser Forderung zugewendet und Kleinkinderschulen oder Bewahranstalten gegründet; 1844 wurde eine solche z. B. in Görlitz auf Antrag der Stadtverordneten eröffnet. — Die drei Regulative bestimmen Maß, Zweck und Ziel des Volksunterrichts. Das erste Regulativ will „für den Unterricht der Seminarien auf dem Grunde der gewonnenen Erfahrungen gemeinsame Vorschriften geben, innerhalb deren jeder berechtigten Eigenthümlichkeit hinlänglicher Raum zur Weiterentwickelung verbleibt." Das zweite Regulativ bezieht sich auf die Vorbildung evangelischer Seminarpräparanden, von denen unter Anderem verlangt wird, daß sie den kleinen Katechismus Luthers und 50 Kirchenlieder fest memorirt haben, daß sie die biblischen Geschichten alten und neuen Testamentes, wie sie in dem, im betreffenden Seminare eingeführten Historienbuche enthalten sind, erzählen können, und daß sie ferner die nöthige Fertigkeit im Gebrauche des Deutschen haben, um einen einfachen Aufsatz orthographisch richtig und ohne grobe sachliche und grammatische Fehler niederschreiben zu können. Das dritte Regulativ endlich giebt die Grundzüge zur Einrichtung und zum Unterrichte der evangelischen einklassigen Elementarschule. Ausgesprochen wird, daß „durch den ganzen, nach den Grundsätzen der Regulative angelegten Schulunterricht zwei Grundsätze als unabänderlich maßgebend gehen: erstens, unter Lossagung von dem einseitigen Streben nach abstrakter, formeller Denkbildung dem Unterricht des Kindes einen berechtigten und würdigen Inhalt zu geben, der in steter und inniger Beziehung zu den großen Bildungsfaktoren, der Kirche, Familie, Gemeinde und dem Vaterlande ausgewählt und verarbeitet wird, und sodann an diesem, keinesfalls über die Grenzen eines zu erreichenden vollen Verständnisses hinaus ausgedehnten Inhalte die Kraft bis zum Können und zur selbstständigen Fertigkeit zu üben." Wenn auch Jeder zugestehen muß, daß diese ausgesprochenen Grundsätze wahr und deshalb unumstößlich sind, so hat es doch an Gegnern der Regulative nicht gefehlt und es fehlt noch heute nicht daran, weil — so heißt es — sich auf den angeführten Erziehungssätzen, wie auf einem Grunde, „nicht ein Gebäude erhebt, welches den Forderungen der gegenwärtigen Wissenschaft und der gegenwärtigen Pädagogik entspricht." Gesagt wird ferner, „daß die Regulative das mechanische, handwerksmäßige Treiben in der Lehrerbildung wie in der Schülererziehung zum Ideal der Volksschule erhoben haben." — Ich mußte der drei Regulative hier gedenken, ohne mich dabei in ein Für und Wider einzulassen; sie sind auch in den Volksschulen der preußischen Oberlausitz bestimmend für den Lehrplan und das Ziel des Unterrichts geworden und haben ihre Freunde, mehr wol aber ihre Gegner in der Lehrerschaft und der übrigen Bevölkerung gefunden.

Das Bestreben der königlichen Regierungen, die äußere Lage der Lehrer zu verbessern, kam selbstverständlich auch den Volksschullehrern der Oberlausitz zu Gute. Ich erinnere nur an das Gesetz vom 28. October 1858, die Gehaltsverhältnisse der Lehrer an Elementar-Volksschulen des Königreichs Sachsen betreffend; an das Gesetz vom 1. Juli 1840 über die Ausführung der Pensionskasse für Wittwen und Waisen sächsischer Lehrer an evangelischen Schulen und an den Nachtrag dazu vom 30. Juli 1858.

Die Sorge für die hinterlassenen Lehrerwittwen war schon seit lange eine Lebensfrage. Im Jahre 1824 wurde die bereits 1796 gegründete Priester- und Schullehrerwittwenkasse in Zittau auch auf die Landschullehrer des zittauer Bezirkes ausgedehnt, und von dem verdienten Kirchenrathe Dr. Schulze wurde ein Unterstützungsfond für Wittwen und Waisen von evangelischen Volksschullehrern der königl. sächsischen Oberlausitz geschaffen, dessen Pensionssatz für die Wittwe 1828 freilich nur 4 thlr. betrug. Edle Männer wiesen ihm verhältnißmäßig bedeutende Summen zu, so z. B. Dr. Petri, damals noch Diakonus in Zittau, 436 thlr., als Ertrag einer Sammlung von Predigten über wichtige Angelegenheiten des Herzens und Lebens.

Es ist mir hier Bedürfniß, eines Wohlthäters der Volksschullehrer in der sächsischen Oberlausitz noch einmal zu gedenken. Ferdinand von Nostitz auf Weigsdorf u. s. w. hatte in seinem am 23. November 1833 niedergelegten Testamente auch die Bestimmung aufgenommen, daß nach Abzug aller festgesetzten Vermächtnisse für seine Gemeinden und das budissiner Landschullehrer-Seminar, der übrig bleibende Theil seines Vermögens ohne irgend eine Ausnahme „zur Verbesserung des Volksschulwesens auf dem Lande und in den Landstädtchen des Markgrafthums Oberlausitz, königlich sächsischen Antheils" verwendet werden sollte. Vorzugsweise sollten die Zinsen zur Verbesserung bereits bestehender, jedoch schlecht dotirter, sowie zur Gründung neuer Schulstellen auf den Dörfern und in den Landstädtchen, ingleichen zu Anstellungen von Substituten verwendet werden; auch sollten die Bewilligungen aus dieser Stiftung nur an brauchbare, durch Fleiß, Pflichttreue und Sittlichkeit sich auszeichnende Lehrer erfolgen. In den Jahren großer Theuerung der Lebensmittel ist manchem oberlausitzischen Lehrer durch ein Geldgeschenk aus der Nostitz-Weigsdorfer Stiftung eine unverhoffte Freude bereitet und ihm dadurch eine Sorge abgenommen worden.

Doch breche ich hier ab, um weiter unten noch einmal auf einzelne Vermächtnisse, welche verschiedenen Schulgemeinden wurden, zurückzukommen. Es müssen zunächst die Veranstaltungen der preußischen Regierung für die Pensionen der ihr untergebenen oberlausitzischen Volksschullehrer, sowie für Unterstützung ihrer Wittwen und Waisen genannt werden. Im Jahre 1826 wurde eine evangelische Schullehrer-Wittwen- und Waisen-Unterstützungsanstalt für Schlesien und den zugeschlagenen Theil der Oberlausitz errichtet, und jeder zutrittsfähige Lehrer, sowohl in den Städten, als auch auf dem platten Lande, war verpflichtet, dem Vereine beizutreten. Ebenso ward auch 1835 in dem Regierungsbezirke Liegnitz eine Pensionsanstalt für ausgediente Elementarlehrer ins Leben gerufen, und jeder Schullehrer des Bezirks mußte mit einem bestimmten jährlichen Beitrage als Mitglied eintreten. In der jüngsten Zeit aber wurden von dem Ministerio und den Volksvertretern der gesammten Monarchie drei Millionen zur Aufbesserung der Elementarlehrer-Gehalte bewilligt, und es ist somit auch den Lehrern unsers Markgrafthums eine gute Botschaft geworden, auf welche Viele jahrelang hoffnungsvoll gewartet hatten. Das längst verheißene Schulgesetz dürfte ebenfalls in der nächsten Zeit erscheinen.

Wie die oberen Schulbehörden, so waren auch die Stadt- und Landgemeinden unsers Markgrafthums bestrebt, dem Volksschulwesen immer weitere Verbesserungen angedeihen zu lassen.

Welchen Werth man schon vor Jahrzehnten auf tüchtige Landschullehrer und die Theilnahme der Aeltern am Erziehungswerke legte, das ist unter Anderem aus einer Rede zu ersehen, welche 1826 der zittauer Senator Just bei der Einweisung zweier Lehrer in Seifhennersdorf hielt. Die Rede verbreitete sich außer einer schulgeschichtlichen Einleitung „über die Ehrerbietung, welche Kinder ihren Aeltern und Lehrern schuldig sind." Bei der Frage, wodurch die Ehrerbietung am Besten befördert werden könne, wurde darauf hingewiesen, daß die Mittel größtentheils in den Händen der Aeltern selbst liegen und daß letztere die Hülfe, welche ihnen dabei die Lehrer leisten würden, nicht von der Hand weisen, sondern dankbar und mit Anerkennung annehmen müßten.

Begreiflich ist es, daß ich hier nicht eine Menge einzelner Thatsachen anführen kann. Bei eingehender Durchsicht lokaler Nachrichten würden sich dieselben anhäufen und sie würden uns ermüden. Statt vieler Beispiele, welche darthun, mit welcher Opferwilligkeit Gemeinden neue Schuleinrichtungen geschaffen haben, will ich nur auf einige Städte verweisen.

Die völlige Reorganisation des görlitzer Volksschulwesens fand im Jahre 1837 durch den hochverdienten Oberbürgermeister Demiani statt. Die damals bestehenden Elementarschulen, nämlich drei Bezirks-, eine Frei- und eine Waisenhausschule, mit welcher letzteren bis 1824 eine Präparandenanstalt verbunden war, wurden unter die Leitung des Direktors der höhern Bürger- (jetzt Real-) schule Professor Kaumann gestellt, der sofort eine Schulordnung bearbeitete und auch den Grund zur allgemeinen Bürgerschule legte. Im Jahre 1838 entstand in Görlitz außerdem eine besondere Unterrichtsanstalt für geistig oder körperlich schwache Kinder, welche zur Aufnahme in die Volksschule nicht geeignet sind. — Nachdem bereits in Zittau seit 1806 eine provisorische allgemeine Stadtschule bestanden hatte, folgte die feststehende Organisation 1811. Von dem ersten Director Krug, dessen ich schon bei den Seminaren gedachte, wurde ein umfassender Lehrplan für die neue Anstalt ausgearbeitet. — Löbau hatte bisher ein Lyceum besessen; am 5. October 1818 wurde dafür die allgemeine Stadtschule eröffnet und von dem ersten Director M. Christian August

Herzog, geboren 1778 in Ebersbach, gestorben 1825, eine Localschulordnung festgesetzt. — Kamenz gab sein Lyceum nur mit Widerstreben auf; denn als dasselbe 1816 durch allerhöchsten Befehl aufgehoben wurde, gelang es 1820 den Bemühungen der Bürgerschaft, daß die Stadt eine Schulanstalt mit zwei Abtheilungen errichten durfte, von denen die obere dazu bestimmt war, Jünglinge auf die Universität vorzubereiten. Da sich aber die Zahl derselben mehr und mehr verringerte, so wurde 1833 diese Abtheilung aufgehoben und dafür eine allgemeine Bürgerschule geschaffen. Erster Director an derselben wurde Friedrich August Pachaly, geboren 1788 in Lindewalde bei Sorau. — Die Organisation des budissiner Volksschulwesens begann gewissermaßen mit der Berufung M. Sigismund Bornemanns als Lehrer an die 1812 errichtete provisorische Bürgerschule. Bornemann war ein tüchtiger Schulmann, der selbst eine Reise zu Pestalozzi unternommen hatte, um das Wirken dieses Pädagogen aus eigener Anschauung kennen zu lernen. Im Jahre 1820 wurde er Director, und seine volle, ungehemmte Thätigkeit konnte sich entfalten, als die Anstalt 1835 in ein neues Schulgebäude verlegt wurde. Damals sprach in der Weihrede der Diconus und jetzige Pastor sec. Seyht: „Eine schlechte Schule ist ein Geschwür am Vaterlande, das immer weiter um sich frißt, wenn es nicht ausgeschnitten wird. Eine Stadt, die sie duldet, bekümmert sich schlecht um das allgemeine Wohl!" Und M. Bornemann sprach zu den Lehrern: „Die Lehrer machen die Schule zu einer Bildungsstätte der Jugend! Bildung ist aber nicht blos eine schöne, einnehmende Form oder etwas Vollendetes, sondern ein Sehnen, ein Ringen, eine Liebe sich zu bilden, nach dem, der war der Abglanz der Herrlichkeit Gottes und das Ebenbild seines Wesens, und zu wachsen an dem, der das Haupt ist, Christus. Die Schule ist Leben, geistiges Leben. Solches Leben soll der Lehrer in seinen Zöglingen anfachen und entzünden, daß es das sinnliche Leben durchdringe und beherrsche."

Wie die evangelischen, so wurden auch die katholischen Schulen den Anforderungen der Zeit gemäß umgestaltet. In Ostritz bezog man z. B. 1821 ein neues Schulgebäude, der Lehrplan ward wesentlich verbessert, und die Schule erhielt in der Person des Franz Xaver Kretschmer, einem auf dem budissiner Seminare gebildeten Lehrer, ihren ersten Rector. Ebenso schuf in Budissin das Domstift aus zwei mangelhaften Schulen 1821 die vereinigte katholische Schule, welche 1838 ihre gegenwärtigen Locale bezog und sowohl von Kindern aus der Stadt wie aus den eingepfarrten Dörfern besucht wird. In Görlitz trat eine katholische Elementarschule erst 1835 ins Leben. —

Gleich den Behörden brachten auch Privatpersonen Opfer für die Volksschule und ihre Lehrer. So bot z. B. 1838 der Kaufmann Gevers in Görlitz 500 Thaler als Geschenk zu den Kosten für die verbesserten Schuleinrichtungen in genannter Stadt an, und Andere gedachten der Schulen bei Abfassung ihrer Testamente. Die Kaufmannswittwe Bischoff, geb. Harrer in Lauban vermachte 1838 für Schulzwecke und Armenunterstützung 4000 Thaler; der Weißgerber Kloß in Görlitz hinterließ 1843 für die Erziehung und Bewahrung armer Kinder aus der Stadt 20000 Thaler; an arme und fleißige Schüler in Görlitz dachte der daselbst 1835 verstorbene Kaufmann Johann Samuel Eißler, in seinen Legaten; der Bürger und Schneider Johann Gottlieb Neubauer in Görlitz hinterließ 1823 ein Vermächtniß von 7600 Thalern zur Aufbesserung der Lehrerbesoldungen, und der Gutsbesitzer Hertel auf Daubitz vermachte 1840 der Schulkasse zu Görlitz ein Kapital von 1000 Thalern. Der schon früher genannte und 1824 verstorbene Kaufmann Johann Christian Lindner ließ seiner Vaterstadt Marklissa außer anderen Legaten auch solche für die Lehrer der Schule und die Lehrerwittwen zukommen, und die Frau Hauptmann Giersberg geb. v. Mobrach legirte 1838 der Schule des genannten Städtchens 1000 Thaler. Am 24. Dezember 1826 wurden zum ersten Male an arme und fleißige Schüler der zittauer Stadtschule die Zinsen von 500 Thalern ausgetheilt, einem Vermächtnisse, das 1823 von Sophie Magdalene geborne Seidel, Wittwe des Pfarrers Mirus zu Bertsdorf, hinterlassen worden war. Der Kaufmann Ferdinand Moritz Schulz in Zittau gab 1838 zur Verbesserung des Gehaltes der neuzuerrichtenden Küster- und Lehrerstelle zu Lunnerwitz an der Landeskrone ein Kapital von 600 Thalern, und der Papierfabrikant Schmidt zu Hermsdorf vermachte 1844 der evangelischen Schule zu Grenzdorf bei Lauban 400 Thaler. Schon im Jahre 1822 hatte der Oekonomieinspector und spätere Oekonomierath J. F. Neu (geb. den 4. März 1788 in Lissa bei Görlitz) auf seine eigenen Kosten das Schulhaus in Wartha erbauen lassen und dazu 1864 ein Feld- und Wiesengrundstück von 5 dresdener Scheffeln Flächenraum zur Nutznießung für den jedesmaligen Lehrer geschenkt. Außerdem aber errichtete er neben noch anderen später angeführten Stiftungen im Jahre 1867 eine solche für arme Wittwen und Waisen der Elementarlehrer in der preußischen Oberlausitz. Diese letztgenannte „Neu-Grütznersche Stiftung," welche ihren Namen zugleich als Erinnerung als des edlen Stifters heimgegangene Gattin (geb. am 3. März 1792 in Helmsdorf bei Stolpen, † 28. Januar 1867 in Görlitz) trägt, besteht aus 5000 Thalern, von denen 2000 werbend angelegt, die Zinsen der übrigen 3000 Thaler aber für 12 Pensionen zu 10 Thalern ohne Unterschied der Religion bestimmt sind. — Es sind dies einige Belege zu dem Ausspruche, daß nicht blos von Gemeinden, sondern auch von Privatpersonen Mittel hergegeben wurden, durch welche die Stellung der Lehrer verbessert und das Gedeihen der Volksschule überhaupt mit gefördert wird.

Eine gewichtige Stelle unter den Männern, die für Verbesserung des Volksschulwesens im Vaterlande durch Wort und Beispiel thätig waren, nimmt unstreitig Karl Gottlieb Plato ein. Derselbe ist ein Sohn der Oberlausitz, geboren am 6. April 1758 zu Halbau und gestorben 1833 den 25. April in Leipzig als Direktor der dortigen Rathsschule. Schon in den letzten Jahren seines akademischen Lebens war Plato bemüht, sich eine genaue Bekanntschaft mit den Grundsätzen einer zweckmäßigeren Volksbildung, wie sie durch Basedow, Salzmann, Campe, von Rochow und Anderen aufgestellt worden waren, zu verschaffen, und es wurde ihm deshalb die Organisation der 1792 in Leipzig gegründeten Rathsfreischule übertragen, deren Leitung er 41 Jahre lang mit Einsicht, rastloser Thätigkeit und größter Aufopferung übernahm. Er ist nicht nur der erste pädagogische Begründer des verbesserten leipziger Volks- und Bürgerschulwesens geworden, sondern wirkte durch sein Beispiel auch in weitern Kreisen, indem man sich seine Schulanstalt in andern Städten zum Muster nahm. Manchem Lehrer nützte er durch Rathschläge und Winke, und so verpflanzte sich seine pädagogische Einsicht und Erfahrung und seine Begeisterung für die Jugenderziehung auf ein jüngeres Geschlecht, das auf dem Grunde weiterbaute, welcher von Plato gelegt worden war.

Durch den Eifer für eigene Fortbildung und die gewissenhafte Pflichterfüllung errangen die Volksschullehrer in Stadt und Land die allgemeine Achtung und Beachtung nicht blos für ihre Person insbesondere, sondern auch für ihren Stand, der in früheren Zeiten leider fast nur bemitleidet worden war. Vor dem mir immer achtungswerth gewesenen Christian Preibsch hat es Volksschullehrer gegeben und gegenwärtig leben davon noch genug in unserer Provinz, welche nicht mit sich abgeschlossen haben, sondern deren Trachten unausgesetzt auf Bildung und tiefere Erkenntniß gerichtet war und ist. Wer war dieser Christian Preibsch? Ursprünglich ein armer Zimmermann, der sich aber bildete und Lehrer ward, nicht wegen Mangel an auf Seminaren gebildeten Lehrern, sondern weil er dazu taugte. Er starb 1831 als Schulmeister in Althörnitz und zeichnete sich insbesondere durch seine Kenntniß der Gewitterlehre, über die er auch ein Buch geschrieben hat, aus. — Wie viele Volksschullehrer der Oberlausitz finden wir als beachtenswerthe Schriftsteller in irgend einem Lieblingsfache, sei es das der Heimathgeschichte oder irgend ein Zweig der vaterländischen Naturgeschichte. — Zur Hebung der Berufsfreudigkeit dienen ganz gewiß die schon genannten Lehrerkonferenzen, sowie auch für die sächsische Oberlausitz insbesondere die allgemeinen sächsischen Lehrerversammlungen, von denen zwei auch in der Oberlausitz, nämlich am 10. und 11. Mai 1851 in Zittau und vom 30. September bis 2. October 1860 in Budißin, abgehalten wurden. Pestalozzis Verdiensten ist gewiß ein jeder Lehrer eingedenk, seine Wirksamkeit, seine Ideen haben auf das Schulwesen der Oberlausitz ihren Einfluß geäußert und daher hat man auch daselbst in den Schulen und Lehrerkreisen 1846 seinen Geburtstag gefeiert. Die Liebe zu den Unmündigen, welche ihn beseelte, ist auch das Erbtheil der oberlausitzischen Lehrerschaft geworden, die sich ganz besonders der Worte ihres berühmten Landsmannes, des alten zittauer Rechenmeisters M. Christian Pescheck erinnern möge:

"Wie viel der Lehrer in der Schule
Recht fromme Kinder um sich hat;
So viel stehn Engel bei dem Stuhle,
Die ihn beschützen in der That.
Ach, der ist ein beglückter Mann,
Der fromme Schüler haben kann!"

Von der Geschichte des oberlausitzischen Volksschulwesens wenden wir uns derjenigen der höhern Unterrichtsanstalten zu. Außer Acht lasse ich die gewerblichen und landwirthschaftlichen Fachschulen, welche bereits im vorhergehenden Abschnitte ihre Stelle gefunden haben, und ebenso die mit zum Volksschulwesen gezogenen Seminare. Es mögen vielmehr nur die Gymnasien und Realschulen hier in ihrer Entwickelung kurz besprochen werden.

Unter den Rectoren der erstgenannten Anstalten traten einige durch ihre schriftstellerischen Leistungen über die Grenzen des engen Heimathlandes hinaus. K. Heinrich Jördens in Lauban, der von 1796 bis 1825 als Rector daselbst wirkte, lenkte seine außeramtliche Thätigkeit hauptsächlich auf die deutsche Literaturgeschichte, und sein sechsbändiges „Lexikon der deutschen Dichter und Prosaisten," welches von 1796 bis 1811 erschien, bleibt trotz der Mängel noch heute werthvoll. Geboren wurde Jördens am 24. April 1757 zu Fienstedt in der ehemaligen Grafschaft Mannsfeld, und in seinen früheren Lebensjahren war er Lehrer der beiden Brüder von Humboldt und des nachmaligen geheimen Staatsrathes von Stägemann. In den Ruhestand versetzt, beschäftigte er sich fort und fort mit dem Sammeln von Materialien zur Fortsetzung und Ergänzung seines Werkes, die er jedoch im Unmuthe verbrannte und vernichtete. Seine letzten Lebensjahre waren überhaupt reich an traurigen Erfahrungen, indem er, von seiner eigenen Tochter angeklagt, 1830 in Kriminaluntersuchung und ins Gefängniß kam, und sein eigener Sohn, der als Romanschriftsteller bekannt gewordene Schriftsteller Gustav Jördens 1834 freiwillig seinem Leben ein Ende machte. Im Gefängnisse entwarf sich der alte Rector selbst die Grabschrift, und er starb tief bekümmert am 6. December 1835.

Aus Lauban war der Professor und Rector an der Universität Wittenberg, Konrad Gottlob Anton (geb. 1745), der Verfasser vieler akademischer Schriften, gebürtig. Dessen Sohn, Karl Gottlieb Anton, geb. 1778 in Wittenberg, ward im Jahre 1809, nachdem er sechs Jahre lang unter Christian August Schwarze das Konrektorat verwaltet hatte, Rektor des Gymnasiums zu Görlitz. Wir werden ihm, dem fleißigen Schriftsteller und Doctor der Theologie, der bis 1854 seinem Amte als hochverdienter Leiter vorstand, wieder begegnen. Sein Nachfolger wurde Dr. Schütt, der erste Rector, welcher es für angemessen fand, mit dem alten Herkommen zu brechen und bei einer wichtigen Feier der lateinischen Anstalt (s. später) in deutscher Sprache die Festrede zu halten, „weil ja Alles anders geworden in der neuen Zeit."

In Budissin wurde nach Gedikes Abgange 1804 der gelehrte und tüchtige Pädagoge Karl Gottfried Siebelis (geb. den 10. October 1769 zu Naumburg, gest. den 7. August 1843) zum Rektorate des Gymnasiums berufen. Schon im Alter von 3 Jahren hatte er seine Aeltern verloren, so daß sich ein Freund des väterlichen Hauses und geborener Lausitzer, der Strumpffabrikant Kießling, des Knaben annahm. So zog ein entfernter edler Sohn der Lausitz seinem Heimathlande unbewußt einen Mann auf, der durch seine Wirksamkeit für tüchtige gelehrte Bildung reichen Segen verbreitet hat. Im Jahre 1841 war Siebelis in den wohlverdienten Ruhestand getreten, und es folgte ihm der bisherige Conrektor Friedrich Wilhelm Hoffmann (geb. am 26. November 1797 zu Thun im Erzgebirge), „der die in ihn gesetzten Hoffnungen nicht nur nicht getäuscht, sondern hunderttheilig übertroffen hat," was ihm besonders diejenigen seiner Schüler dankbar bezeugen, welche den geistvollen Mann in seinen kräftigsten Lebensjahren von 1830 bis 1850 zu hören das Glück hatten. Durch Ertheilung des Professortitels 1847 von dem Ministerio ausgezeichnet, wirkte Hoffmann mit ungeschwächter Kraft bis 1850, und wenn er auch grundsätzlich nicht mit seinen umfangreichen schriftstellerischen Arbeiten in die Oeffentlichkeit getreten ist, so muß man ihn doch zu den reichbegabtesten Schulmännern Sachsens innerhalb dieses Jahrhunderts zählen. Eine lange Krankheit, welche Hoffmann in dem letztgenannten Jahre an den Rand des Grabes führte, brach nicht blos seine körperliche, sondern auch seine geistige Kraft, so daß er sich bewogen fand, 1861 um die Versetzung in den Ruhestand nachzusuchen. Es folgte ihm noch in demselben Jahre der Professor Dr. Friedrich Palm, welcher seit 1850 das Rektorat des Gymnasiums in Plauen verwaltet hatte. Der emeritirte Rektor Dr. Friedrich Wilhelm Hoffmann, Ehrenmitglied der oberlausitzischen Gesellschaft der Wissenschaften, aber starb am 17. Februar 1867, und erlebte also nicht mehr die Sätularfeier seiner Anstalt und Einweihung des neuen Gymnasialgebäudes, welche nur einige Wochen später stattfand.

Der alte zittauer Rektor Karl Heinrich Slutenis starb erst 1816 zu Zerbst, 18 Jahre nach seinem Eintritt in den Ruhestand. Es war ihm August Friedrich Wilhelm Rudolph, geboren 1771 zu Burgholzhausen in Thüringen, gefolgt, der sich den Nachruhm eines tüchtigen Schulmannes und auch als fleißiger philologischer und mathematischer Schriftsteller vielfache Verdienste erworben hat. Er starb 1826. Als er sich emeritiren ließ, trat 1824 Dr. Friedrich Lindemann an seine Stelle. Dieser nicht nur um das vaterländische Schulwesen, sondern auch um Förderung des Gartenbaus und der Obstbaumzucht verdiente Mann wurde den 10. März 1792 in Jöhstadt geboren. Bereits 1814, also in einem Alter von 22 Jahren, war er Rektor in Torgau geworden, welche Stelle er 5 Jahre später mit einer Professur an der meißner Fürstenschule vertauschte. Als Direktor des Gymnasiums in Zittau hatte er zuletzt die Freude, daß fast alle seine Kollegen ehemalige Schüler von ihm selbst waren; sein köstliches Latein ergötzte allemal die gelehrten Zuhörer, und wie er als Mann ächt klassischer, gelehrter Bildung sich allgemeiner Achtung erfreute, so fand die Behörde auch in ihm die Persönlichkeit, welcher neben dem Gymnasialamte zugleich auf eine Reihe von Jahren die Leitung der königlichen Gewerbschule übergeben werden konnte. Zahlreiche Schriften, z. B. die Ausgaben alter Autoren und die über Obstbaumzucht, haben seinen Namen in weiten Kreisen bekannt gemacht, so daß auch sein Begräbniß in der Ferne (er starb den 15. Juni 1854 zu Boppard am Rhein) durch die große Theilnahme ein sehr ehrenvolles wurde.

Direktor des zittauer Gymnasiums wurde 1854 der bisherige Conrektor Julius Kämmel, ein geborener Oberlausitzer (aus Saalendorf bei Zittau), und seit 1683 der erste Conrektor in Zittau, welcher zum Rektorat befördert worden ist.

Obwohl die Tüchtigkeit des Rektors für das Gedeihen einer Schulanstalt besonders von Gewicht ist, so werden doch nur Wenige es leugnen wollen, daß auch viel des Segens, welchen eine Schule ausstreut, der Wirksamkeit der Lehrer zuzuschreiben ist. Wenn das gesammte Lehrerpersonal, mit dem Rektor an der Spitze, in einem Geiste arbeitet und von gleichem Streben beseelt, mit tiefem wissenschaftlichen Sinne und pädagogischer Einsicht sein Werk betreibt, dann muß es wohl um die Schule stehen. Es verdienten gewiß alle die treuen Lehrer hier genannt zu werden, welche an unsern vaterländischen Gymnasien mit Erfolg gearbeitet haben; doch die Grenzen dieser Schrift müßten dann bedeutend weiter sein, deshalb mag das Gedächtniß der gewissenhaften Bauleute im Dienste des gelehrten Schulwesens um so inniger von ihren Schülern und den Gemeinden festgehalten werden, welchen sie einst angehörten.

In den Programmen der Gymnasien ist ein gut Theil gründlicher Gelehrsamkeit niedergelegt worden, und als man anfing, die lateinisch geschriebenen Abhandlungen seltener werden zu lassen, gewannen die Anstalten unverkennbar an der Theilnahme von Seiten des größeren Publikums. Besonders wurde die Theilnahme erweckt, wenn in den Einladungsschriften zu den Prüfungen der Schüler auch pädagogische Erörterungen erschienen, wie in Zittau 1815, 16 und 18 über die Frage: „Was ist Reinheit der Sprache?" ferner: „Ueber die Reinheit der Sprache" und „die Grundlehren der Methode des Unterrichts." Die Einladungsschriften des laubanischen Gymnasiums für die Jahre 1819 bis 21 umfassen eine werthvolle Abhandlung: „Ueber die Tauglichkeit zum wissenschaftlichen Berufe." Es wird darin gesagt, daß die Bestimmung der Tauglichkeit für den wissenschaftlichen Beruf, bei welchem im Reiche der Kenntniß möglichst Vieles gesammelt, das Urtheil über Oberflächlichkeit erhoben, der Blick für Entdeckung der Wahrheit und des Irrthums geschärft und die Fertigkeit, sich durch die Sprache angemessen mitzutheilen, entwickelt werden soll, ihre

Schwierigkeiten in früher oder später Entwickelung der Talente, in natürlicher Trägheit, in Unstätigkeit und Flüchtigkeit und in ungünstigen Lebensverhältnissen finde. Hingewiesen wird darin ferner darauf, daß Sokrates drei Haupteigenschaften guter Köpfe, nämlich schnelles Auffassen, gutes Behalten und eigenen Trieb zu den Wissenschaften fordere. — Gewiß war es nicht minder verdienstlich, wenn in den Programm Arbeiten, welche zunächst die Provinz betrafen, niedergelegt wurden. So hatte z. B. der Rector Karl Gottlieb Anton in Görlitz höchst schätzenswerthe mundartliche Beiträge geliefert, indem er von 1825 bis 1830 „über die in der Oberlausitz üblichen Wörter und Redensarten" schrieb. — Außer den Arbeiten für die Programme wurden von einzelnen Gymnasiallehrern auch selbstständige Schriften verfaßt. Ich erinnere statt vieler an Bachmanns in Zittau „Denklehre zum Gebrauche für Gymnasien und Lyceen (1825), und an Christian Ehregott Dreßlers französische Grammatik. Dreßler war ein Mann, der uns ein Beispiel unverrückbaren Vorwärtsstrebens vorlebte. Gleich seinem Bruder, dem ehemaligen bautzener Seminardirector, war er bereits als Kinderlehrer angestellt, als er sich, schon 19 Jahre alt, entschloß, nach Kamenz aufs Lyceum zu gehen. Und die beiden Brüder, der eine in Kamenz, der andere in Bautzen, lernten eifrig mit ihren jüngern Schulgenossen und überwanden muthig alle Schwierigkeiten. Christian Ehregott Dreßler starb 1850 als Gymnasiallehrer in Bautzen. — Der Erforschung des liebgewordenen zweiten Heimathlandes widmete der 1861 als Gymnasiallehrer in Görlitz verstorbene Joseph Theodor Hertel (geb. 1808 in Posen) seine Musestunden, und als Früchte seiner Arbeiten veröffentlichte er seit 1836 in Görlitz angestellte meteorologische Beobachtungen, sowie gegen 100 barometrische Höhenmessungen in der preußischen Oberlausitz und den angrenzenden Gegenden.

Söhne der Lausitz wirkten und wirken noch an andern Gelehrten- und selbst Hochschulen und streuten oder streuen so die klassische Gelehrsamkeit, zu der im Heimathlande der Grund gelegt wurde, in reichem Maße unter ihre Schüler aus. Auch dabei will ich nur an den leipziger Professor Gustav Leberecht Flügel, einen gebornen Budissiner, an den philologischen Schriftsteller und Rektor der Thomasschule in Leipzig, Karl Heinrich Adelbert Lipsius (geb. 1805 in Großhennersdorf, † 1861), an den Professor der deutschen Literatur in Zürich, Ludwig Ettmüller, einen gebornen Altgersdorfer, welcher unter Anderem über „Denkmäler sassischer Sprache" schrieb und an den Professor Dr. Eduard Friedrich Ferdinand Beer in Leipzig (geb. 1805 in Budissin, gest. 1841), welcher sich den Ruf eines ausgezeichneten Kenners der semitischen Sprachen erwarb, erinnern. Ebenso erwarben sich Oberlausitzer in andern Lebenskreisen durch ihre philologischen Kenntnisse einen gewissen Ruf; ich nenne den Pastor secundarius Jacobjan Stöckhardt in Budissin (geb. 1772 in Schwepnitz, gest. 1829), den Verfasser einer italienischen Grammatik und von Wörterbüchern dieser Sprache, italienischer Dichter und Uebersetzer, der als letzte literarische Kleinigkeit ein italienisches Sonett an Alexander von Humboldt richtete; ich nenne dabei auch den Stadtrath Dr. Adolph Klien in Budissin (geb. 1792 in Baruth, † 1855), einen guten lateinischen Dichter und Kenner neuerer, besonders slavischer Sprachen. —

Gehen wir jetzt im Allgemeinen auf die innere Einrichtung der Gymnasien ein, so muß zunächst hervorgehoben werden, daß sich im Verlaufe unserer Periode eine veränderte Klasseneintheilung und Erhöhung des Lehrerpersonals nöthig machte. In Budissin wurde z. B. die zeitherige Prima in drei, die ganze Anstalt sonach in 6 Klassen getheilt und das Kollegium mußte auf 8 Lehrer erhöht werden. Gegenwärtig zählt die Schule außer einem Lehrer der französischen Sprache, einem Zeichen- und einem Turnlehrer neun ständige Gymnasiallehrer.

Aehnliche Veränderungen traten bei den übrigen Gymnasien der Provinz ein, und wenn dies zwar nicht immer für ein Zeichen stärkeren Besuches gelten kann, so dürfen wir doch daraus schließen, daß man von Seiten der Behörden eine größere Arbeitstheilung und Erweiterung des Unterrichts als heilsam ansah. Mehr als früher wurde auf Realien, besonders die Naturwissenschaften Rücksicht genommen, ja in Zittau setzte man 1841 sogar den Unterricht in der Chemie auf den Lehrplan. Allerdings erhoben Viele gegen diese Einrichtung ihre Bedenken, ebenso wie gegen die deutsch geschriebenen Programme, und sie wollten eher zugeben, daß Englisch und Literaturgeschichte, und vielleicht das Althochdeutsche in den Gymnasien zugelassen werden dürften. Die Nothwendigkeit des mathematischen Unterrichts wurde mehr und mehr anerkannt, und in Zittau erwarb sich besonders vom Jahre 1827 an Dr. L. F. Rückert das Verdienst, die Mathematik wieder in ihre Rechte eingesetzt zu haben. — Ein Hauptaugenmerk wurde der Muttersprache und deren Schriftthume zugewendet, und schon im Jahre 1819 wies das Konsistorium zu Breslau den Rector des görlitzer Gymnasiums darauf hin, daß auf die umfassendere Kenntniß der deutschen Sprache und ihrer Schriften in den oberen Klassen mehr Zeit als bisher verwendet und dafür der bis dahin in der ersten Klasse eingeführt gewesene Unterricht in der Philosophie abgeschafft werden möchte. Zur Begründung der letzteren Verordnung wurde aufgestellt, daß zwar in den oberen Klassen philosophische Vorbildung des jugendlichen Geistes stattfinden könne und solle, daß aber dazu kein Vortrag der philosophischen Wissenschaften erforderlich sei, weil die Philosophie als die Frucht der ganzen Lehrart und der nach dieser eingerichteten und geleiteten Uebungen angesehen werden müsse. Doch schon 1825 erklärte eine andere Verordnung, daß die Philosophie, besonders die Logik ein den Gymnasien ihrem Wesen nach zugehörender Unterrichtsgegenstand sei und besiehlt, daß von Ostern 1826 an auf denjenigen Gymnasien, wo einer oder der andere Lehrer dazu befähigt sei, ein auf eigentliche Philosophie vorbereitendes Studium durch Unterricht in den Anfangsgründen der auf Erfahrung gegründeten Psychologie und der Logik von Neuem in Gang gebracht werden solle. Noch verdient hier als etwas Bemerkenswerthes angeführt zu werden, daß an dem Gymnasium zu Bautzen seit einigen Jahren auch Unterricht in der wendischen Sprache für die Schüler slavischer Nationalität ertheilt wird. — Durch eine Verordnung vom 24. Februar 1854 wurde für die beiden Gymnasien der sächsischen Oberlausitz, sowie überhaupt für alle sächsischen Gymnasien die Einrichtung eingeführt, daß außer den zum Religionsunterrichte festgesetzten Stunden wöchentlich, vielleicht am Montage, sämmtliche Schüler der obern Klassen zu einer Bibellection versammelt werden sollten. Uebrigens sollten im Religionsunterrichte selbst und auf sonst thunliche Weise die Schüler nicht nur mit der heiligen Schrift, sondern auch mit dem hauptsächlichsten Inhalte der symbolischen Bücher und insbesondere des augsburgischen Glaubensbekenntnisses bekannt gemacht und in das Verständniß desselben eingeführt werden.

Nach diesen, den Unterricht selbst betreffenden Verfügungen, die durch die

Aufführung noch anderer vermehrt werden könnten, will ich nicht außer Acht lassen, daß vielfach von den Lehrern über gewisse Störungen des Unterrichts, welche nicht sogleich abgestellt werden konnten, geklagt wurde. Als störend wurde z. B. 1825 in einem Berichte aus Görlitz der sogenannte Martinsumgang des Kantors mit dem Singechor, sowie der Gebrauch, daß letzterer genöthigt sei, selbst dem Wochengottesdienste beizuwohnen, aufgeführt. Den Schülern des görlitzer Gymnasiums lag nämlich die Verpflichtung ob, ein Sängerund ein sogenanntes Armen=Schulchor zu bilden, welches den Gesang bei den Wochengottesdiensten ausführen, allwöchentliche und Neujahrsumgänge halten und bei Begräbnissen auf Verlangen singen mußte. Auch waren die Schüler aller Klassen bei großen Begräbnissen gezwungen mit zu Grabe zu gehen. Dadurch mußten viel Schulstunden versäumt werden, weshalb endlich 1835 diese Einrichtung abgeschafft wurde. Die Stadt gab als Entschädigung für den die Schule treffenden Ausfall ihrer Einnahmen 200 thlr. und es wurde ein vereinigtes Gymnasialsängerchor aus 22 Sängern gebildet, die aber nur außer der Schulzeit in Thätigkeit treten sollten. — Auch in Zittau ward 1832 das Gassensingen des Schulchors zu Weihnachten abgeschafft, und es sollten dafür als Entschädigung für den Wegfall der betreffenden Einnahmen jährlich zwei Konzerte abgehalten werden. Die Abschaffung derartiger alter Bräuche erschien zum Theil schon durch die Forderungen der Sittlichkeit geboten. Und es ist eine in der Neuzeit besonders hervortretende Seite der Thätigkeit von Schulbehörden gewesen, daß sie ihr Augenmerk nicht blos auf die Unterrichtsgegenstände, sondern auch auf die Erziehung der Jugend zur Sittlichkeit gerichtet hat. Schon 1819 war z. B. in Görlitz verordnet worden, daß kein Bücherverleiher einem Schüler des Gymnasiums ein Buch zum Lesen ohne schriftliche Bewilligung der Aeltern oder Lehrer überlassen dürfe, und 1825 wurde vom Ministerio den Besitzern und Vorstehern von Leihbibliotheken untersagt, Bücher an Gymnasiasten zu verabfolgen. Andere Verfügungen der Regierungsbehörde zu Liegnitz aus den Jahren 1824 und 25 verboten den Besuch von Schank- und Wirthshäusern durch die Schüler der Gymnasien und höhern Stadtschulen, den Verkehr der Gymnasiasten mit Schauspielergesellschaften und deren Mitgliedern, und sie bezogen sich auf die Wohnungen, welche auswärtige Gymnasiasten zu nehmen hatten, sowie auf die Beaufsichtigung der an den Gymnasialorten nicht einheimischen Schüler.

Von der preußischen Regierung war schon unter dem 12. Oktober 1812 eine Prüfung der auf die Hochschule abgehenden Schüler angeordnet worden, und diese Bestimmung fand auch bei der Einverleibung eines Theils der Oberlausitz auf die beiden Gymnasien zu Görlitz und Lauban Anwendung; in Folge dessen wurden Prüfungskommissionen, in Görlitz z. B. 1817, eingesetzt. Ebenso werden auch auf den Gymnasien zu Bautzen und Zittau die Maturitätsprüfungen nach den alten sächsischen Gymnasien vorgeschriebenen Formen, auf Grund einer Verordnung vom 4. Juli 1829 und eines Regulatives vom 30. December 1830 abgehalten.

Obgleich 1799 in Görlitz wegen der beabsichtigten Verbesserung der Schuleinrichtung eine aus dem Rathskollegium gewählte Schuldeputation bestand, so war doch später die Schulinspektion einem Mitgliede der Stadtobrigkeit (dem Bürgermeister) allein übertragen. In der sächsischen Oberlausitz wurden auf Grund einer Verordnung von 1835 zur Leitung und Beaufsichtigung der innern ren Angelegenheiten der Gymnasien besondere, aus einem Geistlichen, Stadtrathe und Gemeindevertreter zusammengesetzte Gymnasial-Kommissionen bestellt.

Eingeführt wurde in Zittau 1830 ein neuer, von dem Rektor entworfener und von dem Ministerio bestätigter Schulplan, und ebenso war in Görlitz bei der Gründung der höhern Bürgerschule (1837) eine neue Organisation des Gymnasiums geboten; es wurden dabei die der Gelehrtenbildung fremdartigen Bestandtheile ausgeschieden.

Wir wollen jetzt auch einen Blick auf das statistische Material, welches uns über die vaterländischen Gymnasien vorliegt, werfen. Dasselbe bezieht sich auf die Anzahl der Schüler, welche die Anstalten in den verschiedenen Jahren besucht haben und von ihnen zur Hochschule vorbereitet worden sind. Dabei greife ich die Angaben aus nur einigen Jahren heraus.

I. Schülerbestand der Gymnasien   II. Auf die Universität gingen

Ostern 1822

in Budissin	241	17.
» Zittau	?	8.
» Görlitz	343	10.
» Lauban	?	1.

1824

» Budissin	280	18.
» Zittau	?	9.
» Görlitz	363	12.
» Lauban	?	4.

1826

» Budissin	?	15.
» Zittau	?	13.
» Görlitz	357	13.
» Lauban	139	9.

1835

» Budissin	185	12.
» Zittau	115	6.
» Görlitz	274	11.
» Lauban	133	8.

Ostern 1842 hatten die Gymnasien in Görlitz und Zittau nur 73 Schüler, welche Verminderung vielleicht in der neugegründeten höhern Bürgerschule ersterer Stadt und in der Eröffnung der zittauer Gewerbschule (1840) zu suchen ist. Bautzen hatte in demselben Jahre 142 Schüler. Die Zahl derselben sank 1849 und 1850 auf 129 und 115, wovon 11 und 7 Primaner zur Universität abgingen. In Zittau war die Schülerzahl von 1848 bis 49 auf 92 mit 5 Abiturienten gestiegen; in Lauban trat aber zu derselben Zeit eine Verminderung bis auf 86 Schüler mit 4 Abiturienten ein.

Lichtpunkte im Schulleben sind die Feste und die Feierlichkeiten, welche das Schuljahr mit sich bringt. Stets wiederkehrende Feierlichkeiten sind die Prüfungen, die ich, weil sie etwas der Lausitz Besonderes nicht an sich tragen, hier übergehe. Ebenso kehrt die öffentliche, von den Schulen veranstaltete und durch Regierungsverfügung angeordnete Geburtstagsfeier des Königs jedes Jahr im Allgemeinen in derselben Weise wieder. Im Jahre 1854 waren die Gymnasien der sächsischen Oberlausitz durch den Regentenwechsel zu zwei solchen Feierlichkeiten veranlaßt; die eine, am 18. Mai, galt dem Könige Frie-

8*

drich August, und wie in Vorahnung des plötzlichen Todes, welcher das gesammte Sachsenvolk bald erschüttern sollte, führte in Bautzen der Konrektor Dr. Jähne in der Festrede die Verdienste aus, welche sich das Sachsen-Albertinische Regentenhaus um die Pflege der Wissenschaften erworben habe. Es war dies gewissermaßen ein Nachruf für den König und seine erlauchten Vorfahren; eine Lobpreisung, in der auch die Zuversicht durchschimmerte, daß die Wissenschaft in allen späteren Albertinern eine kräftige Stütze finden werde. Daher sprach auch am 12. Dezember desselben Jahres bei der Geburtstagsfeier Königs Johann an demselben Platze der Mathematikus Koch „über das hohe Glück, daß durch den im Vaterlande eingetretenen Thronwechsel die Wohlfahrt des Landes keine Wechsel erfahren werde, da das Sachsenvolk in seinem nunmehrigen Könige Johann einen nicht minder durch die trefflichsten und seltensten Tugenden ausgezeichneten Fürsten verehren dürfe, als in seinem dahingeschiedenen Friedrich August."

Als Festtage für die Gymnasien haben stets die Tage gegolten, an denen den Anstalten neue Lehrer zugeführt wurden, oder alte, verdiente Lehrer die Jubiläen ihrer Amtsthätigkeit feierten. Nicht selten wurde die Einweisung neuer Lehrer als Veranlassung zu einer dringenden Ansprache pädagogischen Inhalts ergriffen. Bei Einweisung des neuen Konrektors M. Fritsche in Budissin (1824) sprach z. B. der Rektor Siebelis auf dem großen Rathhaussaale, wo die Feierlichkeit stattfand, darüber, daß die freudige Wirksamkeit im Lehrerberufe oft gehemmt werde. Und er wies nach, daß diese Hemmnisse in der Armuth, im Privatunterrichte und der Zerstreuung der Schüler lägen, daß die Folgen davon langsames Fortschreiten und Zurückbleiben, Verminderung der Liebe und Lust zum Studiren, des Fleißes und Wetteifers, der Zucht und Ordnung und dann Mangel an Schul- und Universitätsreife seien. Daran schloß der Redner die Bitte an alle diejenigen, welche hier mitwirken könnten, alles dasjenige, was die glückliche Wirksamkeit im Lehrerberufe hemmen könne, so viel als möglich zu entfernen; er wendete sich deshalb zunächst an die Aeltern und sagte ihnen, daß sie mit den Lehrern berathen, die Kinder vor Zerstreuungen möglichst bewahren und die Schulstudien nicht durch häusliche und Familienangelegenheiten stören möchten; sodann richtete er seine Ansprache an die bemittelten Einwohner der Stadt, mit der Bitte, die würdigen und hilfsbedürftigen Schüler in ihren Studien unterstützen zu wollen. Mit solchem Ernste und solcher Liebe sprach der alte Rektor, der wohl fühlte, daß er von Gotteswegen an seinen Platz gestellt war. Und als im Jahre 1861 Dr. Friedrich Palm das Rektorat des budissiner Gymnasiums übernahm, da wurde ihm von dem Regierungsbevollmächtigten zugerufen, daß er von Gotteswegen die ihm anvertraute Autorität mit der von Gott selbst gebotenen Liebe, aber auch mit dem nicht minder gebotenen Ernste und dem steten Bewußtsein der dem Höchsten schuldigen Verantwortung üben möge.

Glücklich die Lehrer, welche nach langer Wirksamkeit sich die Liebe ihrer Schüler in reichem Maße erworben haben! Wenn sich diese Liebe auch öfters ausspricht, so treten doch bei gewissen Zeitabschnitten die Zeugnisse der Anhänglichkeit und des Dankes um so glänzender hervor. Als die Rektoren Anton in Görlitz (am 13. Mai 1828), Lindemann in Zittau (am 17. December 1848) und Hoffmann in Budissin (am 18. Oktober 1855) die Jubiläen ihrer 25jährigen Amtsthätigkeit feierten, da nahm nicht blos die Anstalt, sondern auch die Behörde und ein großer Theil der Bürgerschaft lebhaften Antheil.

Noch gedenke ich am Schlusse zweier Säkularfeiern, die der Gymnasien zu Görlitz und Budissin.

Am 26. und 27. Juni 1865 feierte ersteres das 300jährige Jubiläum seines Bestehens, wozu der Direktor Dr. Schütt durch ein Programm, welches ein griechisches Festgedicht und Mittheilungen zur Geschichte der Schule enthält, eingeladen hatte. Von dem auf der Stelle des ehemaligen Franziskanerklosters, das beinahe 300 Jahre lang Sitz der Anstalt gewesen, erbauten und 1856 vollendeten Schulgebäude bewegte sich am ersten Festtage ein aus Schülern, Lehrern und Gästen gebildeter Zug nach der ehemaligen Kloster-, jetzigen Dreifaltigkeitskirche, um der Jubelpredigt des Diakonus Hergeseil, eines ehemaligen Schülers der Anstalt, beizuwohnen. In die Schule zurückgekehrt, wurden von Seiten des Lehrerkollegiums zunächst die zahlreichen Beglückwünschungen entgegengenommen, und mit Dank des Stipendiums gedacht, welches der Kaufmann Katz in Görlitz in Veranlassung der Feier gestiftet hatte; hierauf hielt in der Aula der Direktor die deutsche Festrede und auch Schüler traten in lateinischer und griechischer Sprache als Redner auf. In der Festrede wurde ein Bild der Geschichte des Gymnasiums aufgerollt und dann die Aufgabe der Schule, welche eine Elementarschule für das höchste Wissen und Können im Allgemeinen sein solle, vorgeführt. Der Saal selbst war mit Kränzen und den Brustbildern der verstorbenen vierzehn Rektoren geschmückt, und zu den bereits vorhanden gewesenen Büstenpaaren, von 2 Königen Friedrich Wilhelm IV. und Wilhelm I., von Schiller und Göthe, und Luther und Melanchthon, waren noch vier ähnliche Büsten gekommen: „Homer und Cicero deuteten auf die naive unmittelbar schaffende Kraft des klassischen Alterthums, Lessing und Alexander von Humboldt auf die kritischen Kämpfe und wissenschaftlichen Eroberungen einer neuen Zeit hin." So wies das Gymnasium darauf hin, daß es wohl auf dem Boden des klassischen Alterthums stehen, daß es sich aber auch nicht gegen die lebendige Strömung der Neuzeit abschließen wolle.

Der ernsten Feier in der Schule folgte am ersten Tage ein heiteres Festmahl, während am zweiten Tage des Jubelfestes ein Schüleraktus mit Gesängen, Deklamationen und Reden einzelner Schüler abgehalten wurde.

Zwei Jahre später, am 1. und 2. Mai 1867 folgte die Säkularfeier des budissiner Gymnasiums, mit der zugleich die Einweihung des neuen Gymnasialgebäudes verbunden war. Wie man in Görlitz nicht die Säkularfeier der wirklichen, durch die Reformation veranlaßten Umgestaltung der alten Pfarrschule in eine unter die Oberaufsicht des Stadtrathes gestellte gelehrte Schule, sondern nur den Tag des Einzuges in ein neues Schulgebäude, welcher aber eine wesentliche Veränderung der Schuleinrichtungen nicht herbeiführte, feierte, so geschah es auch in Budissin. Dort ist der 2. Oktober 1556 als der urkundliche Stiftungstag des evangelischen Gymnasiums anzusehen. Da aber 1639 das von der Stadt benutzte Schulgebäude abgebrannt und erst den 14. December 1646 wieder zum Gebrauche feierlich eingeweiht worden war, so hatte schon 1746 der alte Rektor Zeiske den eigentlichen Stiftungstag übersehen. Dasselbe widerfuhr dem Stadtrathe Dr. Klien, welcher als städtischer Kurator des Gymnasiums durch eine Schrift: „Kurzgefaßte Geschichte des budissinischen Gymnasiums," am 14. December 1846 zur Säkularfeier einlud, obgleich er selbst bekannte, daß die berechtigte Feier sich auf die Stiftungsurkunde des Königs Ferdinand I. vom 2. Oktober 1556 gründen müsse. — Zur

Feier des 1. und 2. Mai 1867 hatte der Rector Palm durch ein Programm eingeladen, in welchem er zunächst seine Freude über die Vollendung des neuen Gymnasialgebäudes und seinen Dank gegen alle diejenigen ausspricht, welche zur Verwirklichung dieses Baues beigetragen haben. Hierauf folgt eine Auslegung der Inschrift am neuen Schulgebäude und es wird darin nachgewiesen, daß klassische Bildung, ächte Lebensweisheit und christliche Frömmigkeit, von der eine ernste Zucht unzertrennlich ist, die Grundpfeiler aller Gymnasialbildung seien und bleiben müssen. Der 30. April war gleichsam zu einer Vorfeier angesetzt worden, und es wurde an diesem Tage eine Stiftungsurkunde als Ausfluß der Pietät treuer Schülerherzen, sowie eine Fahne, als Geschenk von Jungfrauen, übergeben. Die genannte Stiftungsurkunde bezieht sich auf ein Stipendium für arme und würdige Zöglinge der ganzen Anstalt, ohne Rücksicht auf Lebenszweck, Alter, Konfession, Geburtsort und Heimathsangehörigkeit. Von ehemaligen Schülern wurden durch freiwillige Gaben dazu 1000 thlr. zusammen gebracht, denen Stadtrath und Stadtverordnete noch 500 zugefügt hatten. — Am 1. Mai bewegte sich nach einer Morgenandacht im Saale der alten Schulbastei der Zug von Lehrern und Schülern nach dem neuen Schulgebäude, welches hierauf dem Kultus-Minister von Falkenstein seiner Bestimmung übergeben wurde. In der Weihrede des Rektors ward ein Ueberblick der Wandlungen, welche die Anstalt während ihres 300jährigen Brstehens erfahren, gegeben, und Mahnungen an Lehrer und Schüler bildeten den Schluß. Zahlreich waren die Deputationen von Nah und Fern, welche erschienen waren, bei dem Jubelfeste ihre Theilnahme und Freude auszusprechen. Es folgten Festmahl, ein Conzert für die Schüler und des Abends ein Fackelzug. Noch waren aber die Feierlichkeiten nicht geschlossen; denn der 2. Mai, besonders für die alten Schüler zum Festtage bestimmt, versammelte dieselben, nachdem sie auf dem Gottesacker die Gräber heimgegangener Lehrer besucht und mit Kränzen geschmückt hatten, in dem alten Schulgebäude, wo sie von dem Professor Jähne, dem ältesten Lehrer der Anstalt, begrüßt wurden. Dieser lenkte sodann die Aufmerksamkeit auf die Erfolge der Schule, dankte den Wohlthätern derselben und schloß mit der Ueberzeugung, daß das Gymnasium auch in dem neuen Gebäude fortblühen werde. Das letzte Wort in dem alten Schulgebäude sprach ein ehemaliger Schüler, der Pastor Secundarius Seibt in Budissin, und dann setzten sich die alten und neuen Schüler, die Stadträthe und Vertreter der Bürgerschaft, mit der neuen Schulfahne an der Spitze, durch die mit Flaggen geschmückten Straßen nach dem neuen Schulgebäude in Bewegung, wo sie von den Klängen des alten Schulglöckchens begrüßt wurden. In lateinischer Rede sprach der Rektor seinen und der Lehrer Gruß und Dank für die Stiftung aus, und ein alter Schüler (Bezirksgerichtsdirektor Hensel) forderte in der Erwiderung die Jugend auf, sich vor Allem an dem Studium des Alterthums zu begeistern, aber auch gleichzeitig zu lernen, wie es gekommen, daß die Herrlichkeit desselben habe vergehen müssen. Er setzte weiter auseinander, wie die Germanen die Erbschaft der Griechen und Römer angetreten, wie der deutsche Geist jetzt mit Hilfe der Beweisführung und Folgerung die Erscheinungen der Geschichte und die der Natur zu durchdringen und zu verbinden strebe, und wie namentlich die Neuzeit durch den Ausbau der Naturwissenschaften das Alterthum ergänze. Dieser Aufgabe habe sich dieselbe nicht entziehen dürfen, und stehe damit nicht im Gegensatze zu der göttlichen Offenbarung, welche die Menschheit tröste und heilige. — Nach den Vorträgen einiger

Schüler und einem Schlußgesange ward auch dieser Theil der Feier beendigt, die in fröhlicher Weise durch ein Festmahl und einen Kommers ihren Abschluß erhielt.

Ich habe der beiden Jubiläen mit einiger Ausführlichkeit gedacht, weil es bedeutende Momente in der Kulturgeschichte der Oberlausitz sind. Ganz besonders hat das budissiner Gymnasium früher eine vorragende Stelle eingenommen, weil es ja die Pflanzstätte in dem Markgrafthum war, auf welcher klassische Bildung und deutsche Wissenschaft vorzugsweise den Jünglingen slavischer Nationalität mitgetheilt wurde. Doch, was Bautzen gegenwärtig den Bewohnern des westlichen Landestheiles ist, das ist Zittau für den südlichen und Görlitz und Lauban für den östlichen Landestheil. Vermögende Privatleute haben in rechter Würdigung der Bedeutsamkeit der Gymnasien nicht nur in verflossenen Jahrhunderten durch Stiftungen für dieselben gesorgt, sondern auch die neueste Zeit hat Wohlthäter dieser Anstalten zu nennen. Besonders erstreckte sich der wohlthätige Sinn auf die hilfsbedürftigen Schüler, welche bei ihrem Austritte aus der Schule mit Sorgen auf die Hochschule gehen müssen, weil ihnen die Mittel fehlen, sich dort erhalten zu können. Der schon früher genannte Regierungsrath Karl Gottfried Herrmann schenkte dem zittauer Gymnasium 1000 thlr. zu einem Stipendium für junge Leute, welche auf Universitäten oder andern wissenschaftlichen Akademien studiren wollen. Dieselbe Anstalt erhielt von dem 1824 in Zittau verstorbenen Kaufmann Theodor Immanuel Schulz zu demselben Zwecke 3000 thlr., und 1000 thlr. wurden ihr 1829 von der Jungfrau Albertine Junge für Stipendien übergeben. Von 1824 an trat in Zittau eine Stiftung ins Leben, die schon 1803 der Stabinus Gottfried Erdmann Petri gemacht hatte; derselbe hatte dem Gymnasium 300 thlr. mit der Bestimmung vermacht, daß die Zinsen davon nach dem Tode seiner Frau an die Wittwen der zwei untersten Lehrer vertheilt werden sollten. Im Jahre 1838 starb Christiane Friederike geb. Bentlah, verwittwete Aktuar Brückner, welche dem zittauer Gymnasium 2000 thlr. hinterließ. Daniel Gottlieb Hartmann, Bürgermeister in Görlitz, und seine Tochter Auguste Henriette verehelichte Professor Weiske in Leipzig vermachten 1000 und 2000 thlr. für Stipendien leipziger Studenten, welche Schüler des görlitzer Gymnasiums waren; außerdem vermachte die Tochter noch 2500 thlr. für den Gymnasialfond, und es traten diese Stiftungen 1838 in Wirksamkeit. Des görlitzer Gymnasiums, das den Grund zu seiner Bildung gelegt, gedachte auch durch ein Vermächtniß von 500 thlr. der 1829 als emeritirter geistlicher Inspektor zu Schulpforta gestorbene M. Christian Gottlieb John, ein tüchtiger Prediger und Lehrer, welcher 1756 in Seidenberg geboren worden war. Der Apotheker Remining in Lauban vermachte 1841 dem Gymnasium daselbst 200 thlr, von deren Zinsen zwei Schüler bis Sekunda freien Unterricht erhalten sollten, und der schon früher als edler Wohlthäter genannte Kaufmann Christian Lindner in Marklissa hinterließ auch ein Legat für Studirende. Karl Wilhelm Otto August von Schindel, Landesältester der preußischen Oberlausitz und Präsident der oberlausitzischen Gesellschaft der Wissenschaften († 1830) legirte 8000 thlr. zu verschiedenen Stipendien für Jünglinge, welche in Görlitz, Budissin und Zittau studiren. So reihen sich die Namen edler Männer aneinander; ihnen würdig schließt sich der Oeconomierath J. F. Neu in Görlitz an, welcher ebenfalls der hilfsbedürftigen Studirenden unsers Markgrafthums in seiner werkthätigen Liebe nicht vergessen hat. Im Jahre 1859 vermachte er ein Ka-

pital von 1000 thlr. für Studirende zu Görlitz und Bautzen und den Landes-
universitäten zu Leipzig, Halle, Berlin und Breslau, welcher Stiftung 1865
eine gleich hohe folgte, die, auf Zinseszins angelegt, zur Vermehrung des
Stipendienfonds dienen soll. — Manche bange Sorge ist durch die Wohlthä-
tigkeit auch der Zeitgenossen gehoben oder doch gemildert worden, und die
Männer, denen das Glück zu theil wurde, von Vermächtnissen unterstützt Gymnasium und Hochschule besuchen zu können, segnen, wenn sie nicht völlig bar
eines dankbaren Gefühles sind, die edlen Freunde unserer Schulanstalten.

Eine neue Zeit hat neue Forderungen an die Ausbildung der Jugend gestellt. Ein höheres Maß von Kenntnissen beanspruchen gegenwärtig auch die
bürgerlichen Kreise, und der künftige Geschäftsmann, der Techniker, der Landwirth oder Forstmann suchen dasselbe nicht immer im Gymnasium, sondern in den
Anstalten, welche die modernen Bildungselemente in den Vordergrund gesetzt haben. Ich denke dabei nicht an die eigentlichen Fachschulen, sondern nur an
die Anstalten, welche auf dieselben vorbereiten, oder welche ein höheres Ziel
der Ausbildung bei ihren Schülern zu erreichen suchen, als die allgemeine
Volksschule erstreben kann. Die höhern Bürger- oder die Realschulen reichen
mit ihrer Geschichte nicht sehr weit zurück; denn die ersten Anfänge im Real-
schulwesen vor den Freiheitskriegen trugen noch das Gepräge der Unsicherheit,
welches erst verschwand, als im Jahre 1822 der Direktor A. G. Spilleke in
Berlin den Weg dazu zeichnete, auf welchem die Realschulen zu einer berechtigten Stellung neben den Gymnasien gelangen konnten. Diese Stellung
mußten sich die jungen Anstalten in der That erst erkämpfen, und in Preußen
erlangten sie die dieselbe durch die „Unterrichts- und Prüfungsordnung der
Realschulen und höhern Bürgerschulen vom 6. Oktober 1859." In Görlitz
besteht seit 1837 eine höhere Bürgerschule, welche in der Neuzeit ihre Stellung
unter den Realschulen erster Ordnung einnimmt. Sie giebt demnach eine wissenschaftliche Vorbildung für die höheren Berufsarten, zu denen Universitätsstudien
nicht erforderlich sind; maßgebend ist bei ihrer Einrichtung nicht das nächste
Bedürfniß des praktischen Lebens, sondern der Zweck, „bei der ihr anvertrauten Jugend das geistige Vermögen zu derjenigen Entwickelung zu bringen,
welche die nöthige Voraussetzung einer freien und selbstständigen Erfassung des
späteren Lebensberufes bildet." Bei der Gründung der görlitzer höhern Bürgerschule wurde mit derselben die seit 1833 daselbst bestehende und durch den
Archidiakonus Dr. Sintenis eröffnete Mädchenschule verbunden, und der Direktor Ferdinand Wilhelm Naumann hebt mit Recht in dem Vorworte zu dem
zweiten Jahresberichte der vereinigten Anstalten, in welchem er den Grund-
lehrplan der Mädchenschule mittheilt, auf das Sonst und Jetzt der weiblichen
Erziehung hin. Er sagt: „Wenn sonst die männliche Hälfte der Menschheit sich
das ausschließende Recht an die Vortheile der Kultur anmaßte, so werden jetzt
dem weiblichen Geschlechte dieselben Ansprüche auf Aufklärung, Bildung und
Verschönerung des Geistes und Herzens eingeräumt. Wenn man sonst in dem
Wahne lebte, die Natur habe das weibliche Geschlecht nur stiefmütterlich aus-
gerüstet, so überzeugt man sich jetzt von seiner reichen Bildungsfähigkeit und
findet öffentliche Bildungsanstalten für die weibliche Jugend eben so nothwendig, als wohlthätig. Wenn sonst das weibliche Geschlecht wie noch heute
bei den Völkern des Orients, nur als erste Sklavin des Mannes angesehen
ward, so erkennt man jetzt seine wahre Bestimmung, seinen hohen Beruf auf
Erden." — Noch hatte Görlitz die von Gersdorfsche Mädchen-Erziehungsan-

stalt, deren Direktion 1815 von dem Gymnasialoberlehrer Dr. Johann August Rösler, einem Manne, welchem bedeutende Lehrgabe und Handhabung guter Disciplin eigen war, bis 1845 übernommen wurde. Bald darauf ging jedoch die Anstalt ein, und auch die Mädchenschule wurde von der höhern Bürgerschule als gesonderte Anstalt unter eine selbstständige Direktion gestellt. Gymnasium und Realschule erhielten von 1853 bis 56 ein prachtvolles Gebäude, das der Stadt 75000 thlr. kostete.

Wie die preußische, so hat auch die sächsische Oberlausitz nur eine Realschule. Bereits im Jahre 1848 war in Meißen auf einer Versammlung von Gymnasiallehrern empfohlen worden, in solchen Gymnasial-Städten, wo noch nicht Realschulen beständen, neben den mittleren Gymnasial- auch Realklassen einzuführen. Auf diese Anregung folgte (wie in Plauen) 1855 die Einrichtung der mit dem Gymnasium zu Zittau verbundenen Realschule, und die daselbst bestandene Gewerbschule wurde aufgehoben. Letztere hatte in ihrer untersten Klasse alle Jahrgänge hindurch die meisten Schüler gezählt, während in der zweiten und ganz besonders in der ersten Klasse, wo die eigentlich technischen Lehrfächer vorgetragen wurden, die Schülerzahl eine nur geringe war. Wegen der mangelhaften Vorbildung der eintretenden Schüler mußte in der dritten Klasse das gelehrt werden, was die Schüler eigentlich mit in die Anstalt hätten bringen sollen, und da nach dem Besuche dieser Klasse die Meisten wieder abgingen, so war ersichtlich, daß eine Realschule in Zittau dem vorhandenen Bedürfnisse weit besser entsprach. — In dem Regulativ vom 2. Juli 1860 wird den sächsischen Realschulen die Stellung einer Mittelschule zwischen den Elementar- und Fachschulen angewiesen, wie das Gymnasium eine Mittelschule zur Universität sein soll, und es wird hervorgehoben, daß die Aufgabe der Lehrer nicht blos in dem Unterrichten zu bestehen habe, sondern daß dieselben ihre Schüler besonders zu den Tugenden des Fleißes und Gehorsams, zur Pflichttreue und Gewissenhaftigkeit, zur Ehrbarkeit und Gottesfurcht zu erziehen bestrebt sein sollen. Neben dem Religionsunterrichte haben die Realschulen ihren Mittelpunkt in den neuern Sprachen und in der Mathematik und den Naturwissenschaften. Dies ist der Kernpunkt aller sächsischen Realschulen und demnach auch der Punkt, um welchen sich an unserer heimathlichen Anstalt die gesammte Unterrichts- und Erziehungsthätigkeit zu gruppiren hat.

Wir kommen nun zu einem dritten Bildungsmittel, welches sich würdig den bereits besprochenen anschließt, weil es dieselben häufig zu ergänzen hat. Es ist

das wissenschaftliche Vereinsleben.

Schon in früherer Zeit ist unser Markgrafthum darin anderen, weit größeren Provinzen vorangegangen, daß sich in ihm Vereinigungen von Männern bildeten, welche gegenseitige Förderung ihrer wissenschaftlichen Erkenntniß und den Ausbau der Wissenschaften selbst nach Maßgabe ihrer Kräfte sich als Zweck gesetzt hatten. In der oberlausitzischen Geschichte bis zum Jahre 1815 wurden derartige Gesellschaften genannt und besonders die Gründung und der erste Ausbau der oberlausitzischen Gesellschaft der Wissenschaften etwas eingehender besprochen. Indem ich hier das wissenschaftliche Vereinsleben der letzten 50 Jahre vorführe, lasse ich zunächst mit einigen Rückblicken eine Fortsetzung der Geschichte genannter Gesellschaft folgen. Nach einem sechsjährigen fast gänzlichen Stillstande (von 1784 bis 1790) entfaltete diese „gelehrte

Gesellschaft", wie sie im Volksmunde genannt wird, bis 1808 eine lebendige wissenschaftliche Thätigkeit, indem sie einestheils Pläne für heilsame Institute und Bildungsanstalten entwarf und besprach und ihre Sammlungen und die Bibliothek bereicherte, anderntheils aber auch mehrere gemeinnützige Schriften des Dr. Christian August Struve, die neue lausitzische Monatsschrift und ersten Hefte des Urkundenverzeichnisses herausgab. Durch die Vermächtnisse ihrer edlen Stifter Traugott von Gersdorf und Dr. Karl Gottlob von Anton sahe sich die Gesellschaft am Anfange dieses Jahrhunderts in dem Besitze reicher Sammlungen und Bücherschätze und eines werthvollen Gebäudes, und obwohl durch den Krieg ihre wissenschaftliche Thätigkeit auf mehrere Jahre unterbrochen wurde, so konnte doch der einmal aus dem hingeworfenen Samenkorne entwickelte Keim nicht mehr erstickt werden.

Zwar wurde mit dem Eingehen der lausitzischen Monatsschrift im Jahre 1808 das einzige literarische Band zerrissen, welches die Mitglieder nach Außen aneinander knüpfte, zwar gerieth auch die Herausgabe des Urkundenverzeichnisses einige Zeit hindurch ins Stocken und selbst die von 1807 bis 1817 ausgefallenen Anzeigen des Vereines blieben in der Folge ungedruckt; aber dessenungeachtet sind mit Ausnahme nur eines Jahres immerwährend, wenn auch nur schwach besuchte Versammlungen abgehalten worden. — Ehe ich in gedrängter Weise die literarische Thätigkeit der Gesellschaft vorführe, gedenke ich ihrer Präsidenten und Sekretäre, als der Männer, denen ein Hauptantheil bei den Bestrebungen und Erfolgen zugesprochen werden muß.

Nach dem ersten Präsidenten Hermann Grafen von Callenberg auf Muskau (geb. 1744, gest. 1795), dessen viele Verdienste um die junge Gesellschaft einigermaßen vergessen ließen, daß Traugott von Gersdorf nicht zur Annahme der Präsidentschaft zu bewegen war, folgte der Landesälteste und spätere sächsische Minister Ernst von Nostitz und Jänkendorf (geb. 1765 und gest. 1836), welcher, ausgezeichnet als Staatsmann und Dichter, aber leider nach dem Frieden im Jahre 1816 sein Amt niederlegte, weil er sich gebunden an die Anwesenheit im Inlande, der statutenmäßigen Leitung der jährlichen Hauptversammlungen nicht mehr unterziehen konnte. Kurze Zeit nur konnte der Mitbegründer der Gesellschaft, Dr. von Anton, den Versammlungen präsidiren, da er bereits am 17. November 1818 starb. Es folgte ihm der Landesälteste Otto August von Schindel (gest. 1830), welcher sich besonders durch sein Werk über die deutschen Schriftstellerinnen in weiteren Kreisen als Literarhistoriker bekannt machte. Der Präsident und Landesälteste Maximilian von Oertzen-Collm schrieb über die älteste Geschichte der Oberlausitz und alte Landeskronsagen. Auf kurze Zeit nur folgte ihm der Freiherr J. B. von Seckendorff, um die Vereinsbestrebungen der umsichtigen und erfolgreichen Leitung des gegenwärtigen Präsidenten Grafen von Löben auf Nieder-Rudelsdorf zu übergeben. — Als erster Sekretär ist der verdienstvolle und aufopferungsfähige Dr. von Anton zu nennen. Auf sein Ansuchen führte von 1805 an Dr. Kuebel die sämmtlichen Geschäfte des Amtes, dessen Lasten und Verdienste von 1808 an dem Amtssekretär Baumann zufielen. Zeitweilig verwalteten in der Kriegsperiode das Amt auch die Doctoren Stölzer, Sohr und Rösler, bis am 1. Januar 1812 der zum beständigen Sekretär und Bibliothekar erwählte Stadtphysikus Dr. Friedrich Heinrich Gottlieb Fielitz antrat. Leider starb derselbe bereits im Jahre 1813 und es blieben somit die Hoffnungen unerfüllt, welche man auf ihn gesetzt hatte. Fielitz hatte durch sein „Wochenblatt für die Lausitz und den Kotbusser Kreis," welches größtentheils der Geschichte und den gemeinnützigen Kenntnissen gewidmet war, die Aufmerksamkeit der Gesellschaft auf sich gezogen. Dieselbe war von 1813 bis 1817 in die äußerste Unthätigkeit versunken, und die Bevölkerung würde ohne die 1813 versuchte Herausgabe einer „vaterländischen Monatsschrift" nichts von ihrem Dasein erfahren haben. Es lag dies nicht an dem neuen Sekretäre, sondern nur an der Last der drückenden politischen Verhältnisse, unter denen das wissenschaftliche Leben in Erstarrung sinken mußte. Im Jahre 1814 war Johann Gotthelf Neumann, Archidiakonus in Görlitz, zum Sekretär gewählt worden, und dieser Mann, welcher sich schon mit Fielitz der Gesellschaftsbibliothek angenommen hatte, setzte die besten Jahre seines Lebens daran, neben einer Last von Amtsgeschäften die reiche Büchersammlung aufzustellen und zu verzeichnen. Er gab außerdem von 1822 bis an seinen Tod (den 6. Juni 1831) auf eigene Kosten und nur mit einem Zuschusse der Gesellschaft das „neue lausitzische Magazin" heraus, diese Fundgrube für die vaterländische Geschichtsforschung. In der Anzeige der neuen Schrift sagte damals Neumann, daß dieselbe theils ein längst gefühltes literarisches Bedürfniß in der Lausitz zu befriedigen, theils aber auch den Mitgliedern der oberlausitzer Gesellschaft der Wissenschaften eine Gelegenheit darzubieten suchen würde, ihre Kenntnisse und eingesammelten Erfahrungen gemeinnützig zu machen. Aus dem vorgelegten Plane ist ersichtlich, daß die Zeitschrift nicht lediglich einen gelehrten Charakter haben, sondern daß sie auch den Ansprüchen des großen Publikums Rechnung tragen sollte. Nach Neumanns Tode wurde das Magazin von Dr. C. A. Pescheck in Zittau herausgegeben, bis es 1835 die Gesellschaft übernahm und die Herausgabe ihrem Sekretär, dem damaligen Archidiakonus und jetzigen Pastor Primarius Leopold Haupt in Görlitz übertrug. Mit großem Fleiße unterzog sich dieser vaterländische Gelehrte, der Mitherausgeber der wendischen Volkslieder und Entdecker der Metrik und Musik des alten Testamentes, seiner Aufgabe; und nach ihm führten im Allgemeinen nach demselben Plane die folgenden Gesellschaftssekretäre das literarische Unternehmen weiter fort. Mit Dank verdienen in dieser Beziehung, sowie wegen ihrer übrigen Verdienste um das wissenschaftliche Leben der Gesellschaft Dr. Ernst Ludwig Tillich (geb. 1809 in Dessau, gest. auf einer Reise nach Frankfurt a. d. O. 1852), Dr. Theodor Neumann, ein Sohn des hochverdienten Archidiakonus Gotthelf Neumann, und selbst als Schriftsteller im Gebiete der Landesgeschichte thätig, ferner der Privatgelehrte Johann Karl Otto Janke, welcher gewissermaßen von seinem Vater, dem bekannten Superintendenten M. Joh. Christian Janke in Görlitz die Liebe zur vaterländischen Geschichtsforschung als Erbtheil empfing, der Stadtrath Gustav Köhler (gest. 1865), bekannt besonders als Verfasser einer Festschrift: „Zur Geschichte der Buchdruckerei in Görlitz" und der „Geschichte des Bundes der Sechsstädte," der ehemalige Pfarrer Gottlob Traugott Leberecht Hirche (geb. 1805, gest. 1863), sowie die jüngsten in der Reihe der Gesellschaftssekretäre, Dr. Titus Wilde und der Professor Dr. G. E. Struve, genannt zu werden. — Die oberlausitzische Gesellschaft der Wissenschaften, deren Zweck nach den wiederholt unterm 17. August 1867 allerhöchst bestätigten Statuten, in der vereinigten Pflege des gesammten Gebietes der Wissenschaften, sowie in Anregung und Förderung wissenschaftlichen Lebens und Strebens besteht, und die sich ganz besonders der Erforschung und Bearbeitung der Geschichte, Alterthümer und Landeskunde der Ober- und Niederlausitz zuwendet, ist der gestellten Aufgabe mit dankenswerthem Erfolge nachgegangen. Sie hat das Gedächtniß hochverdienter Oberlausitzer in der Gegenwart wieder aufgefrischt, dunkle Partien in der Vaterlandsgeschichte aufgehellt, die in den Archiven vergrabenen Urkunden ans Licht der Oeffentlichkeit gezogen und so dem Forschen nutzbar gemacht; sie hat besonders in den Monatsversammlungen zur Belebung des wissenschaftlichen Sinnes erfolgreich gewirkt und wiederholt Schritte gethan, um Vorarbeiten zu einer topographischen Beschreibung der Oberlausitz zu erhalten. Schon der erste Präsident, Graf von Callenberg und Andere hatten mit seltener Uneigennützigkeit Geldsummen für die beste Beantwortung gestellter Fragen ausgesetzt; aber ganz besonders hatte der Stabinus Petri in Görlitz 1803 in seinem Testamente dafür Sorge getragen, daß die Gesellschaft stets die Mittel erhielt, um durch größere Preise den literarischen Wetteifer anzuspornen. Petri hinterließ der Gesellschaft 1600 thlr. Kapital zu jährlichen Preisaufgaben vorzüglich aus der mittlern Geschichte der Ober- und Niederlausitz und aller der Orte, welche jetzt dazu gehören, und aus den schönen Wissenschaften. Und in seine Fußtapfen trat 1862 der königliche Oekonomierath Neu in Görlitz, welcher eine Schenkung von jährlich 25 thlr. oder erforderlichen Falles von 500 thlr. Kapital zu dem Zwecke der Förderung der topographisch-historischen Arbeiten über die Oberlausitz machte. In Folge dessen sahe sich die Gesellschaft in den Stand gesetzt, eine größere Zahl von Arbeiten zu krönen, z. B. Friedr. Theodor Richters „Geschichte des Pönfalles," Pescheks „Geschichte der Industrie und des Handels" und die „der Poesie in der Lausitz," Karl Haupts „lausitzer Sagenbuch," des Verfassers dieser Schrift „Geschichte der Oberlausitz bis zum Jahre 1815," Alfred Kunzes „Lebensbeschreibung des Ehrenfried Walter von Tschirnhausen auf Kieslingswalde und Würdigung seiner Verdienste," so wie insbesondere aus der Neu'schen Stiftung G. Korschelts Geschichte von Olbersdorf und Enders Geschichte von Langenau. — Zu wünschen ist, daß die Thätigkeit der oberlausitzischen Gesellschaft der Wissenschaften in den heimischen Kreisen immer mehr anerkannt werde; denn die rein auf die innige Kraft der Liebe zum Guten und Schönen, dem Durste nach Förderung der Wissenschaft gegründete geistige Genossenschaft hatte sich, um mich der Worte eines ihrer Sekretäre (Th. Neumann) zu bedienen, sehr bald zum Mittelpunkte eines bewegten provinziellen Lebens gemacht. „Die Vergangenheit der Oberlausitz durchforschend, der Gegenwart rathend und helfend, für die Zukunft des gesegneten Landstriches sorgend, wurde sie Theilhaberin an allem Edlen und Zweckmäßigen, was im Verlaufe von nun beinahe 90 Jahren in der Oberlausitz geschaffen ward.

Als eine jüngere, aber würdige Schwester hat sich in Görlitz neben die Gesellschaft der Wissenschaften die naturforschende Gesellschaft gestellt. Schon im Jahre 1811 erwuchs aus der Vereinigung mehrerer Geschäftsmänner zu dem Zwecke, die Stunden ihrer Muße zu einer gemeinschaftlichen Unterhaltung über Gegenstände aus der Naturgeschichte der Vögel zu verwenden, die ornithologische Gesellschaft. Zwar löste sich dieselbe zwei Jahre später wieder auf, doch nur, um sich 1819 durch Verbesserung ihrer Statuten und ihres innern Wesens von Neuem zu einem wohlgeordneten Ganzen zu gestalten. Als Zweck der Gesellschaft wurde festgesetzt, daß sich ihre Mitglieder mit der Naturgeschichte der Vögel sowohl überhaupt, als insbesondere der Haus- und Stubenvögel beschäftigen sollten, und besonders wurde gewünscht, daß sie in Bezug der letzteren „durch eigene Haltung und Beobachtung gewisser Klassen derselben" ihre Kenntniß erweitern möchten. Es wurde zwar nicht geradezu gelehrte Behandlung des gewählten Gegenstandes als erforderlich angesehen, aber doch von den in die Klasse der Gelehrten zu zählenden Mitgliedern die wissenschaftliche Behandlung eines oder des andern Zweiges der Naturgeschichte der Vögel, besonders der Haus- und Stubenvögel erwartet. So blieb es bis 1823, in welchem Jahre am 13. Mai in einer außerordentlichen Versammlung beschlossen wurde, daß die Gesellschaft von nun an den Namen einer „naturforschenden" führen, die Ornithologie aber immer als einen Hauptgegenstand der Bearbeitung stehen lassen solle. Der Mann, welchem das Verdienst zukommt, hauptsächlich die Umgestaltung der Gesellschaft bewirkt zu haben, ja welcher als der Gründer derselben anzusehen ist, war der 1788 zu Friedersdorf bei der Landeskrone geborne Polizeiamtssekretair Johann Traugott Schneider. Ohne gelehrte Bildung empfangen zu haben, verstand es Schneider, neben seinen Berufsgeschäften sich die Kenntnisse zu erwerben, welche ihn in den Stand setzten, bis an seinen Tod (1835) die oberste Leitung der naturforschenden Gesellschaft zu führen und die ihm auch die Anerkennung von Seiten einer großen Zahl wissenschaftlicher Genossenschaften eintrugen. Mit vielem Eifer und unter Bekämpfung mancher Schwierigkeiten wurde der angebahnte Weg verfolgt; die Sammlungen und Bibliothek vergrößerten sich von Jahr zu Jahr, und mit größter Freude konnte deshalb am 26. Oktober 1860 die Weihe des neugebauten Gesellschaftshauses, in welchem das aus kleinen Anfängen erwachsene Museum sich befindet, vollzogen werden. Die Ornithologie hat allerdings nicht mehr die Oberhand behalten können, da sehr bald andere Fächer der Naturwissenschaft würdige Vertreter fanden; schon 1826 bildete sich eine ökonomische Sektion; es folgten später Abtheilungen für Alterthumswissenschaft und für Geographie. Indem sich die Gesellschaft sehr bald der Forderungen der Gegenwart bewußt wurde, legte sie ein Hauptgewicht auf die Veranstaltung von Vorlesungen über verschiedene Gebiete der von ihr gepflegten Wissenschaft; und wie sie dadurch immer mehr die Theilnahme in ihren nächsten Kreisen anregte, erwarb sie sich durch ihre von Zeit zu Zeit erscheinenden Abhandlungen die Beachtung einer großen Zahl von Fachmännern und die Hochachtung und Freundschaft anderer Vereine. Es würde zuweit abführen, wollte ich an dieser Stelle ein Verzeichniß ihrer Schriften liefern; aber versagen kann ich es mir doch nicht, wenigstens die Verdienste der Gesellschaft um die Durchforschung unserer Provinz in naturgeschichtlicher Hinsicht einigermaßen anzudeuten. Schon 1834 waren von A. Rößler die „Höhenmessungen in der Lausitz und dem lausitzer Gebirge" erschienen, und es folgten 1865 aus dem Nachlasse des Oberlehrers Theodor Hertel „barometrische Höhenmessungen in der Oberlausitz und den angrenzenden Gegenden." Im Jahre 1857 erschien auf Kosten der Gesellschaft die von ihr veranstaltete und dem Professor Ernst Friedrich Glocker ausgeführte „geognostische Beschreibung der preußischen Oberlausitz," mit einer geognostischen und einer Karte der land- und forstwirthschaftlichen Bodenklassen. Mehrfache Nachträge in den spätern Abhandlungen legen Zeugniß davon ab, daß mit jener Arbeit Glockers die Gesellschaft keineswegs ihre Aufgabe in Bezug der Kenntniß oberlausitzer Bodenverhältnisse für abgeschlossen erachtet hat. Reichlich sind die Beiträge zur Flora der Provinz, mit denen Burkhardt in Niesky bereits im ersten Bande der Abhandlungen begann und die in neuester Zeit besonders von dem Inspector der Sammlungen, dem Apotheker Peck eine fortgesetzte Ergänzung fanden. Peck war es auch, der sich den einheimischen Land- und Süßwassermollusken zuwendete und die älteren Beobachtungen des

Rectors Johann Gottfried Neumann in Greifenberg, welche im lausiz. Magazine erschienen sind, vervollständigte. Vegetationsbeobachtungen von Burkhardt in den ältern Abhandlungen der Gesellschaft, sowie fortgesetzte meteorologische Mittheilungen sind werthvolle Beiträge zu einer späteren Klimatologie der Provinz. Daß die Gesellschaft sich hinsichtlich der Regenverhältnisse ihre Aufgabe weiter gestellt, bekundet die schon früher angezogene fleißige Arbeit ihres einstigen Präsidenten Georg von Möllendorff. Die frühere Hauptaufgabe des Vereins, die Pflege der Ornithologie, ist nicht ganz vergessen worden, denn von der Arbeit Brahts an, „über die in den Lausitzen vorkommenden Vögel," bringen die Abhandlungen der Gesellschaft mehrfach Mittheilungen, welche sich auf das Auftreten einzelner Arten, ihre Lebensweise und besonders ihre Rückkehr beziehen. Eine Arbeit des auswärtigen Mitgliedes Robert Tobias bespricht die oberlausitzer Wirbelthiere.

Wie die görlitzer naturforschende Gesellschaft, so haben auch andere naturwissenschaftliche Vereine unsers Heimathlandes sich nicht nur bestrebt, die Kenntnisse ihrer Mitglieder zu erweitern, sondern sie haben in Folge besserer auch zu eigenen Beobachtungen besonders über die Gegenstände und Erscheinungen der näheren Umgebung angeregt. Hat zwar die im Jahre 1846 von dem jetzigen geheimen Medicinalrathe Dr. Hermann Reinhardt in Dresden, dem Oberarzte Carl Wilhelm († 1866) und dem Zeichnenlehrer Friedrich von Gersheim in Bautzen gegründete naturwissenschaftliche Gesellschaft „Isis" durch gedruckte Abhandlungen noch nicht einen Schritt in die Oeffentlichkeit gethan, so hat sie dessenungeachtet durch Aufstellung reicher Sammlungen besonders einheimischer Naturprodukte der vaterländischen Naturforschung einen beachtenswerthen Dienst geleistet. — Mit einem Bändchen Arbeiten, unter denen C. G. Voigts Beiträge zur Schmetterlings-Fauna der sächsischen Oberlausitz hervorgehoben sein mögen, trat 1853 die im Jahre 1849 gegründete naturwissenschaftliche Gesellschaft Saxonia zu Groß- und Neuschönau in die Oeffentlichkeit. Auf Anregung des genannten C. G. Voigt, eines Musterzeichners und eifrigen Lepidopterologen hatte sich in dem rührigen Fabrikorte „eine Anzahl vielfach gebildeter und von Liebe und Begeisterung für die Natur erfüllter Freunde," vereinigt, und „Excursionen auf die Berge und in die Thäler der Heimath, wie freiwillige Geschenke von einheimischen und auswärtigen Mitgliedern, legten bald den Grund zu einer Bibliothek und Sammlung von Naturgegenständen." So heißt es in dem Vorworte zu den Abhandlungen der Gesellschaft, und es wird gleichzeitig darin betont, daß die Saxonia keine Genossenschaft von Fachmännern sei und daß sie darum die strenge Waffe der Kritik nicht zu fürchten habe. Die Erstlinge ihrer geistigen Thätigkeit sollten nur Zeugniß ablegen, wie einzelne ihrer Mitglieder bemüht gewesen seien, auch einen kleinen Beitrag naturwissenschaftlicher Beobachtungen und Forschungen zu liefern. Einverstanden mit dem Ausspruche des Professors Roßmäßler auf der Naturforscherversammlung zu Wiesbaden, „daß die Naturforscher von Profession nicht die Eigenthümer, sondern nur die Verwalter der Wissenschaft, die Eignerin aber die Menschheit sei, welche dereinst streng zu Gericht sitzen werde über diejenigen, welche in arger Verkennung dieses Besitzverhältnisses der Menschheit, der wahren Besitzerin die Früchte der von ihnen blos verwalteten Güter vorenthalten hätten," veranstaltete die Saxonia im Jahre 1860 eine vierwöchentliche Ausstellung der zahlreichen Gegenstände ihrer Vereinssammlungen, und sie hat dadurch ganz gewiß in Vielen die Liebe zur Natur erweckt und erhöht. Auf acht geschmackvoll ausgeführten Tafeln veröffentlichte sie darauf die Gruppen ihrer Vögelausstellung und befestigte damit gleichsam die Erinnerung an die empfangenen angenehmen und lehrreichen Eindrücke.

Es ist in der That ein schönes Zeugniß für ein Land, wenn nicht blos in seinen Städten, sondern selbst in den Dörfern sich Vereine bilden, welche wissenschaftliche Thätigkeit auf ihre Fahnen schreiben; und es heißt die Forderungen der Gegenwart begreifen, wenn man allenthalben besonders die Ergebnisse naturwissenschaftlicher Forschung sich zu eigen macht. Mit jener Zeit, da man Kenntnisse über Vorgänge und Erscheinungen in der Natur nur für eine angenehme Zugabe seiner Bildung und nicht für einen wesentlichen Bestandtheil derselben ansah, muß vollständig abgebrochen werden; inne werden muß ein Jeder, daß der Mensch erst recht zum Menschen und zu einem wahrhaftigen Bürger dieser Erde wird, wenn er diese Erde nicht wie ein fremdes Land durchwandelt.

Wollen wir deshalb stolz sein auf den wissenschaftlichen Sinn, auf das Streben nach Aus- und Fortbildung, welches überall auch in unserm Heimathlande mächtig durchbricht, und wollen wir selbst die in bescheidenen Grenzen auftretenden Regungen nicht außer Acht lassen. Zittau hat schon seit 1849 seinen Verein für Naturkunde, und wenn derselbe mit reicheren Kräften auch mehr leisten kann und muß, als ein Verein in abgelegenem Dorfe, so ist dieser doch nicht mit Geringschätzung zu behandeln. In Ebersbach entstand vor einigen Jahren ein sogenannter Humboldtverein, und auch die Stadt Löbau hat in jüngster Zeit einen solchen bei sich entstehen sehen. Die Humboldtvereine aber sind nichts anderes als naturwissenschaftliche Genossenschaften, hervorgegangen aus dem edlen Streben, die Kenntniß der Natur und das Bewußtsein unserer Heimathsangehörigkeit in ihr zu einem Besitzthum des ganzen Volks zu machen.

Dabei muß ich auch des dritten Humboldttages gedenken, welcher am 14. September 1861 in Löbau gefeiert wurde. Der mit Blumen, Fahnen und drei Bildnissen Alexander von Humboldts (aus den Jahren 1808, 1840 und 1859) geschmückte Versammlungssaal enthielt mancherlei Reliquien von Humboldt, unter Anderem einen Brief an eine Löbauerin (Frau Bonstedt), die dem berühmten Forscher einst Proben eines meteorsteinähnlichen Minerals gesandt hatte. In der Eröffnungsrede des Gerichtsraths Petsch ging derselbe von den Kämpfen der Sechsstädte für Bürgerfreiheit aus und wandte sich darauf zu den friedlichen Geisteskämpfen von heute. Streiter solcher Art seien eingezogen in die Stadt, geleitet von einer großen Idee, die Schätze des Wissens, welche ein Humboldt und Andere zu Tage gefördert hätten, dem ganzen gebildeten Theile des Volkes zugänglich zu machen und die Liebe zur Natur durch Kenntniß des Naheliegenden zu fördern. Hierauf gab der Vorsitzende, Professor Roßmäßler aus Leipzig, eine Uebersicht seines Strebens und der bisherigen Laufbahn des Humboldtvereins; er schilderte, wie bereits zweimal in Schlesien Freunde der Natur und insbesondere der Humboldt'schen Naturanschauung zusammengetommen seien, und wie nun der Verein zum ersten Male seinen Fuß weiter gesetzt habe, um neue Freunde zu gewinnen. Nach Berathung und Annahme der Satzungen folgten drei Vorträge von Theodor Oelsner aus Breslau, Professor Moritz Willkomm aus Tharand und Dr. Otto Ule aus Halle. Der Erstere sprach über Natur und Geschichte; Professor Willkomm, ein geborner Oberlausitzer, lenkte die Aufmerksamkeit auf die geologischen Verhältnisse der Oberlausitz und die Wechselwirkung zwischen Wald und Boden. Indem er von der unmittelbarsten Nähe ausging, leitete er allmählich zu den allgemeinsten Gesichtspunkten, zu den wichtigsten Kulturmomenten über und flocht mit dem Einheimisch-Bekannten Bilder aus ferner Fremde zusammen. Der dritte Vortrag Dr. Ule's behandelte den Einfluß des Lichtes auf die Erkennung der Stoffe und führte eine wichtige Entdeckung der Neuzeit, die durch die Professoren Bunsen und Kirchhoff zu Heidelberg angestellten und gelungenen Versuche der Spektral-Analyse vor. Um jedoch den Festtheilnehmern und der gesammten Einwohnerschaft der Stadt ein Bild von dem Reichthum der Provinz zu geben, war gleichzeitig eine reiche und geschmackvoll angeordnete Ausstellung von Natur- und Kunstprodukten der Oberlausitz eröffnet worden.

Da ich der landwirthschaftlichen sowie der Gewerbevereine in dem Abschnitte über die Industrie und Gewerbe unserer Provinz bereits gedacht habe, weil dieselben neben wissenschaftlicher Belehrung zugleich auch das Praktische ins Auge fassen, so bleibt mir nur noch ein Verein, welcher das lausitzer Slaventhum geistig zu kräftigen sucht, zu besprechen übrig: es ist dies der Verein für wendische Volksbildung, die Macica Serbska in Budissin. Zwar war in den letzten 30 bis 40 Jahren von Einzelnen viel für wendische Sprache und Literatur gewirkt worden; Seiler, jetzt Pastor in Losa, begann schon 1829 in Verbindung mit einigen Freunden eine geschriebene Zeitung, deren bessere Aufsätze in Abschriften durch das Wendenland die Runde machten; Dr. Klien in Bautzen setzte es auf dem sächsischen Landtage von 1833 bis 34 durch, daß das Schulgesetz den Gebrauch des Wendischen in den Volksschulen gestattete, und 1838 oder 39 bildete sich unter den Schülern des budissiner Gymnasiums ein wendischer Verein (Societas slavica), welcher eine Bibliothek für slavische Literatur und zur Geschichte der Lausitz anlegte; aber alle diese Bestrebungen können sich mit den Erfolgen nicht messen, die durch die Macica bisher errungen wurden. Im Jahre 1845 verfaßte der Literat und Buchhändler E. Schmaler in Budissin die Statuten des Vereins und Stadtrath Dr. Klien übernahm es in Verbindung mit noch anderen Wenden evangelischer und katholischer Konfession die Genehmigung der Behörden zu erwirken, so daß am 7. April 1847 die Macica mit der ersten Hauptversammlung ins Leben trat. In ihren Statuten ist es ausgesprochen, daß der aus gebildeten und der wendischen Sprache kundigen Männern zusammengesetzte Verein bezweckt, in eben dem Maße, wie ähnliche Vereine mit großem Nutzen für deutsche Volksbildung bestehen, durch Herausgabe guter populärer und wissenschaftlicher Schriften, an welchen es bisher nur zu sehr fehlte, sowie einer Zeitschrift, wobei zugleich auf Reinigung und Ausbildung der Sprache Bedacht genommen wird, auch für wendische Volksbildung nach Kräften zu sorgen, und in der That hat die Gesellschaft in dem doch nur kurzen Zeitraume ihres Bestehens eine große Zahl von populären, sowie mehrere wissenschaftliche Schriften erscheinen lassen, sie hat den Anfang zu einer archäologischen Sammlung gemacht und sich eine Bibliothek erworben, in der außer vielem Slavischen überhaupt, sich fast alles wendisch Gedruckte vorfindet. Außerdem wurde innerhalb des Vereins 1854 eine philologische und 1857 eine naturhistorische Section gegründet. Stimmen wir also in die Worte des Domvikar M. Hornig, des Berichterstatters der Macica ein, daß wahre Bildung des Volkes auf natürlichem und kürzestem Wege nur in der Muttersprache befördert werden könne, so muß der Anspruch, welchen die Gesellschaft auf die Dankbarkeit der wendischen Nation hat, für alle Zeiten gesichert sein.

Es ist eigenthümlich, wie selbst in der Fremde sich die Lausitzer aneinanderschließen und ihrem Mutterlande treu, das Studium der Geschichte desselben pflegen, oder wie die Jünglinge und Männer slavischen Stammes, auch wenn sie aus dem Verkehre mit ihrem Volke gerissen worden sind, doch selten die Uebung in ihrer Muttersprache und die Förderung ihrer Literatur unterlassen. So gründete z. B. Schmaler 1837 in Breslau einen „academischen Verein für Sprache und Geschichte der Lausitz," in welchem die Professoren Celakowsky und Purkyne segensreich gewirkt haben; und 1841 fand sich in Leipzig der Professor Dr. Wuttke veranlaßt, ein besonderes Collegium für lausitzische Geschichte zu lesen. Vom 22. bis 24. Juli 1867 feierte die lausitzer Predigergesellschaft zu Leipzig ihr 150jähriges Jubiläum, und dabei hielt der Pastor Broske aus Krischa die zweite Festpredigt in wendischer Sprache, die man seit 50 Jahren nicht mehr auf einer leipziger Kanzel gehört hatte. Und doch waren es vor 150 Jahren sechs lausitzer Studenten, sämmtlich der slavischen Nation angehörig, welche zu dem Zwecke, sich in ihrer Muttersprache bestmöglichst zu vervollkommnen, die Predigergesellschaft gründeten. Dieselbe hat im Laufe der Zeit einen allgemeinern, fast alle theologischen Lehrfächer umfassenden Charakter angenommen und sich auch denen geöffnet, welche nicht der wendischen Sprache kundig sind.

Ich wende mich jetzt zum letzten Bildungsmittel und zwar zu einem sehr bedeutenden, welches auf die Bevölkerung unsers Landes einwirkte und nimmer aufhören wird, auf dieselbe einzuwirken. Wenn ich aber

die Literatur und die Kunstbestrebungen

hier vorführe, so beschränke ich mich dabei nur auf dasjenige, was von Lausitzern oder in der Lausitz und für die Landeskunde geschaffen worden ist. Von selbst versteht es sich dabei, daß ich mit dieser Stoffbeschränkung nicht aussprechen will, es hätten nicht auch andere und gerade sehr bedeutende Erscheinungen auf dem Gebiete der Literatur und des Kunstlebens ihren Einfluß auf die Lausitzer geäußert. Im Gegentheile ist gerade dieser Einfluß, — und es kann sich ja kein Land gegen denselben abschließen — von weitgreifenden Folgen auch für die schaffende Thätigkeit innerhalb der Oberlausitz geworden. Als am 10. November 1859 allenthalben in Deutschland die hundertjährige Geburtstagsfeier Friedrich Schillers die Gemüther begeisterte, da blieb auch die Oberlausitz nicht zurück. Die Festvorträge und andere Feierlichkeiten des genannten Tages, den Görlitz, Bautzen, Zittau, Kamenz, Löbau, Lauban, Seidenberg Marklissa, Hoyerswerda, Muskau, Weißenberg, Rauscha, Großschönau und Ebersbach nicht still vorübergehen ließen, mögen unsern Nachkommen die Kunde davon hinterlassen, daß das Volk seine wahren Dichter und volksthümlichen Schriftsteller liebt und ihre Schöpfungen zu würdigen versteht.

Mehrfach mußte ich im Verlaufe der bisher dargestellten Geschichte auf einzelne literarische Erzeugnisse hinweisen; doch giebt das bisher Angeführte doch nur ein lückenhaftes Bild von der schriftstellerischen Thätigkeit innerhalb der letzten 50 Jahre.

Aus der naturwissenschaftlichen Literatur führe ich zunächst die Schriften hier an, welche sich auf die geognostische Beschaffenheit des Landes oder auf Mineralogie überhaupt beziehen. Auf den Arbeiten des vorigen Jahrhunderts, unter denen außer Wilhelm Charpentier's mineralogischer Geographie der chursächsischen Lande, soweit sie auch die Oberlausitz mit umfaßt, besonders Leste's Reise durch Sachsen, welche sich nur, da sie unvollständig erschien, auf unsere Provinz bezieht, genannt werden mögen, baute man vielfach weiter fort. Wenn auch die älteren Beobachtungen theilweise umgestoßen wurden, so bleibt ihnen auf jeden Fall das Verdienst angeregt zu haben. Eine mächtige Liebe zu mineralogischen Studien erweckte aller Orten unser berühmter Landsmann Abraham Gottlob Werner, der am 30. Juni 1817 in Dresden starb. Zwei Jahre darauf folgte ihm der ehemalige bubissiner Arzt Dr. Friedrich August Treutler, einer unserer Mineralogen, welcher bei seinem Tode die Stellung eines Professors der Naturgeschichte und Inspektors des grünen Gewölbes in Dresden bekleidete. Einer der ältesten mineralogischen Schriftsteller in der Lausitz war auch der 1827 in Dresden gestorbene Kriegs- und Hofrath Dr. Christian August Stölzer, ein Marklissaer, welcher, in den Adelsstand erhoben, den Namen Lindner von Stölzer führte. — Zahlreiche Beobachtungen in Betreff der Mineralogie der Oberlausitz sind im Laufe dieses Jahrhunderts von Lausitzern und Nichtlausitzern in verschiedenen Zeitschriften, Programmen und selbständigen Arbeiten niedergelegt worden, so z. B. in Freiesleben's Beiträgen zur mineralogischen Kenntniß von Sachsen ein Aufsatz „über das Vorkommen des Raseneisensteins," in Karstens Archiv für Mineralogie Schilderungen der Gebirgsformationen am Queis, und im Programm der polytechnischen Schule in Dresden (1840) von Dr. Bruno Geinitz „Beobachtungen über die Braunkohlen der Lausitz." Die sächsische und auch ein großer Theil der preußischen Oberlausitz wurde von Dr. Bernhard Cotta in den „Erläuterungen zur geognostischen Karte des Königsreichs Sachsen und den angrenzenden Länderabtheilungen" besprochen, die geognostische Beschreibung der preußischen Oberlausitz aber gab, wie schon früher angeführt, die naturforschende Gesellschaft durch den Professor Glocker heraus. Die Umgegend von Görlitz besprachen in mineralogischer Hinsicht z. B. Kaufmann B. Klocke, Apotheker Peck und besonders der Oberlehrer J. A. Fechner in seinem „Versuche einer Naturgeschichte der Umgegend von Görlitz (1841). Von dem Apotheker C. F. Reichel erschienen 1852 die „Basalte und säulenförmigen Sandsteine der zittauer Gegend in Sachsen und Böhmen," während in jüngster Zeit die von Dr. Schneider, einem jungen Löbaner, bearbeitete Monographie des aus Basalt und Nephelin-Dolerit bestehenden löbauer Berges die Aufmerksamkeit der Geognosten auch in weiteren Kreisen erregte.

Friedrich Müller, aus Belgern gebürtig und in Zittau erzogen, schrieb 1832 ein „Handbuch für Mineralogie," und von demselben vaterländischen Forscher, welcher 1833 eine Professur der Naturwissenschaften in Trogen im schweizerischen Kanton Appenzell übernahm, wurden auch getrocknete Kryptogamen herausgegeben.

Wohl wenige gleich große Provinzen Deutschlands werden eine solche Zahl von Floren und Beiträge dazu aufzuweisen haben, wie die Oberlausitz. M. Karl Christian Oettels († 1819 als Bibliothekar in Meffersdorf) „systematisches Verzeichniß der in der Oberlausitz wildwachsenden Pflanzen," welches 1799 in Görlitz erschien, enthält auch wendische Pflanzennamen, denen in neuerer Zeit besonders der fleißige Botaniker Lehrer M. Rostock in Dretschen seine Beobachtung zugewendet hat. Nachträge zu Oettels Verzeichnisse erschienen im lausitzischen Magazin über die Farrenkräuter, Orchideen und Reparifolien, und 1828 gab F. W. Kölbing eine neue „Flora der Oberlausitz nach natürlichen Familien geordnet" heraus. Dieselbe umfaßt deutlich blühende Pflanzen und Farren und zählt in 67 Familien 401 Gattungen mit 958 Arten auf. L. Rabenhorsts „Flora Lusatica oder Verzeichniß und Beschreibung der in der Ober- und Niederlausitz wildwachsenden und häufig kultivirten Pflanzen" (1839 und 40) umfaßt in zwei Bänden den Phanerogamen und Kryptogamen; sie schien aber dennoch nicht allen Forderungen genügt zu haben, indem z. B. außer vielen schon früher zum Theil berührten Beiträgen noch 1849 eine „Flora der Oberlausitz" von C. A. Fechner, und in dem Prüfungsprogramme des zittauer Gymnasiums 1854 ein Verzeichniß der in der Umgegend von Zittau wildwachsenden offenblüthigen Pflanzen erschien. Die Forschungen der Botaniker werden nie abschließen und insbesondere wird die einheimische Flora stets durch das Auffinden neuer Arten oder bisher unbekannter Standorte das Interesse an sich ziehen. Der Arbeiten Friedrich Burkhardts wurde bei den Abhandlungen der naturforschenden Gesellschaft zu Görlitz schon gedacht. Als Sohn eines Missionars, in Surinam 1785 geboren, empfing Burkhardt vom 7. bis 13. Jahre seine Erziehung in Niesky, wo er auch als Apotheker 1854 starb. — Im Jahre 1820 starb der görlitzer Arzt Dr. Friedrich Gottlob Martin Trautner, ein ebenfalls fleißiger Botaniker und Schriftsteller in seinem Lieblingsfache; die erste Pflanzensammlung der Gesellschaft der Wissenschaften war ein Geschenk von ihm. — Als Professor der Botanik an der tharander Akademie wirkt gegenwärtig noch der auch durch seine Schriften, z. B. „die Wunder des Mikroskopes" in weiteren Kreisen rühmlichst bekannte Moritz Willkomm (geboren in Herwigsdorf). — Johann Baptist von Albertini, geboren in Neuwied am Rhein, gest. 1831 in Berthelsdorf als Bischof der Brüdergemeinde, legte seine botanischen Entdeckungen in Oettels systematischem Verzeichnisse und in Kölbings Flora nieder. Außerdem lieferte er Beiträge zu Hoffmanns Flora von Deutschland (2. Aufl.) und machte sich auch um die Lehre von den Pilzen verdient, indem er zugleich mit Ludwig David von Schweinitz, einem Urenkel Zinzendorfs (geb. 1780 in Bethlehem in N. Amerika, 1801 Lehrer in Niesky und gest. 1834) einen „Conspectus fungorum Lusatiae superioris agro Niskiensi crescentium" (1825) herausgab. — Eine „Uebersicht untersuchter Pilze, besonders aus der Gegend von Hoyerswerda," lieferte Preuß in von Schlechtendahls Linnaea (24 B. 2. H.). — Der Arzt Dr. Ernst Ferdinand Rückert in Königsbrück (geb. 1795 in Großhennersdorf, † 1843) schrieb eine „Flora von Sachsen" (1840), und P. C. Cürie (Prediger in Niesky und gest. 1855 als Bischof in Herrnhut) gab 1823 eine „Anleitung, die im mittleren und nördlichen Deutschland wildwachsenden Pflanzen auf eine leichte und sichere Weise durch eigene Untersuchung zu bestimmen" heraus, deren letzte Auflagen durch Dr. A. B. Reichenbach in Leipzig und Seminardirektor August Lüben in Bremen besorgt wurden. — Dem botanischen und zugleich dem Zeichnenunterrichte förderlich ist Gotthold Elßners „Naturgeschichtliches Bilderbuch" (Löbau 1862 und 63), in welchem unsere Waldbäume nicht nur in ihrem Blätterschmucke, sondern auch als Skelette vorgeführt werden und das als dankenswerthe Beigabe die einzelnen Blatt- und Knospenformen in naturgetreuen Abbildungen enthält.

Wie die botanische, so hat auch die zoologische Literatur manche von Lausitzern verfaßte oder auf die Lausitz bezügliche Arbeiten aufzuweisen. Eines Theils derselben wurde schon gedacht, und es ist hier vor Allem auf den fleißigen Johann Gottfried Neumann hinzuweisen, von welchem 1828 eine „Uebersicht der lausitzischen Haus-, Land- und Wasservögel," 1830 eine „Naturgeschichte der schlesisch-lausitzischen Amphibien" und 1832 eine solche der „Mollusken" erschien. Neumann, eines Maurers Sohn, wurde 1755 in Görlitz geboren und starb 1834 in Greiffenberg als emeritirter Rektor der Stadtschule zu Löwenberg; er war nicht nur ein sorgfältiger Forscher der Natur, sondern auch ein ausgezeichneter Schulmann, der selbst eine Stelle als akademischer Lehrer würdig ausgefüllt haben würde. — Von Dr. Küchenmeister ist in den Mittheilungen des landwirthschaftlichen Kreisvereins für die sächsische Oberlausitz (Band 2, Heft 9) ein Vortrag über „Fischzucht" niedergelegt worden, und der Lehrer Heinrich Benno Möschler in Särichen bei Niesky (später in Herrnhut) gab im lausitzischen Magazin (34 und 38 B.) eine fleißige Zusammenstellung der „Schmetterlinge der Oberlausitz," wobei zugleich die Höhe der verschiedenen Fangplätze, soweit dies von Interesse ist, und die geognostischen Verhältnisse der Flugorte nicht außer Acht gelassen worden sind. — Beiträge zur oberlausitzischen Naturbeschreibung überhaupt lieferte seiner Zeit (1827 u. 28) der unermüdlich thätige Dr. Peschek im lausitzischen Magazine, indem er eigene und fremde Beobachtungen zusammenstellte; ebenso unterzog er sich der mühevollen Arbeit, für die Abhandlungen der naturforschenden Gesellschaft zu Görlitz (3 u. 9 B.), einen Nachweis über die Literatur der oberlausitzischen Naturforschung zu liefern. — Eine „Naturgeschichte für Schulen nach Oken" schrieb 1824 der Pfarrer Johann Gottlob Maule in Brockwitz bei Meißen († 1841), welcher 1759 in Niederkerzdorf bei Lauban geboren wurde und von 1789 bis 91 Diakonus in Schönberg war. — Auch der bereits früher genannte Pastor Johann Borott in Zittau ist gewissermaßen den naturwissenschaftlichen Schriftstellern unsers Landes beizuzählen, indem von ihm 1823 „Acroama über Dr. Galls Schädellehre, mit nützlichen und unterhaltenden Reflexionen für gebildete Leser" erschien.

Ein geborner Lausitzer ist der Professor Julius Adolph Stöckhardt in Tharand, der rühmlichst bekannte Verfasser der „Schule der Chemie," welcher auch den landwirthschaftlichen Schriftstellern hätte zugezählt werden können.

Schon früher haben sich einzelne Männer der Arbeit unterzogen, ihre meteorologischen Beobachtungen aufzuzeichnen. So liegen derartige in Nieder-Rengersdorf bei Görlitz von A. T. von Gersdorf angestellte Beobachtungen aus den Jahren 1779 und 80 in den Provinzialblättern vor; und im gegenwärtigen Jahrhunderte (in den dreißiger Jahren) gab der Hauptmann J. L. A. Drewershoff in Zittau seine meteorologischen Beobachtungen auch in graphischer Darstellung heraus. Seine Nachfolger in gewissenhafter Aufzeichnung sind R. Peck in Görlitz, der Direktor Renner in Bautzen und Dr. Dietzel in Zittau, welche beiden letzteren zwei meteorologische Stationen des Königreichs Sachsen zu vertreten haben.

Es mag daran erinnert werden, daß in der berliner Monatsschrift vom Jahre 1783 (II. 18.) darauf hingewiesen wird, nicht Franklin sei der Erste gewesen, welcher den Blitz für einen großen elektrischen Funken und die „Gewittermaterie mit der elektrischen für einerlei" ansah, sondern daß vielmehr ein Oberlausitzer, der leipziger Professor Winkler (geb. 1703 zu Wingendorf bei Lauban) schon ein Jahr zuvor, ehe Franklin auf diesen Gedanken kam, in einem 1746 gedruckten Werke über „die Stärke der elektrischen Kraft des Wassers in gläsernen Gefäßen" ausführlich davon spricht. Dessenungeachtet gebührt dem berühmten Nordamerikaner das große Verdienst, daß er nun weiter schloß, man müsse auch den Blitz wie die durch Maschinen erzeugte Elektrizität ableiten können, und daß er in Folge dessen der Erfinder des Blitzableiters wurde. Der Pfarrer Erdmann Mirus zu Jonsdorf, welcher in der zittauer Gegend, und zwar in Hainewalde den ersten Blitzableiter anlegte, war schon 1803 gestorben. Da wendete sich ein einfacher Schullehrer, der schon früher genannte Christian Preibsch in Althörnitz der gleichen Aufgabe zu, und er hat nicht nur eine große Zahl von Blitzableitern in der zittauer Gegend aufgestellt, sondern auch im Jahre 1824 ein Büchlein: „Ueber Blitzableiter, zur Belehrung und zum Unterricht für den Bürger und Landmann" geschrieben. — „Ueber den Einfluß der künstlichen Elektrizität auf das Wachsthum der Pflanzen" schrieb 1839 der Oberlehrer Gustav Adolph Seidemann in dem Programme der zittauer Gewerbschule. Derselbe gab auch 1837 ein Lehrbuch der Astronomie für die gebildete Jugend unter dem Titel: „Der Himmel und seine Gestirne," heraus. — Im Jahre 1831 starb in Berlin der geheime Regierungsrath Karl Gottlieb Behrnauer (geb. 1765 in Görlitz), welcher als Bürgermeister in Zittau sich daselbst ein Observatorium eingerichtet hatte. Von ihm, der seine astronomischen Instrumente der Gesellschaft der Wissenschaften vermachte, rühren astronomische Ortsbestimmungen in der Oberlausitz her.

Wenn wir uns nach der naturwissenschaftlichen Literatur jetzt den Schriften zuwenden, welche sich auf die Topographie der Oberlausitz beziehen, so muß ich dabei theilweise mit in das historische Gebiet hinübergreifen.

Die im Jahre 1837 von Hermann Schmidt in Dresden als eine besondere Abtheilung von Sachsens Kirchengallerie herausgegebene „Oberlausitz" enthält neben lithographisch ausgeführten Abbildungen von Ortschaften und Kirchen viele trefflich von Geistlichen und Lehrern verfaßte Ortsbeschreibungen und historische Abrisse. Im Jahre 1861 erschien von Johann Gottlob Mitschke, Lehrer in Schadewalde bei Lauban „Das Markgrafthum Oberlausitz, königl. preuß. Antheils, in geschichtlicher, statistischer und topographischer Hinsicht", ein Buch, das nach der Vorrede keinen Anspruch auf Gelehrsamkeit machen will, sondern das hauptsächlich zum Handgebrauche für die Lehrer, sowie für den schlichten Bürger und Landmann, welcher Interesse für die engere geliebte Heimath hat, geschrieben wurde. — Eine treffliche Landeskunde wird entstehen, wenn die Oberlausitz eine größere Zahl von thätigen Männern aufweisen kann, die wie einst der Justizrath Friedrich Karl Starke in Lauban, sich der umsichtigen und eingehenden Bearbeitung eines enger begrenzten Bezirkes unterziehen. In den ersten zwei Bänden des lausitzischen Magazins (1822 und 23) ist die „geographische und topographische Beschreibung der görlitzer Haide" von Starke in der etwas gekürzten Umarbeitung des Pfarrers Trabert aufgenommen worden. — Ihre Kreise haben die Landräthe von Ohnesorgen und von Seydewitz bearbeitet, indem der Erstere 1842 eine Darstellung der statistischen Verhältnisse des rothenburger, der Andere 1864 eine Statistik des görlitzer Kreises herausgab. — Von verschiedenen Freunden des engern Vaterlandes wurden einzelne Theile desselben in mehr oder weniger eingehender Weise bearbeitet; so schrieb z. B. Dr. C. A. Peschek ein Handbuch: „Zittau und seine Umgebungen" (1821), bestimmt für Reisende, welche die Merkwürdigkeiten und Schönheiten dieser Gegend aufsuchen, und für Einheimische, welche Fremde dazu anleiten wollen. Denselben Zweck verfolgten gewissermaßen auch seine „Kinderreisen" (1836), welche uns vielseitig in die Natur, das Volksleben und die Geschichte eines Theils der Oberlausitz einführen, obwohl sie vorzugsweise einer Aufgabe der Pädagogik dadurch dienen, daß sie zeigen, wie man mit Nutzen zu reisen hat. — Als ein Beitrag zur Vaterlandskunde erschienen 1855 meine „Bilder aus der Oberlausitz," die ich besonders für jene Wanderer bestimmte, welche unsere Provinz besuchen, um frische Eindrücke für das Alltagsleben mit hinwegzutragen. In der That mehrt sich von Jahr zu Jahr die Zahl der Besucher, die auf unsern Bergen und in den grünen Thälern mit den frischen Wassern sich der sonnigen Tage freuen, welche ihnen nach den aufreibenden Berufsarbeiten bescheert worden sind. Daher regten sich besonders in den letztvergangenen Jahren einzelne Federn, welche Wegweiser für vielbesuchte Oertlichkeiten niederschrieben; es erschien z. B. schon 1822, gewissermaßen als Vorläufer, Eduard Eschles „der Oybin und seine Ruinen;" 1853 schrieb Karl Gottlob Morawek, ein einfacher Gärtner in Zittau, den „Führer auf die Nonnenklunzenfelsen bei Jonsdorf, nebst Wanderung auf den Hochwald;" 1853 erschien mein „Czorneboh," dem 1851 ein ähnliches Heftchen von Ernst Scholze vorausgegangen war. Der auf Kosten des Bäckermeisters Brettschneider auf dem löbauer Berge errichtete eiserne Thurm lockte aus der Ferne mehr Besucher herbei, als je vorher den wald-geschmückten Berg, den Stolz der Löbauer, bestiegen hatten, und deshalb war es an der Zeit, daß 1854 Emil Borott seinen „Löbauer Berg und Friedrich-August-Thurm" erscheinen ließ. Doch auch im Norden, in der Ebene, wo sich meilenweit die Kiefernhaide ausdehnt, giebt es manche Perle; die schönste ist der grüne Park in Muskau, dessen „Sagen und Bilder" Georg Liebusch 1860 niederschrieb.

Nicht die Natur des Vaterlandes und seine Geschichte sind es allein, welche dem Einzelnen die Fesseln anlegen, deren er sich nicht entledigen kann und die ihn immer wieder zurück zur Heimath ziehen; manches Gemüth wird unbewußt noch viel stärker durch die Sage gefesselt, welche in den Tagen der Kindheit hundertfältig zu ihm sprach und deren geheimnißvollen Zauber er nimmer wieder abstreifen kann. „Sage und Geschichte sind jedwede eine eigene Macht, deren Gebiete auf der Grenze in einander sich verlaufen," sagt Jacob Grimm; und „wo ferne Ereignisse verloren gegangen waren im Dunkel der Zeit, da bindet sich die Sage mit ihnen und weiß einen Theil davon zu hegen." Darum ist es wohl angemessen, wenn ich das Gebiet der vaterländischen Geschichtschreibung erst dann beschreite, nachdem ich die Sagenliteratur des Vaterlandes in Kürze berührt haben werde.

Obschon fast in jeder Chronik unserer Städte und Dörfer einige Sagen sich finden und manches periodische Blatt vereinzelte sagenhafte Ueberlieferungen geboten hat, so erschien doch erst im Jahre 1862 Carl Haupts „Sagenbuch der Lausitz," eine von der Gesellschaft der Wissenschaften gekrönte Preisarbeit. Heinrich Gottlob Gräve's „Volkssagen und volksthümliche Denkmale der Lausitz (1839)" bekundeten zwar den besten Willen des Verfassers, konnten aber mit ihrem ungehörigen Beiwerk und der Vernachlässigung jeder Quellenangabe die Ansprüche der Wissenschaft nicht befriedigen. Novellenartig sind Ernst Willkomms „Sagen und Märchen aus der Oberlausitz" (2 Th. 1843) bearbeitet; dasselbe gilt auch von einer kleinen Anzahl Sagen, welche unter dem Namen „die helle Sagenzelle" (1854) in Löbau erschienen. Als Sagensammler machten sich ferner Gustav Köhler, Leopold Haupt, Theodor Pescheck, der Lehrer Schön in Nieder-Neundorf, sowie der lausitzische Studentenverein in Breslau und Andere verdient. Nach diesen und älteren Vorarbeiten und Sammlungen galt es nicht nur, wie Karl Haupt in dem Vorworte zu seinem Sagenbuche schreibt, eine unverhältnißmäßig große Menge von Sagen zu sichten und zu ordnen, sondern es kam vorzüglich darauf an, den Werth einzelner kostbarer Funde ans Licht zu stellen. Dies hat Haupt mit großem Fleiße gethan, und er hat nicht etwa eine bloße Lücke ausgefüllt, sondern in der That einen Hauptpfeiler am Baue der vergleichenden Sagenwissenschaft errichtet und nachgewiesen, daß ein großer Theil unserer Sagen mythologischen Werth besitzt. — Nach vielen Seiten hin sind in der Oberlausitz die Spuren des alten Götterdienstes zu verfolgen; dieselben mochten den Gründer des kamenzer Lessingstiftes Dr. J. G Bönisch zu einem mythologisch-archäologischen, aber leider vielfach verfehlten Versuche reizen, der unter dem Titel: „die Götter Deutschlands, vorzüglich Sachsens und der Lausitz" 1830 erschien. — Fast erdrückt möchte man von den Namen werden, deren Träger in den letzten 50 Jahren das Gebiet der Geschichte bearbeitet haben. Dr. Karl Gottlob von Anton, der ausgezeichnete historische Denker, starb 1818. Seine Forschungen erstreckten sich nicht blos auf die Provinz, sondern sie erfaßten auch die allgemeine deutsche Geschichte, wie z. B. die Geschichte der Landwirthschaft und die der deutschen Nation beweisen. Genannte Werke erschienen zwar bereits vor dem von mir behandelten Zeitraum, — das eine 1799, das andere 1793, — aber Dr. von Anton darf doch auch hier nicht vergessen werden, weil sein Lebensabend in die jetzt behandelte Periode fällt. Dasselbe gilt auch von dem Oberpfarrer und Superintendenten Christian Gottlob Käuffer, dem Verfasser des Abrisses der oberlausitzischen Geschichte und anderer sich auf die historische Kenntniß unsers Heimathlandes beziehenden Arbeiten, da er erst im Jahre 1830 starb; es gilt ferner von dem zittauer Stadtphysikus Dr. Christian August Pescheck, gestorben 1833, dem Verfasser einer Beschreibung und Geschichte des Oybins und dem Herausgeber der lausitzischen Monatsschrift (von 1790 bis 92), welche später die Gesellschaft der Wissenschaften übernahm. Im Jahre 1815 starb noch der Pfarrer zu Friedersdorf bei Görlitz, Gottlieb Friedrich Otto, der fleißige Bearbeiter des „Lexikons der oberlausitzischen Schriftsteller und Künstler" aus dem Zeitalter von 1300 bis 1800 (1800—1803). Diese Arbeit setzte M. Johann Daniel Schulze als Rektor in Lucka weiter fort, denn von demselben erschien 1821 ein Supplementband zu Ottos Schriftsteller-Lexikon. Dr. Christian Adolph Pescheck, gewiß einer der fleißigsten Geschichtsforscher unsers Landes, starb als Archidiakonus in Zittau am 3. November 1859. Geboren wurde er 1787 in Jonsdorf, und einige seiner vielen Schriften wurden in andere Sprachen übersetzt; dies geschah z. B. mit dem kirchengeschichtlichen Werke: „Geschichte der Gegenreformation in Böhmen" (2. B. 1844), dessen englische Uebertragung in London herausgegeben ward. Seine Geschichte der Poesie, der oberlausitzischen Industrie und der kirchlichen Zustände in der Oberlausitz vor der Reformation sind gekrönte Preisschriften und werthvolle Beiträge zur Kulturgeschichte. Solche Beiträge hat Pescheck auch in seiner „Geschichte von Zittau" (2. Th. 1834), einer Musterschrift, geliefert: er umfaßte das Allgemeine wie das Spezielle mit gleicher Liebe und Hingebung, und so beschenkte er uns im Jahre 1835 mit einer „Geschichte von Jonsdorf," seinem Geburtsorte, sowie 1840 mit der „Geschichte der Cölestiner des Oybins," jenem Sandsteinfelsen, wohin er bis an sein Lebensende am liebsten seine Schritte lenkte. — Der Pfarrer Theodor Scheltz zu Tzschecheln in der Niederlausitz († 1850) hatte sich schon vor der Herausgabe der „Gesammtgeschichte der Ober- und Niederlausitz" (1847), von welcher leider nur der durch unendlichen Fleiß und umsichtige Arbeit ausgezeichnete erste Theil erschien, als tüchtiger vaterländischer Forscher hervorgethan. Seine gekrönte Preisschrift über die Frage, „ob germanische oder slavische Völker Ureinwohner der beiden Lausitzen waren," enthält auch eine kritische Würdigung der Quellen über die älteste Landesgeschichte (lauf. Mag. 1841), und eine andere Arbeit (Mag. 1842) behandelt „die Bekehrung der Lausitzer zum Christenthume." Ein fleißiger Quellenforscher war auch der Pfarrer Johann Traugott Trabert in Rauscha bei Görlitz; das lausitzische Magazin enthält mehrere umfängliche Arbeiten von ihm: „Die Landeshoheit über die jetzigen Lausitzen unter Kaiser Konrad dem Salier" (1822), die Preisarbeit: „Wenn und aus welchem Grunde kam die Oberlausitz im 13. Jahrhunderte an das Haus Brandenburg, welche Verdienste erwarb sich dasselbe um die Provinz und welches war der Zustand unter dessen Hoheit?" (1829), und endlich „das Leben Geros des Großen" (1830). — Belebend und anregend wirkten unsers Karl Benjamin Preuskers „Blicke in die vaterländische Vorzeit" (1841 ꝛc.), welche der Verfasser gewissermaßen durch das Motto: „Der Jetztwelt Spiegel ist die Vorzeit," eingeleitet hat. Auf den ersten Seiten seines Buches schrieb er die treffenden Worte nieder, daß die Geschichte nur zu kennen, nicht des Strebens Zweck sei. Von den erleuchtetsten Männern sei darauf hingewiesen worden, die Lehren der Geschichte nicht unbenutzt zu lassen, für eignes, wie für Völkerwohl. „Die Geschichte räth uns an, des Mittelalters oft gepriesenen Werth eben so wenig zu überschätzen, als die Jetztwelt schon glücklich zu preisen; sie bringt darauf, die Vorzüge, wie die Mängel von beiden eifrig beachtend, jene einer bessern Zukunft zu erhalten und diesen sorgsam vorzubeugen; und dies wäre dann der Forschung höchstes Ziel." — Im Jahre 1829 starb Johann Gottlieb Müller, Pfarrer zu Jänkendorf und dann zu Neukirch, der Verfasser von Monographien über Pobrosche und Jänkendorf, und ganz besonders als der fleißige Bearbeiter einer „oberlausitzischen Reformationsgeschichte" (1801) zu nennen. Ueber oberlausitzische Kirchengeschichte schrieb auch Christian Gottlieb Frohberger, Pfarrer zu Rennersdorf († 1817), und der Prediger Karl Gottlieb Müller in Lauban († 1818), von welchem eine „Kirchengeschichte der Stadt Lauban," ein reichhaltiges und schätzbares Werk, herrührt. Andere Geistliche schrieben die Geschichte einzelner Kirchen und Kirchgemeinden, Chr. A. Pescheck z. B. die der opbiner Kirche (1825), Wilhelm Mitschke die der Kirchengemeinde zu St. Michael in Budissin (1819) und Hermann Alexander Gühler die der Kirche zu Ober-Leutersdorf (1852). Ein fleißiger Geschichtsforscher, besonders im Fache der Presbyterologie war auch M. Johann Christian Janke (geb. 1757), der zu Görlitz als Pastor und Superintendent 1834 starb. — Der als oberlausitzer Historiker hochverdiente Johann Gottlob Zobel, welcher durch Beförderung der vaterländischen Urkundensammlung besonders thätig war, starb in Görlitz 1816 als Syndikus und Ehrenbürgermeister. Ein eifriger Sammler oberlausitzischer Schriften war der auch durch Bearbeitung einer „Galerie der zittauer Bürgermeister" verdiente Raths-Skabinus Christian Gotthelf Benjamin Pescheck in Zittau († 1826). Als Sammler für lausitzische Spezialgeschichte war der Pfarrer Gottlob Seifert in Kamenz († 1826) thätig; leider sind seine werthvollen Manuskripte zum Theil verschleudert worden. — Außer den historischen Studien trieb der Bürgermeister Samuel Traugott Neumann zu Görlitz († 1831) besonders Numismatik und Heraldik, und seine gedruckten Aufsätze beziehen sich meist auf Brakteatenkunde. Einer der eifrigsten Alterthumsforscher war ferner Johann Gottfried Schulz (geb. 1734 in Görlitz), welcher 1821 als Oekonomie-Inspektor in Niesky starb. Er hinterließ werthvolle genealogische und antiquarische Manuskripte und legte auch eine reiche Sammlung abgezeichneter Denkmäler und Urkunden aus Familienpapieren an. — Als kritischer Forscher der Geschichte des Queiskreises ist Johann Gottlieb Leberecht Brückner, geb. 1762 in Seidenberg, gestorben 1831 als Pfarrer in Marklissa, zu nennen. Auch unter den Schriften des 1820 als Rektor zu Chemnitz verstorbenen ehemaligen laubaner Konrektors M. Franz Liebegott Becher beziehen sich einige auf die lausitzer Vorzeit. Ueber die Geschichte des Schulwesens in Bautzen schrieb der dortige Stadtrath Dr. Friedrich Adolph Klien, und eine „Geschichte der Theurung seit 6 Jahrhunderten" (1806) gab der im Jahre 1821 als Pfarrer in Oppach verstorbene Eusebius Müller heraus. Ein fleißiger Historiker und Verfasser von Denkschriften auf lausitzische Geschichtsforscher war Bürgermeister Ernst Friedrich Haupt in Zittau († 1843), und ebenso darf Heinrich Gottlob Gräve in Kamenz (geb. 1772 in Budissin, † 1847), der bereits genannte Verfasser eines Sagenbuches, unter den verdienstvollen Schriftstellern zur historischen Kunde der Lausitz nicht vergessen werden. Maximilians von Oertzen-Collm, sowie besonders des Stadtraths Gustav Köhler wurde schon bei der Geschichte der oberlausitzischen Gesellschaft der Wissenschaften ehrend gedacht. Der Ober-Regierungsrath Gustav Adolph Tzschoppe in Breslau, ein geborner Görlitzer, gab in Verbindung mit dem Professor der Geschichte Gustav Adolph Stenzel 1832 eine „Urkundensammlung zur Geschichte des Ursprungs der Städte und Einführung und Verbreitung deutscher Kolonisten und Rechte in Schlesien und der Oberlausitz" heraus; der General-Superintendent Johann Gottlieb Worbs in Priebus († 1833) aber muß als getreuer Nachbar der Oberlausitz hier genannt werden, weil seine zwar hauptsächlich die Niederlausitz und Schlesien betreffenden historischen Schriften doch vielfach auch die Oberlausitz berühren mußten. Geboren wurde dieser um die Geschichte unserer Nachbarprovinzen hochverdiente Mann 1760 als Sohn eines armen Häuslers zu Röhrsdorf bei Friedeberg am Queis. Noch dürfen wir endlich eines Mannes nicht vergessen, der sich durch seine Schriften über sächsische und deutsche Geschichte einen wohlgegründeten Ruf erworben hat und dessen Wiege in der alten Sechsstadt Bautzen stand; es ist der erlanger Professor Karl Wilhelm Böttiger (geb. 1790).

Die Oberlausitz ist fürwahr ein denkwürdig Land; aus dem reichen Borne seiner Geschichte schöpften schon so Viele und doch ist man nicht auf seinen Grund gekommen; unaufhörlich quellen frische Wasser aus nicht geahnten Tiefen und lange verborgen gewesenen Gesteinsklüften nach. Wo nur der Forscher hingreift, da findet er einen Reichthum alter Ueberlieferungen. Mag er nur das Kleinste, das scheinbar Unbedeutende nicht verschmähen und den hinterlassenen Spuren der Geschichte nachgehen. Da ist es ein altes Volks- und Kinderfest, das ihn reizt, und dessen historische Begründung er erfassen möchte; dort sind es alte Steindenkmäler, die er fragend anschaut, oder er vergleicht das Leben unserer Zeit mit demjenigen, welches sich vor Jahrhunderten auf denselben Plätzen und Straßen seiner Stadt entfaltete. Der Forst und das Forstfest zu Kamenz, gab z. B. dem dortigen Oberlehrer F. J. Klix Veranlassung eine Monographie darüber zu schreiben (1854); der Gärtner Karl Gottlob Morawek in Zittau trat mit „Nachrichten über die in Zittau und Umgegend befindlichen Kreuze und Denksteine, welche an Wegen und öffentlichen Plätzen zu finden sind" (1854) in die Oeffentlichkeit, und der damalige

Conrektor F. G. Fritsche gab die am Sylvesterabende 1829 in einer geschlossenen Gesellschaft zu Budissin gehaltene Rede: "Budissin im Jahre 1629" in Druck. Aus derselben sieht man, wie die Gegenwart, in geschickter Weise auf die Verhältnisse früherer Zeiten hingelenkt, Theilnahme dafür empfinden muß, und sie zeigt uns auch, auf wie würdige Weise man den Jahreswechsel feiern kann.

Einen wahren Schatz besitzt die Oberlausitz in ihren Chroniken. Die Ortsgeschichten sind zunächst wohl für die Ortsbewohner da, insofern sie diesen sagen sollen, wie es vordem in ihrer Stadt, auf ihrem Dörfchen aussah, was man daselbst geschafft, gebessert hat, was die Vorfahren in böser Zeit und Drangsal litten und worüber sie sich freuten; aber dann sind alle Ortsgeschichten auch verschieden reiche Fundgruben, aus denen man Materialien zur allgemeinen Vaterlandsgeschichte holt. Die Darstellung der Vaterlandsgeschichte muß an Vielseitigkeit, Tiefe und Lebendigkeit gewinnen, wenn in einer großen Zahl von fleißig abgefaßten Ortsgeschichten tüchtige Vorarbeiten der Benutzung offen liegen. — Die letzten 50 Jahre, welche hier nur in Betracht gezogen werden, weisen eine solche Zahl von Chroniken oberlausitzischer Orte auf, daß es verzeihlich ist, wenn einzelne darunter übersehen werden sollten. Dr. Christian Adolph Pescheck's "Handbuch der Geschichte von Zittau" (1834 u. 37) wurde schon gedacht, und gewiß ist wohl selten eine Stadt so glücklich, zu ihrem Geschichtschreiber einen Mann, wie Pescheck es war, zu finden; derselbe hat sich würdig seinem Vorgänger Johann Benedict Carpzov an die Seite gestellt, von welchem 118 Jahre früher "der historische Schauplatz der Stadt Zittau" erschien. — Des Oberlehrers August Böhland (geb. 1782 in Budissin, † 1849 daselbst) "Schicksalen der Oberlausitz in ihrer alten Hauptstadt Budissin" (1831) folgte (1843) eine "Chronik der Stadt Budissin" von C. Wille. In Görlitz war es der schon genannte Dr. Theodor Neumann, welcher 1850 eine Geschichte der Stadt herausgab, und gewiß wird diese Schrift wie die vom Lehrer J. G. Gründer bearbeitete Geschichte von Lauban lange Zeit ein geschätztes Volksbuch bleiben. Zum Besten des Lessingstiftes erschien von Dr. Bönisch eine "historische geographisch-statistische Topographie der Stadt Kamenz und der benachbarten Ortschaften" (1824), in deren erstem Hefte allerdings Wahrheit und Dichtung vereinigt worden sind. Des Kirchner F. A. Eckhardt "Löbauer Chronik" (1851) umfaßt nur die Zeit von 1801 bis 1850. Der "Versuch einer Geschichte der Stadt Hoyerswerda" (1842) wurde von dem Arzte Dr. A. C. Schuster herausgegeben, während der Lehrer J. Kullmann "fortgesetzte Nachrichten von dieser Stadt und den zur Standesherrschaft gehörenden Ortschaften" (1852) schrieb. — Da seit dem Ende des vorigen Jahrhunderts, als Frohberger seine trefflichen Briefe über Herrnhut erscheinen ließ, nichts Zusammenfassendes über diesen Ort bearbeitet worden war und überdies manche falsche Vorstellungen darüber verbreitet sein mochten und noch mögen, erwarb sich der Lehrer G. Korschelt (jetzt in Zittau) durch die Herausgabe einer "Geschichte von Herrnhut" ein wesentliches Verdienst. Ein Jahr vorher war von demselben die "Ortsgeschichte von Berthelsdorf und Herrnhut" erschienen, und in neuester Zeit folgte die preisgekrönte "Geschichte von Olbersdorf." Schon Pescheck hebt es rühmend hervor, daß die zittauer Gegend wohl am reichsten mit Spezialgeschichten versorgt worden sei, und ich möchte behaupten, deß dies theilweise dem Einflusse und der Anregung Peschecks zu verdanken ist. Aus früheren Jahren stammen F. Edarths Chroniken von Olbersdorf, Hartau, Pethau, Kleinschönau, Herwigsdorf und Eckartsberg, G. L. Eckarths Chroniken von Bertsdorf und Drausendorf, Müllers Chronik von Eibau, Hinkes Türchauer Chronik und Friedrich Richters geschichtliche Nachrichten von Seifhennersdorf. Der Schullehrer Rößler schrieb 1823 eine „Chronik von Reichenau und den eingepfarrten Ortschaften," der Grundstücksbesitzer Gottlob Paul aber gab 1826 „Fragmente einer Chronik von Ebersbach nebst geschichtlichen Nachrichten über den frühern Zustand der Umgegend" und der Gärtner Morawek eine Geschichte der beiden kleinen Dörfer Pathau und Zittel (1852) heraus. Eine „Geschichte der Parochie Ebersbach im Amtsbezirke Ebersbach" schrieb auch (1857) der Kirchschullehrer Karl August Fritsche. Ein verdienstliches Werk ist des seitendorfer Pfarrers Joseph Bernhard Schönfelder (geb. 1787 in Ostritz, † 1835) „urkundliche Geschichte des Klosters St. Marienthal" (1834) und eine Musterarbeit des Privatgelehrten Friedrich Theodor Richter „geschichtlich-statistische Darstellung der Damastmanufacturorte Groß- u. Neuschönau" (2 B. 1839), welche seit 1867 zu einem politischen Gemeinde- und Ortsverbande unter dem Namen „Großschönau" zusammen getreten sind. — Der Pfarrer Karl Wilhelm Dornik in Hainewalde gab Nachrichten über Spitzkunnersdorf, Kottmarsdorf, Eibau und noch 1858 ein „Jahrbüchlein von Hainewalde" heraus. Von dem Professor Dr. Hermann Friedrich Knothe (jetzt in Dresden) erschien 1851 eine „Geschichte des Fleckens Hirschfelde," einem Orte, der durch seine eigenthümliche Gemeindeverfassung und insbesondere durch seinen Rechtsstreit in Bezug der Stadtgerechtigkeit mehr vielleicht wie mancher andere gleich große Ort das Interesse der Bewohner an seiner heimischen Geschichte fesselt. Als Ergänzung erschien von demselben, durch seine vaterländischen Geschichtsquellenforschungen und dahin einschlagende Arbeiten im lausitzischen Magazin und Archiv für sächsische Geschichte bekannt gewordenen Verfasser (geb. 1821 in Hirschfelde) die Geschichte der Dörfer Rohnau, Rosenthal und Scharre bei Hirschfelde (1857). — Wenn nun auch die Dörfer in der Umgegend von Zittau zu einem großen Theile ihre Chroniken besitzen und deshalb hier hervorgehoben wurden, so herrscht doch in den andern Theilen unsers Markgrafthums keineswegs ein Mangel an Ortsgeschichten. Die der Städte wurden mit wenigen Ausnahmen mit bereits genannt, und es ist nur noch hier auf Mörbes „Geschichte der Stadt und freien Standesherrschaft Muskau" (1861), auf des Oberpfarrers Ernst Mende „Chronik der Standesherrschaft, Stadt und Kirchgemeinde Seidenberg, mit Bezugnahme auf die Herrschaft Friedland" (1857) und auf Pastor Theodor Holschers in Horka „kurze Topographie und Geschichte der Kreisstadt Rothenburg" (1844) hinzuweisen. Manches Spezielle über Rothenburg, sowie auch im Manuskripte eine weitläufige Topographie und Geschichte der ganzen Gegend hinterließ der Superintendent Gottlieb Busch († 1833 in Rothenburg); in ähnlicher Weise hatte der Pastor Konrad Wilhelm Leonhard († 1850) und schon früher der wendische Prediger Karl Erdmann Zier († 1824) einerseits für die Spezialgeschichte Laubans, anderseits für die von Kamenz und Pulsnitz gesorgt. — Im Jahre 1836 erschien von Franz eine „Geschichte von Schwerta," 1858 die Geschichte der aus den Dörfern See, Sproitz und Moholz bestehenden Parochie Sprec im rothenburger Kreise, bearbeitet von ihrem Pfarrer J. T. Horter, während der schon genannte Pfarrer und Superintendent Holscher 1856 die Geschichte der in demselben Kreise liegenden Parochie Horka erscheinen ließ. Der ehem. Pastor Joh. Mörbe schrieb Chroniken von Petershain (1844),

Ober- und Nieder-Rosel (1845), sowie von Spreewitz bei Spremberg (1855), der Pfarrer Julius Knothe ließ eine „Beschreibung und Geschichte von Friedersdorf an der Landeskrone" (1856), der Candidat des Predigtamtes Moritz Käuffer einen „Abriß der Geschichte des Dorfes Gerlachsheim" (1847) und der Schullehrer Friedrich Schön „Etwas über das Dorf Nieder-Neundorf bei Rothenburg" (1837) erscheinen, während der Pfarrer Johann Gottlieb Kliembt ein schätzbares Manuskript über Ebersbach an der Landeskrone, wo er wirkte, hinterließ. — In vielen der genannten Chroniken finden sich beachtenswerthe Mittheilungen über die Drangsale, denen die Ortschaften in schlimmen Kriegsjahren und Zeiten großer Theuerung ausgesetzt gewesen sind. Scheint sich doch die Erinnerung an ausgestandene Noth und Angst viel fester in den Herzen einzuprägen, als die von guten Tagen, und fast unwiderstehlich drängen sich die Schilderungen von den harten Waffenkämpfen in der Seele auf, wenn wir vom Bergesgipfel aus unsere Blicke über den Wahlplatz schweifen lassen. Daher erschien in jener Zeit, als der granitne Thurm auf dem Czornebog errichtet wurde, eine Mitgabe für die Besucher dieses Berges: „die Schlachten von Hochkirch und Bautzen, ein Auszug aus den Werken von Archenholz und Obeleben" (1852); Korschelt aber ließ (1858) die kleine Schrift: „der Ueberfall bei Hochkirch" folgen. So ruft man das Gedenken an längst vergangene Zeit wieder wach, weil man weiß, daß das Interesse an der Geschichte seines Heimathlandes beim Lausitzer nicht fehlt. Unternehmungen zur Förderung vaterländischer Geschichtskunde folgen aufeinander; erschien doch 1856 und 1857 von Eduard Ruhland ein Album für Schlesien und die Lausitz, und ein Taschenbuch, für letztere allein bestimmt.

Ehe ich mich aber von den literarischen Bestrebungen für Geschichtskunde unsers Vaterlandes wegwende, um das übrige Schriftthum innerhalb der letzten 50 Jahre vorzuführen, will ich die Aufmerksamkeit noch auf eine literarhistorische Arbeit lenken. Heinrich Jördens Verdiensten wurde bereits gedacht; würdig an die Seite stellt sich ihm Karl Wilhelm Otto August von Schindel auf Schönbrunn, der 1776 auf dem Schlosse Tzschocha geboren wurde und 1830 starb. Mit großem Fleiße verfaßte derselbe ein Werk über „die deutschen Schriftstellerinnen des 19. Jahrhunderts" (3 Thl. 1823 und 1825), und dieser Beitrag zur Geschichte der weiblichen Kultur unserer Zeit führt auch folgende Lausitzerinnen auf: Wilhelmine und Rosalie von Gersdorf, Elisabeth Gregorius, Eugenie, Gräfin von Rospoth zu Halbau, Charlotte Gräfin von Münster-Meinhövel auf Königsbrück, Clotilde Septinie von Nostitz-Jänkendorf, Adolphine von Reibnitz geb. Meyer zu Knonow in Zilmsdorf, Karoline von Sydow geb. von Criegern, und Isabella Gräfin von Wartensleben geb. Gräfin von Lynar. Es sind dies fast alles adelige Namen, die Zeugniß davon ablegen, daß in den Herrenhäusern unsers Landes zu Anfange dieses Jahrhunderts, größtentheils durch den gewaltigen Aufschwung der deutschen Literatur angeregt, ein reges geistiges Leben herrschte.

Wir werden durch genannte Namen hinübergeleitet in die schönwissenschaftliche und poetische Literatur. Traten auch viele Leistungen auf diesem Felde nur in bescheidenen Grenzen auf und wurde ein großer Theil davon sehr bald vergessen, so gebührt ihnen in der Provinzialgeschichte doch wenigstens eine flüchtige Erwähnung.

Im Jahre 1822 starb in Zittau als einer. Bürgermeister Dr. Christ. Gottlieb Bergmann (geb. daselbst 1734), einer der Letzten, in deren Jugendzeit die Morgenröthe der bessern deutschen Literatur fiel. Als Student war er Mitglied der deutschübenden Gesellschaft, welche in Wittenberg von Titius geleitet ward; er übersetzte schon damals Lord Boling Brokes Briefe über Erlernung und Gebrauch der Geschichte (1758) und war auch mehrere Jahre hindurch ein Mitarbeiter an der damals viel gelesenen Zeitschrift: „Erweiterungen der Erkenntniß und des Vergnügens." Somit gehörte er in seiner Jugendzeit zu den Bahnbrechern eines bessern deutschen Schriftthums. — Ein beliebter Romanschriftsteller war seiner Zeit Karl August Seidel, der, in Löbau 1754 geboren, als Inspektor der Töchterschule in Dessau 1822 starb. Seine Geisterseherin, Sidonia von Montabour und andere Erzählungen sind wohl schon längst vergessen, und doch wurden einige davon wiederholt aufgelegt und sogar in fremde Sprachen übersetzt. Dasselbe Schicksal hatten die viel gelesenen Romane, welche der 1833 gestorbene Dr. Christian August Pescheck schon als Student veröffentlichte; mehr in Erinnerung sind vielleicht noch die historischen Erzählungen: der Friede zu Prag, die Bergleute zu Goslar, die Hussiten vor Zittau und andere, welche der Pastor Ewald Hering in Gersdorf (geb. 1802 in Oschatz, aber in Zittau erzogen) ebenfalls in jüngern Jahren unter seinem Vornamen schrieb. — Heinrich Adolph Schömberg, unter dem Namen „Belmont" als Schriftsteller bekannt geworden, wurde um 1780 in Budißin geboren und starb als Oberstadtschreiber in Zittau 1852, nachdem er früher französischer Offizier gewesen war. Historisch-romantische Erzählungen erschienen von ihm 1827 in Dresden und fanden außerdem zum Theil in dem Morgenblatte, im Merkur und anderen Zeitschriften eine weitere Verbreitung. — K. G. Prätzel, welcher um das Jahr 1783 in Halban geboren wurde und in dem die Lausitz einen Vertreter des komischen Heldengedichts gefunden hat, gab in den dreißiger Jahren 8 Bände Erzählungen in Leipzig heraus. Ebenso hat sich auch Ernst Willkomm, ein Sohn des früher genannten Pfarrers Gottlob Willkomm in Herwigsdorf, als belletristischer und volksthümlicher Schriftsteller und Dichter in weitern Kreisen bekannt gemacht; im Jahre 1834 erschien sein dramatisches Gedicht „Erich XIV., König von Schweden," und 1843 „der deutsche Bauer, ein Volksbuch für 1844." — Großes Aufsehen erregten des Fürsten Pückler „Briefe eines Verstorbenen, ein fragmentarisches Tagebuch aus England, Wales, Irland und Frankreich, geschrieben 1828 und 29" (1830 und 31), aus denen ich als Eigenthümlichkeit eine Stelle wiedergebe, in welcher der Verfasser eine Aehnlichkeit der Irländer mit den Wenden aufstellt. Beide sollen nach ihm ausschließlich reinen Kornbranntwein lieben und herstellen und fast allein von Kartoffeln leben. „Als Nationalmusik kennen sie nur den Dudelsack und leidenschaftlich lieben sie Gesang und Tanz, doch sind ihre Melodien stets melancholisch. Beide sind unterdrückt durch eine fremde Nation und sprechen eine immer mehr sich verlierende Sprache, die reich und poetisch ist, ohne daß sie jedoch eine Literatur in derselben besitzen. Beide verehren unter sich noch immer die Abkömmlinge ihrer alten Fürsten und haben den Grundsatz, daß, was noch nicht aufgegeben ist, auch noch nicht ganz verloren sei; beide sind abergläubisch, schlau und in ihren Erzählungen zur Uebertreibung geneigt; bei einem elenden Leben sind sie doch großer Anstrengungen fähig." Es kommt mir nicht bei, diese Vergleichung in allen ihren Einzelheiten vertreten zu wollen, obwohl einzelne Züge darin nicht hinwegzuleugnen sind. Wie die Briefe eines Verstorbenen, so fand auch des Verfassers 1834 herausgegebenes „Tutti Frutti" einen weiten Leserkreis, warme Freunde und harte Anfechtung. — Mehrere Oberlausitzer sind als Fabeldichter aufgetreten, z. B. Ernst Heinrich Schwabe und Johann Gottlieb Ziehnert. Von August Gottlieb Meißner (geb. 1763 in Budissin), welcher 1807 als Konsistorialrath in Fulda starb, nachdem er eine Professur der Aesthetik in Prag bekleidet hatte, erschienen noch nach seinem Tode (1816) hundert Fabeln. Bereits 1782 war derselbe mit einem Bändchen Fabeln und 1791 und 94 mit äsopischen Fabeln für die Jugend in die Oeffentlichkeit getreten. — Als Naturdichter unsers Zeitabschnittes sind Michael Zingel in Penzig, Johann Schuppans, ein Tagarbeiter in Kamenz und Johann Gottfried Hermann, Häusler und Weber in Markersdorf, zu nennen. Schuppans „Blüthen und Früchte einer natürlichen Dichtergabe" wurden 1829 von Schömberg mit einiger Nachhilfe herausgegeben; Hermanns Gedichte, unter denen eins auf den Oybin hervorzuheben ist, feiern besonders die Zufriedenheit und den Frühling. Den Naturdichtern ist in Hinsicht der frühesten Liedergaben auch August Böhland hinzuzufügen. Als armer Schuhmachergeselle trat er schon 1806 mit poetischen Versuchen hervor, denen 1816 Gedichte zur Unterstützung seines Vaters folgten. Noch im Jahre 1838, als Böhland schon längst Lehrer in seiner Vaterstadt Budissin geworden war, gab er „Gedichte für das jugendliche Alter" heraus, die manche sinnige Gabe unter der Zueignung an die Jugend enthalten:

> Wohl kann und mag die Welt dir Schöneres geben,
> Vom Flitter, der den eiteln Sinn besticht;
> Doch was das Herz in heil'ger Weihe spricht,
> Es wird das Spiel der Jugend überleben.

Ein anderer budissiner Dichter, der Advokat Otto Weber, welcher 1833 zuerst mit Gedichten in die Oeffentlichkeit trat, scheint zu diesen seinen ersten Schöpfungen die Begeisterung besonders an der Donau und am Rhein empfangen zu haben; im Fremdenbuche auf dem Czorneboh füllte er als Sohn der Lausitz die erste Seite durch eine Widmung aus. — Karoline Leonhardt (geb. 1811 in Zittau) ließ 1834 einen Liederkranz erscheinen, in welchem sie von sich selbst sagt:

> Und fragt ihr mich: „Was singest du?
> Wer lieh Dir Wort und Bild dazu?"
> So sag' ich euch als lieben Gruß:
> Ich singe einzig, weil ich muß.
> Wie's Böglein fliegt, die Blume blüht,
> Das Sternlein flammt, so ist mein Lied.
> Drum sing ich harmlos wie ein Kind,
> So lange Lieder in mir sind.

Wie sie später als Improvisatorin in verschiedenen Städten und auch in Erlangen bewundert auftrat, da richtete Rückert ein Gedicht an sie, dem die Erwiderung folgte:

> Ob Recensenten richten und sagen dies und das, —
> Ich hab' zum Stegreifdichten von dir den Reisepaß.

Uebrigens ist unsere Dichterin unter dem Namen Leonhardt-Lyser auch im Gebiete der Novellenliteratur aufgetreten; zehn Novellen erschienen in drei Bänden 1842, und in ihnen frischt sie mit gewandter Feder die Erinnerung an die deutsche Dichterin Louise Karschin und an die italienische Improvisatorin Rosa Taddei auf. — Der Staatsmann Adolph Ernst von Nostitz und Jänkendorf, genannt bereits als Präsident der Gesellschaft der Wissenschaften, veröffentlichte unter dem Dichternamen Arthur von Nordstern besonders Balladen und Romanzen. Ein Dichter war auch der Pfarrer Johann Traugott Horter in See († 1857), welcher bereits als Student in Leipzig 1828 ein Bändchen Gedichte herausgab. Er hinterließ allein 200 Sonette, und wenn man auch in seiner Poesie den hohen Schwung und den Bilderschmuck vermißt, so zeichnet sie sich doch durch warme Empfindung aus. Ein Beurtheiler hebt rühmend hervor, daß sich durch alle Lieder Horters wie ein goldener Faden ein christlich=frommer Sinn hindurchziehe.

Johann Friedrich Dietrich, geb. 1753 in Moys, gestorben als Justizamtmann in Moritzburg 1833, schrieb noch in seinem 76. Lebensjahre „die Vorjagd oder des Amtmanns Geburtstag," eine idyllisch=komische Erzählung, die durch reinen Versbau, durch Gemüthlichkeit und Sittlichkeit ausgezeichnet ist. Bereits im Jahre 1805 erschien in Folge der Aufmunterung seiner Freunde, zu denen auch der bekannte Kinderfreund Felix Weiße gehörte, eine Sammlung Gedichte von ihm. Johann Gottlieb Erdmann Müller, welcher als Lehrer in Gera lebte und 1783 in Lautersdorf bei Zittau geboren ward, verschaffte sich ebenfalls als Idyllendichter, z. B. durch seine 1826 erschienenen ländlichen Gedichte, denen 1817 in Hexametern „Bernhard und seine Kinder" voranging, manche Anerkennung. — Mehrere der Sinngedichte Wilhelms von Kiaw auf Hainewalde († 1821) wurden als klassisch von Pölitz in sein Werk: „Gesammtgebiet der deutschen Sprache" aufgenommen. Als satyrischer Schriftsteller mag Johann Christian Gretfel, einst Redacteur der leipziger Zeitung und der Fama, welcher 1776 in Reichenbach bei Königsbrück geboren wurde und 1830 in Leipzig starb, genannt werden. — Namen drängen sich auf Namen. In verschiedenen Blättern flogen einst Theodor Pescheds und Wilhelm Dornits Romanzen durch das Land, und auch Friedrich Burkhardt, der Botaniker, hat uns manche Blüthe seines dichterischen Geistes hinterlassen. Ein anderer Pflanzenforscher, der Diaconus M. Karl Weicker in Chemnitz (geb. 1795 in Arnsdorf bei Görlitz) beschäftigte sich schon in seiner Jugend viel mit Poesie und noch 1857 finde ich von ihm im chemnitzer Johannes=Album aus einem größern Liederkreise „die Entstehung der Pflanzen" besungen. Sollte nicht auch Leopold Haupt, der Uebersetzer wendischer Volkslieder und Bearbeiter von Psalmen in metrischer Form, unter unsern Dichtern mit genannt werden? Gottfried Häbler, ein Großschönauer, ließ 1851 ein Bändchen seiner Lieder erscheinen, und der Literat Eduard Kauffer, dessen Gedichte 1861 in zweiter Auflage erschienen, ließ einst einer als Manuskript gedruckten Sammlung neuerer Gedichte „Aus der Lausitz" den Gruß an sein Heimathland vorangeben. — Aber einer unserer größten Männer ist am 13. Februar 1862 entschlafen. Leopold Schefer, geboren am 30. Juli 1784 in dem Städtchen Muskau, wo er bis an sein Lebensende wohnte, darf mit Recht unserm Jacob Böhme, Lessing und Fichte an die Seite gestellt werden, denn er steht ihnen nicht nach „an Fülle des Geistes, Eigenthümlichkeit der Anschauungen und Selbstständigkeit der sprachlichen Darstellung." Dies sind die Worte Dr. Theodor Paur's, als derselbe in einem Vortrage die neueste Dichtung Schefers, „Homers Apotheose" besprach und darauf hinwies, wie am frühesten die Novellen und dann das „Laienbrevier" und die damit verwandten Schöpfungen „Weltpriester" und „Hausreden" gewesen seien, mit denen der Dichter hervortrat. Seine beiden Sammlungen lyrischer Gedichte erschienen erst, als er bereits ein Greis von 70 Jahren war. „Das goldene Zeitalter unserer poetischen Literatur fiel in

Schefers erste Bildungsepoche, doch führte ihn sein Entwickelungsgang weit ab von den Wegen Göthes und Schillers, nicht weniger von denen der Romantiker." Mit körperlichen Leiden während der letzten Lebenszeit behaftet, bewahrte sich, wie Dr. Paur erzählt, unser Dichter doch seine Geistesfrische, und „er scherzte noch bei Gelegenheit wie in den sonnigen Tagen jener Jahre, da er mit seinem Freunde, dem Fürsten Pückler, um die Wette dem Leben die schönsten Früchte abgewann."

Wenn Jemand die Literaturerscheinungen eines Landes vorzuführen gedenkt, so würde eine große Lücke in dem Abrisse entstehen, wollte er nicht auch die Aufmerksamkeit der Tagesliteratur zuwenden. Die Wochenblätter haben nicht selten einen großen Leserkreis, und weil sie in diesem zuweilen einzig und allein den Eingang finden, so behaupten sie einen um so größern Einfluß auf die Volksbildung. Sie und die populären Bücher liegen ja oftmals neben der Bibel und dem Gesangbuche auf dem Brete in der Wohnung des Landmanns und des schlichten Bürgers und daher ist den Männern, welche auf diesem Wege dem Volke nahe treten, wegen ihres großen Einflusses auf den Bildungsstand desselben eine dankbare Erinnerung nicht zu versagen. Im Jahre 1838 starb in Görlitz der Bürgermeister Samuel August Sohr (geb. daselbst 1751), der letzte aus der Reihe von Männern, welche am Ende des vorigen Jahrhunderts in genannter Stadt und der ganzen Provinz „die Fackel einer neuern und höhern Bildung anzündeten." Seine Preisschrift: „Ueber die Erziehung des Landvolks in der Oberlausitz," welche die Gesellschaft der Wissenschaften drucken ließ, hat zu mancher Verbesserung durch die Behörden den Anstoß gegeben. — Als Volksschriftsteller, z. B. als Redakteur des zittauer Tagebuchs (bis 1812) machte sich einst Gotthelf Benjamin Flaschner von Ruhberg verdient; er war der Sohn eines einfachen Bäckers (geb. 1761 in Ullersdorf bei Zittau,) und starb, in den Adelstand erhoben, 1836 auf dem von ihm erkauften Rittergute Böhla bei Königsbrück. — Von 1812 bis an seinen Tod (1832) redigirte der Advokat Karl Gottfried Grohmann das von Eckarth begonnene zittauische Tagebuch, ein vielgelesenes Blatt, dessen 100jähriges Jubiläum Grohmann mit großer Freude noch begehen konnte. — Zur politischen Aufklärung des Volkes trug auch der Advokat Dr. Eduard Schmidt (geb. 1789 in Seifhennersdorf, † 1844 in Zittau) durch seine Schriften manches bei, und der Pfarrer Johann Gottlieb Müller, der Verfasser der oberlausitzischen Reformationsgeschichte, verdient ebenfalls als Volksschriftsteller genannt zu werden; am weitesten verbreitet war sein „Frommann, oder der Landmann, wie er ist und sein soll, ein Lehrbuch für den lieben Bauernstand." — In der politisch aufgeregten Zeit erschien des bautzener Oberlehrers Julius Beyer: „Ueber den Unterschied der Stände und die Ungleichheit des Besitzes" (1849), eine Schrift, welche vom Volksschriftenvereine in Zwickau angekauft und in vielen Exemplaren vertheilt wurde. — Gewiß könnten in dieser Beziehung noch manche Namen angeführt werden; doch wende ich mich jetzt den Zeitschriften und Wochenblättern zu, freilich mit dem Bedauern, daß mir eine völlige Rundschau darüber nicht möglich ist. In Zittau erschienen 1832 allein 12 Blätter, und Pescheck hat in genanntem Jahre ein Verzeichniß der zittauer Zeitschriften, welche bis dahin seit Beginn unsers Jahrhunderts erschienen waren, veröffentlicht. Zu den besten Blättern gehörte fortwährend das von Friedrich Eckarth 1731 begonnene und von mir bereits genannte „historische Tagebuch," welches reiche Beiträge zur oberlausitzer Lokalgeschichte lieferte. Seit 1810 erschienen die zittaulschen wöchentlichen Nachrichten" und bereits seit 1804 kam der „zittauer monatliche Neuigkeitsträger" heraus, welcher die neuesten in- und ausländischen Zeitbegebenheiten überbrachte. Darstellungen aus der Natur-, Sitten- und Völkerkunde lieferte das unter dem Titel „Postillion und Packetboot zu Land und Wasser" erscheinende Blatt, welches seit 1816 von dem Sohne des Begründers, dem Advokaten Andreas Riemer in Bernstadt fortgesetzt wurde. In monatlich zwei Bogen kam unter demselben Redakteur von 1816 bis 1829 das „historische Quodlibet, eine Sammlung verschiedener merkwürdiger und wundervoller Begebenheiten der Gegenwart und Vergangenheit" heraus, doch trat 1830 der „Erzähler" an seine Stelle. Die Monatsschrift „Allerhand," anfänglich mit dem Zusatze: „macht das Blatt bekannt," enthielt besonders Gedichte und kurze Erzählungen, und sie erschien seit 1829 verbessert unter dem Namen: „Monatliche Beiträge zur Unterhaltung und Gemeinnützigkeit." Hinsichtlich des Stoffes hatten sich die „Anekdoten, Charakterzüge, Gemälde und Schilderungen aus den Zeiten des heiligen Krieges" einen engen Kreis gesteckt; sie erschienen nur in monatlichen Heften und nicht einmal abgeschlossen, von 1814 bis 1816. Nicht ohne Werth war die von 1817 bis 20 in zwanglosen Heften erschienene Zeitschrift: „Gallerie interessanter Gemälde aus dem Reiche der Dichtung und Wahrheit," welche von dem Advokaten Gottfried Grohmann herausgegeben wurde. An die Stelle des in den zwanziger Jahren herausgegebenen „Kolibri" oder des „fleißigen Sammler vermischter kleiner Aufsätze," trat unter demselben Herausgeber, dem Advokaten Riemer, der „Kourier," welcher in monatlich einem Bogen politische Neuigkeiten, Erzählungen u. s. w. brachte. „Das Blumenkörbchen, Lesefrüchte in Abendstunden," erschien ebenfalls in monatlichen Heften; dasselbe war auch bei dem von Theodor Venus 1827 begonnenen „Naturfreunde für Stadt und Land," welcher naturhistorische Aufsätze und Erzählungen enthielt, der Fall. Gute, belehrende Aufsätze, vorzüglich religiöse Naturbetrachtungen, enthielten die „nützlichen Erinnerungen bekannter und unbekannter Gegenstände in der Natur"; dieselben wurden „zur angenehmen Beschäftigung für denkende Leser" von 1822 bis 26 durch Karl Gottlieb Warzel herausgegeben. Die „Abend-Unterhaltungen für den Bürger und Landmann" begründete 1823 der verabschiedete Stadtwachtmeister August Thomas; fortgesetzt wurden sie von dem Oberlehrer August Leschke und dem Buchbinder Gottfried Debitz; sie gaben statistische Nachrichten über Zittau, sprachen freimüthig über städtische Angelegenheiten und lieferten auch Nachrichten über die neuesten politischen Ereignisse. An die Stelle von „Scherz und Ernst oder historisches Allerlei für Freunde des Scherzes und Ernstes" (1824—28) trat 1829 der „Eilwagen." „Der Hausfreund," eine Zeitschrift zur Belehrung und Unterhaltung für den Bürger und Landmann (1825 u. 26) ging schon nach 16 Nummern wieder ein. Begonnen wurde 1826 von Gottfried Debitz „das Dampfschiff, eine Sammlung denkwürdiger Charaktere und Begebenheiten," und von M. Peschek 1828 „der Wanderer, ein lausitzer Wochenblatt," welches Gedichte, Erzählungen und Beiträge zur lausitzischen Spezialgeschichte brachte. Eine wöchentliche, für alle Stände bestimmte Zeitschrift, mit Gedichten, Erzählungen, Kirchennachrichten und Getraidepreisen, war der nur im Jahre 1829 erschienene und von M. Gottlieb Gäbler herausgegebene „Pilger." Aus dem Jahre 1849 finde ich endlich eine neue Zeitschrift, die „freien Blätter," welche wöchentlich erschienen, angeführt. Der „oberlausitzer Blätter," des „Communalblattes," sowie der „Erfahrungen aus dem Gebiete der Natur und Kunst" wurde früher schon gedacht, so daß wir unsern Blick nun auf die in der übrigen Lausitz herausgegebenen Zeitschriften wenden können; die Angaben müssen aber hier in Folge mangelhafter Nachrichten nur lückenhaft ausfallen. Im Jahre 1832 erschien in Görlitz der von G. Heinze redigirte und herausgegebene „Wegweiser, eine Wochenschrift für die Oberlausitz zur zweckmäßigen Belehrung und Unterhaltung," welche unter Anderem sehr bald viele Aufsätze über die vaterländische Geschichte brachte. Des Pastors Horter in See „Monatsbote, Blätter zur Unterhaltung, Belehrung und Erbauung," erschien nur von 1846 bis 1848. Es streift dieses Blatt an die religiösen Zeitschriften, deren früher schon Erwähnung geschah, und es ist hierbei noch nachzutragen, daß ein solches Blatt, „der Friedensbote," auch von Dr. Wiltenhahn in Bautzen (1843) herausgegeben ward. — Gegenwärtig hat wohl jede größere Stadt der Oberlausitz ihr eigenes Lokalblatt, Löbau z. B. den „sächsischen Postillion," dessen Sonntagsnummern ein „belletristisches Beiblatt" bringen; Budissin seine „Nachrichten," und Rothenburg und Hoyerswerda sein „Wochenblatt." In Görlitz erscheinen gegenwärtig der „Anzeiger" und die „Niederschlesische Zeitung" (früher görlitzer Tageblatt) täglich, während die „görlitzer Zeitung" wöchentlich nur dreimal herausgegeben wird. Nicht immer konnte sich an einem Orte eine zweite, wöchentlich ein- oder mehrereimale erscheinende Zeitschrift halten, so trat z. B. in Budissin der „Erzähler an der Spree" mit großem Feuer auf, mußte aber im Verlauf weniger Jahre wieder eingehen. Die vierziger Jahre waren der Gründung neuer Blätter günstig, und so kam es, daß solche selbst auf Dörfern herausgegeben wurden. Im Jahre 1849 erschienen die „Ebersbacher Blätter für Volkswohl und gewerbliche Interessen," und in Großschönau „der Beobachter an der Lausche." Später trat auf kurze Zeit die „oberlausitzer Zeitung" an dessen Stelle, nicht zu verwechseln mit der „oberlausitzer Stadt- und Landzeitung," welche in Neusalza, und der „oberlausitzer Dorfzeitung," die noch gegenwärtig in Neu-Gersdorf erscheint. Mit letzterer ist eine „oberlausitzer Volkszeitung" verbunden, die wie die Dorfzeitung Merktage aus der Geschichte, politische Leitartikel und industrielle, land- und volkswirthschaftliche Mittheilungen nebst Erzählungen und Lokalnachrichten aus der Lausitz enthält.

Von einer Anzahl unserer vaterländischen Blätter waren die Redakteure Rechtsgelehrte, deren Andere auch als juristische Schriftsteller aufgetreten sind. Ich erinnere an Dr. Johann Friedrich Müller, welcher 1757 als Sohn eines Landmanns in Ebersbach geboren wurde und 1832 als Oberhofgerichtsrath und Professor des römischen Rechtes in Leipzig starb; ferner an den Appellationsrath Friedrich Wilhelm Käuffer in Zwickau († 1861); derselbe wurde 1785 in Reichenbach seinem Vater, dem bekannten lausitzer Geschichtsforscher, geboren; und endlich hebe ich den Dr. Karl Friedrich Otto, einen Budissiner (geb. 1791) hervor, welcher 1829 Professor des Natur- und Völkerrechts in Leipzig, und 1832 Professor des Rechts in Dorpat und russischer Hofrath wurde.

Der sonstigen Fachschriften und ihrer Verfasser ist früher schon bei anderen Gelegenheiten gedacht worden; nur die militärischen Wissenschaften wurden dabei übergangen, obschon auch darüber einige Oberlausitzer in den letzten 50 Jahren geschrieben haben. Dies geschah z. B. von Karl Friedrich Wilhelm von Gersdorf (geb. 1765 in Glossen bei Löbau), der in den napoleonischen Kriegen kämpfte und (1829) als General und Commandant des von ihm organisirten Kadettenkorps in Dresden starb; ferner von Wilhelm Ludwig Leißnig (geb.

in Hoyerswerda, † 1837 in Oels), welcher in Göttingen Mathematik und Naturwissenschaft studirt hatte, darauf als Offizier in preußische und später in sächsische Dienste trat und in letzter Eigenschaft den Feldzug nach Rußland mitmachte, aus welchem er 1814 als Invalide zurückkehrte.

Ehe ich mit den Literaturerscheinungen der Oberlausitz abschließe, muß ich noch die Bestrebungen der wendischen Gelehrten, eine Literatur ihrer Muttersprache zu schaffen und damit auf die Bildung ihres Volkes einzuwirken vorführen. Im Allgemeinen ist dies schon in dem Abschnitte über das wissenschaftliche Vereinsleben unserer Provinz geschehen; doch aber bleibt noch manches Einzelne zu berühren übrig. — Es war im Jahre 1837, als Johann Kollar in seinem in Pesth erschienenen Buche: „Ueber die literarische Wechselseitigkeit zwischen den verschiedenen Stämmen und Mundarten der slavischen Nationen" schrieb: „Wir Slaven sind Riesen in der Geographie vor und auf der Landkarte, aber Zwerge in der Kunst und Literatur. Zwei große Mängel und Fehler klebten den Slaven bis jetzt an: erstlich, daß sie sich äußerlich als eine ganz isolirte Nation betrachteten und aus allem Volkszusammenhange herausgerissen dachten, da doch kein Volk mehr Recht und Freiheit hat, sich an die große Familie der europäischen Nationen innig anzuschließen, und an der gemeinschaftlichen Entwickelung und Pflege der höhern Lebenselemente thätigen Antheil zu nehmen; zweitens, daß auch innerlich und unter sich die Stämme und Mundarten der Slaven in gar keiner volksthümlichen Verbindung und Wechselwirkung waren, sondern jeder noch so kleine Stamm sich selbst für eine eigene Nation hielt." Seitdem aber wurde es in dieser Beziehung um ein gut Theil besser; das geistige Leben ist mehr und mehr erwacht, und die wendische Literatur, welche bei Beginn der 40er Jahre kaum 400 gedruckte Werke aufwies, ist wesentlich bereichert worden. Ich bin zwar nicht im Stande, ihr Gebiet vollständig zu überschauen, doch vermag ich die Aufmerksamkeit auf die hervorragendsten Erscheinungen hinzulenken.

Noch galten am Ende des vorigen Jahrhunderts die Wenden nicht durchgängig als eine den Deutschen völlig gleichberechtigte Nation, so daß zu dieser Zeit das von einem Wenden versuchte Unternehmen, eine Zeitschrift in seiner Muttersprache herauszugeben, schon nach dem Erscheinen der ersten Nummer wieder fallen gelassen werden mußte. Zu Anfange dieses Jahrhunderts erst (von 1809—12) gelang es, den Nowinkownoser oder Neuigkeitsbringer von Döse zu halten; ein eigentlich reges Leben aber entfaltete sich ungefähr 30 Jahre später. Da unternahm 1842 J. P. Jordan die Herausgabe der Jutnicka, d. i. des Morgensterns, einer Wochen- und nach einem halben Jahre Monatsschrift, die aber schon nach ihrem 2. Hefte wieder einging. Um dieselbe Zeit begründete der Pastor Seiler in Lohsa die Tydzenska Nowina („wöchentliche Neuigkeit"), welche sich einen größeren Leserkreis erwarb. Seiler, neben den Pastoren Möhn, Lubenski, Hatas und Anderen, besonders auch als wendischer Dichter bekannt, hatte bereits früher die Sserska Nowina, ein wendisches handschriftliches Wochenblatt gegründet und schon im Jahre 1830 eine „kurzgefaßte Grammatik der sorbenwendischen Sprache" herausgegeben. Als 1848 das Privilegium der „budissiner Nachrichten" erlosch und auch andere Zeitungen in Bautzen politische Nachrichten bringen durften, übernahm J. E. Schmaler die Redaktion und Herausgabe der Seiler'schen Zeitung, welche nun unter dem Titel Tydzonske nowiny (wöchentliche Zeitung") und von 1853 an als Serbska nowiny, b. i. wendische Zeitung erschien. Sie wurde im Jahre 1862 wöchentlich einmal in einer Auflage von 1200 Exemplaren herausgegeben und enthält außer den politischen Neuigkeiten und Anzeigen mancherlei Belehrendes und Unterhaltendes für das Volk. Eine besondere Abtheilung bringt Mittheilungen „aus dem Wendenlande" und der Witz wird zwei Persönlichkeiten, welche unter den Namen Hans Depla und Mots Tunka wiederkehren, in den Mund gelegt. Schmalers Verdienste um die wendische Literatur sind im In- und Auslande anerkannt. Dem praktischen Bedürfnisse half er z. B. dadurch einigermaßen ab, daß er 1841 wendisch-deutsche Gespräche unter dem Titel „Mali Sserb" erscheinen ließ; 1843 folgte ein deutsch-wendisches Wörterbuch und 1852 „eine kleine Grammatik der serbisch-wendischen Sprache in der Oberlausitz." Von 1841 bis 1843 erschienen die wendischen Volkslieder gesammelt von Schmaler und übersetzt von Leopold Haupt. Schmaler zog von Dorf zu Dorf im ganzen Wendenlande der Ober- und Niederlausitz und zeichnete an Ort und Stelle auf, so daß er einen Schatz von 531 Liedern und Liederbruchstücken gewann. Davon sind 331 der Ober- und 200 der Niederlausitz angehörig; dort gewann er 237, hier nur 80 Melodien, von denen die größte Anzahl den serbischen Charakter an sich trägt. — Wie Seiler und Schmaler hatte auch Jordan eine serbisch-wendische Grammatik erscheinen lassen, und als Manuskript hinterließ der Mädchenlehrer Ernst Friedrich Schulze in Hoyerswerda († 1832) eine solche. Derselbe verfaßte auch ein wendisch-deutsches und ein deutsch-wendisches Wörterbuch, das ebenfalls nur handschriftlich geblieben ist. Durch die schon genannte Gesellschaft Macica wurde von 1857 an ein vollständiges, den Anforderungen der Neuzeit entsprechendes wendisches Wörterbuch („Serbski Slownik"), welches unter Mitwirkung des Pfarrers Seiler und des Domvikar Hornig in Bautzen der Professor Dr. Pfuhl in Dresden verfaßte, herausgegeben. Letzterer schrieb auch eine „oberlausitzer-wendische Grammatik auf vergleichendem Standpunkte." (Hornjotuziska serbska ricnica). — Die seit 1848 von dem vorhin genannten Vereine herausgegebene und von J. Buck in Dresden redigirte Zeitschrift Casopis hat besonders den Zweck, die Sprache nach allen Richtungen auszubilden und wissenschaftliche Aufsätze zu bringen. Außer ihr und der Sorbske nowiny erscheint in der Oberlausitz noch die Zeitschrift „Luzican," der Lausitzer, ein Blatt, das, von Hornig redigirt, besonders auch sein Augenmerk auf noch ungedruckte Volkslieder und Märchen richtet. Andere Zeitschriften sind nach kurzem Bestehen wieder eingegangen, z. B. die kirchliche evangelische Monatsschrift Misionsko pawjesce (Missionsnachrichten); begründet 1844 von Seiler; ihr folgten von 1849 bis 52 die Zernicka (der Morgenstern) des Pastor Immisch. Nach 1862 wird der Missionsbote (Misionski posol), den der Pastor Richter in Kotitz redigirte und welcher 1854 gegründet ward, unter den wendisch-serbischen Zeitschriften der Oberlausitz angeführt. Neben der Sorbska nowiny erschien 1848 ein zweites politisches Wochenblatt „Nowinkar" der Neuigkeitskrämer, und von 1849 bis 51 die Jutnicka, nicht zu verwechseln mit der Zeitschrift gleichen Namens, welche 1842 Jordan redigirte. — Durch die Bemühungen der Macica wurde die wendische Nation besonders mit einer großen Zahl von Volksschriften beschenkt; theils sind dieselben Uebersetzungen, zum größeren Theile aber umfassen sie selbstständige Arbeiten. Aus dem Deutschen wurden z. B. von M. Hornig Chr. Schmids Genovefa und von dem Kaplan Kutschank desselben Verfassers Ostereier übersetzt. Aus dem Böhmischen übersetzte M. Zisch die Erzählung: Der Sporn des Königs Johann von Böhmen. Ein nicht unwichtiges Buch ist die von Jakob und Kutschank verfaßte „wendische Oberlausitz" (1848) mit einem kurzen geschichtlichen Abrisse über die Wenden, ferner das „Obstbüchlein", welches der ökonomische Verein zu Klix (1851) herausgab. Beiträge zur Länder= und Völkerkunde lieferten Jentsch, der über Grönland und seine Bewohner (1850 und 53) und die Geschichte und Topographie des jüdischen Landes (1849), und weiter Dr. Sommer, der über die Entdeckung von Amerika (1853) schrieb. Den Ueberfall bei Hochkirch behandelte in einer Schrift der Lehrer Johann Wehle (1852); Gottes Herrlichkeit in der Schöpfung aber ist der Titel einer Arbeit, welche der Lehrer Mutschink lieferte und die in zwei Bänden 1851 und 1854 erschienen ist. Hauptsächlich waren es Erzählungen, welche die Macica herausgab. So schrieb Dr. Pfuhl: „Die beiden Wenden, oder: was du schüttest wirst du mahlen" (1848), Lehrer Kuhlmann: Bete und arbeite (1849), und der Direktor M. Buck gab (1849) einen Kranz von Erzählungen unter dem Titel Knjez Mudry (Herr Kluge) heraus. Ich muß es mir aber versagen, noch mehr solcher Volksbücher hier anzuführen; sie sind es ganz besonders gewesen, welche die wendische Nation dahin brachten, mit größerer Zähigkeit an ihrer Muttersprache festzuhalten. Seit 1855 hat sich sogar ein Kalender mit mannigfachem, für das Volk berechneten Inhalte, den wendischen Volksbüchern angereiht.

Der oberlausitzischen Literatur schließe ich einige Aeußerungen des vaterländischen Kunstlebens an. Obenan stelle ich den Gesang, dessen Pflege sich besonders die Lehrer in den Städten und auf Dörfern angelegen sein ließen. Gesangvereine für den Männerchor entstanden überall; hier und da konnte sich das Publikum auch an den Leistungen gemischter Chöre erfreuen. Die Sängerfeste, welche besonders in den vierziger und fünfziger Jahren rasch auf einander folgten, wurden als reine Volksfeste gefeiert; von Nah und Fern strömte man dazu herbei und Gastfreundschaft der Bürger bewillkommnete die fremden Sangesbrüder. Schon am 1. Oktober 1835 wurde in Görlitz unter der Leitung des dortigen Musikdirektors Blüher ein oberlausitzer Gesangfest gefeiert, und am 18. Juni 1845 fand die erste Sängerfahrt auf den Oybin bei Zittau statt. Aus Sachsen, Oesterreich und Preußen waren die Sänger gekommen, und 600 Männerstimmen ließen in der Klosterruine das protestantische Siegeslied: „Eine feste Burg ist unser Gott!" ertönen. Wie bei allen andern Sängerfesten wechselten darauf Wettgesänge der einzelnen Vereine mit geselliger Unterhaltung. Ein zweites Gesangfest wurde auf dem Oybin am 27. August 1848 abgehalten; vorangegangen waren demselben Gesangfeste in Ostritz (1847) und in Lauban (am 2. September 1848). Am 5. August 1850 versammelten sich die oberlausitzer Gesangvereine auf der Landeskrone, 1852 auf dem löbauer Berge, 1854 in Görlitz und am 10. und 11. August 1856 in Bautzen. In letztgenannter Stadt waren damals 27 Vereine vertreten, von denen nur Lieder oberlausitzer Komponisten vorgetragen wurden. Neben diesen allgemeinen, wurden auch kleinere Sängerfeste gefeiert; so versammelten sich am 3. Juni 1860 die 16 Gesangvereine des Queißthales auf dem Steinberge bei Lauban und überließen den Ertrag für ihre Aufführung hilfsbedürftigen Veteranen. — Zu nennen sind auch die wendischen Gesangfeste, deren erstes 1845 in Budißin abgehalten ward. Es kamen bei diesen Festen nicht blos wendische, sondern auch polnische, russische, böhmische und slavische Lieder zum Vortrage. Die Texte zu den Liedern lieferten besonders Seiler, Schmaler und Wehle, die Leitung des Gesanges aber übernahm der Lehrer Katzer, welcher von den 23

Melodien, die am zweiten Gesangfeste erklangen, allein 18 komponirt hatte. — Die Oberlausitz hat auch aus den letzten 50 Jahren Komponisten aufzuweisen. Adam Hiller war zwar schon 1804 gestorben; aber noch lebten Johann Gottfried Schicht und Heinrich Marschner; der Erstere starb zu Leipzig 1823, der Andere im Jahre 1861 in Hannover. Ihrer, wie auch des berühmten Brüderpaares Friedrich und Johann Schneider, wurde schon in der Geschichte der Oberlausitz bis zum Jahre 1815 gedacht, so daß ich die Erinnerung an sie blos aufzufrischen habe. — Im Jahre 1837 starb als Organist in Budissin Christian Gottlob August Bergt, bekannt als Componist, musikalischer Schriftsteller und Lehrer, der zwar nicht der Oberlausitz durch Geburt angehörte, aber doch insofern hier genannt sein mag, als er seinen Wirkungskreis bei uns gefunden hatte. Dasselbe gilt auch von dem in Zittau als Lehrer angestellt gewesenen M. Carl Gottlieb Hering und von dem einstigen Musikdirektor Johann August Blüher in Görlitz, welche Beide sich durch ihre Verdienste um die Hebung des Volksgesanges, so wie durch Compositionen ein ehrendes Gedächtniß gesichert haben. — Durch gründliche Kenntniß in der Musik und insbesondere im Generalbaß und Orgelspiele zeichnete sich der Eisenhändler und Privatgelehrte Joseph Klauß in Seitendorf aus. Er war daselbst 1775 geboren worden und hatte in Kommothau und Prag studirt; doch mußte er noch vor dem Abschlusse seiner Studien das Geschäft des Vaters übernehmen, welches er, ohne der Wissenschaft untreu zu werden, bis an seinen Tod (1834) fortführte. Ein Jahr zuvor (1833) war der Musikdirektor Benjamin Gottlieb Rösler in Zittau verstorben; derselbe hinterließ mehrere Kompositionen, unter denen die Operette: das Glück der Ritterzeit, die größeste ist. Schillers Theilung der Erde fürs Pianoforte, sowie andere Musikstücke, besonders Variationen erschienen von Friedrich August Flaschner von Ruhberg, der 1798 in Zittau geboren wurde und 1832 als Herr auf Schmorkau starb. — Wir sehen, daß auch Oberlausitzer für die musikalische Bildung sorgten, ja einige unserer Söhne erwarben sich durch ihre Leistungen die Anerkennung des gesammten deutschen Volkes. In der Gegenwart behauptet noch der bautzener Organist Karl Eduard Hering, ein Sohn des zittauer M. Gottlieb Hering, durch seine Kompositionen keinen der unteren Plätze in der musikalischen Welt, und einige seiner Schüler, z. B. der Kantor Ernst Elsner in Werdau, ganz besonders aber der Hoforganist Gustav Merkel in Dresden haben sich als fleißige Komponisten ihren Vorgängern aus in der Oberlausitz angereiht. — Mag im Anschlusse an die Leistungen einzelner Oberlausitzer im Gebiete der Musik auch der Sänger und königliche Hofschauspieler Johann Gottfried Bergemann, welcher 1795 in Reichenbach bei Königsbrück geboren wurde und 1831 in Dresden starb, genannt werden. Wenn auch sein Name gegenwärtig vergessen worden ist, so habe ich ihn doch als einzigen mir bekannt gewordenen Vertreter der Schauspielkunst aus unserer Provinz nicht übergehen wollen. — Werfen wir sodann zum Schluß die Blicke auf die andern Kunstzweige, so begegnen wir nur wenig vorragenden Schöpfungen und anerkannten Namen. In der Baukunst erfreut sich jedenfalls der Direktor Schramm in Zittau eines gewissen Rufes; doch wird trotz einzelner wirklich schön in unsern Städten ausgeführten Bauten die Mahnung der Kunstverständigen immer dringender, vom nüchternen Baustyle, wo nur möglich, abzugehen und die vielbewunderten Meisterwerke des Mittelalters zum Vorbilde zu nehmen. Das Verständniß derselben eröffnet z. B. der Professor Friedrich Wilhelm Kaumann durch eine Arbeit „über die germanische

Baukunst des Mittelalters und die Symbolik derselben", welche sich von 1847 bis 1859 durch vier Programme der görlitzer Realschule zog. — An Michael Dienel aus Friedersdorf, den Verfertiger mechanischer Kunstwerke (I. p. 261), erinnert uns der Blattbinder Karl Siegfried Wünsche, welcher 1804 in Gersdorf bei Rumburg geboren ward. Obwohl ohne jeden Unterricht im Zeichnen und Schnitzen, verfertigte derselbe doch 1836 ein mechanisches Kunstwerk, die vier Jahreszeiten, mit den jeder Jahreszeit angemessenen Belustigungen, und er erntete dafür an allen Orten, wo er dasselbe zeigte, wohlverdiente Anerkennung und Bewunderung. — Vielleicht hätte unter anderen Verhältnissen der Maler Karl Schimpfermann, welcher 1833 in Zittau starb, und 1768 in Schulpforte geboren worden war, Anerkennenswerthes geleistet. Trotz der in Leipzig und Halle empfangenen Bildung brachte er es nur zum Theatermaler, und obwohl er sich später mit Porträtiren beschäftigte, theilte er das Loos so manches Künstlers: er starb verlassen und arm, daß er, wie die Alten sagen, ohne Licht und Kreuz begraben ward. Aber mit diesem Beispiele von Künstlerelend und Noth will ich nicht Abschied nehmen. Am 21. Februar 1861 starb in Dresden der Professor Friedrich August Ernst Rietschel, dessen hoher Kunstbedeutung in der Geschichte unseres Landes bis zum Jahre 1815 (p. 260) bei Angabe seines Geburtsjahres bereits gedacht wurde. In dem schwarz ausgeschlagenen und mit Blumen geschmückten Atelier lagen die sterblichen Ueberreste Rietschels zu Füßen der riesenhaften Lutherstatue, zur Linken Wiklef und zur Rechten ein kleinerer Entwurf des gesammten Lutherdenkmals. Es war sein letztes Werk, dessen Vollendung er jedoch nicht mehr erleben sollte. Und als Rietschels Ueberreste der Erde übergeben wurden, da sendete auch die Vaterstadt Pulsnitz aus der Mitte des Raths und der Stadtverordneten zwei Deputirte, um ihre Theilnahme und ihren Schmerz damit auszusprechen.

Das Vaterland ehrt seine großen Söhne, seine edlen Frauen noch im Tode; ihre Namen sind die farbigen Blüthen in dem grünen Kranze, auf dessen Blättern die Geschichte aufgezeichnet ist. Sie welken nicht; doch während einige in ihrer Pracht hervortreten, werden andere, ja viele von den tausend Blättern zugedeckt, und du siehst sie in ihrer Mannigfaltigkeit erst dann, wenn du die grünen Decken aufhebst. Ein Band umschlingt sie alle und umschlingt auch uns, die Todten wie die Lebenden, die vielgenannten Namen, deren Träger nicht für kurze Zeit gelebt und die stillen, schlichten Arbeiter, denen übers Grab hinaus kein Gedächtniß folgt: es ist das Vaterland!

Nachträge.

Zu S. 37. Oekonomierath J. F. Neu in Görlitz übergab ebenfalls 1864 dem Stadtrathe zu Budissin die Summe von 1200 Thalern inclusive 400 Thaler Werbekapital für Verschönerung der Stadtanlagen, sowie zum Besten der wohlthätigen Anstalten für kleine Kinder Budissins.

Zu S. 39. Der Rittergutsbesitzer von Kind auf Kuppritz mit Hochkirch vermachte 1864 ein Stammkapital von 2000 Thalern, deren Zinsen an Ortsarme vertheilt werden sollen. Die Vertheilung muß in der Sakristei der Kirche stattfinden und es sollen dabei diejenigen Armen ins Auge gefaßt werden, welche nicht schon der öffentlichen Armenversorgung anheimgefallen sind. (S. Kirchen= und Schulblatt 1867 Nr. 43.)

Im Jahre 1855 vermachte Oekonomierath Neu in Görlitz 1000 Thaler zur Vermehrung der von Lossaschen Armenpensionen; außerdem 1865 ebensoviel zum Besten Armer in den Gemeinden Zimpel und Tauer (deren Gutsherr Neu 31 Jahre hindurch gewesen war), sowie zu Schulzwecken und für das Bestehen des von den oberl. Landständen in Görlitz gegründeten Rettungshauses.

Zu S. 47. Im görlitzer Kreise, wo 1859: 30, im nächstfolgenden Jahre 43 und 1861: 33 Gemeinden von Hagelschäden betroffen wurden, betrug in der angegebenen Zeit die jährliche Versicherung dagegen circa 350,000 Thaler. (v. Seydewitz, Statist. d. görl. Kr.)

1860 wurden im görlitzer Kreise jährlich 15,000 Thaler für Guano, 25,000 Thaler für Knochenmehl und 20,000 Thaler für Kalk ausgegeben, während früher ungefähr 30,000 Thaler für Guano, 13,000 Thaler für Knochenmehl und 17,000 Thaler für Kalk verbraucht waren worden. (v. Seydewitz a. O.)

Zu S. 48. Eine landwirthschaftliche chemische Versuchsstation wurde auch in Görlitz von Seiten der landwirthschaftlichen Vereine ins Leben gerufen.

Zu S. 49. Joh. Christoph Erdmann Schröer, geb. 1772 in Zittau, studirte in Leipzig Rechtswissenschaft und Oekonomie, ward Oekonomieinspektor in Liefland und starb 1831 als Gutsbesitzer in Mittelhorka. Er ist der Verfasser zahlreicher ökonomischer Aufsätze und Erfinder mehrerer Ackerbauinstrumente. — Gottlob Seifert, geb. 1752 in Wittgendorf bei Zittau, gest. 1826 als Pfarrer in Kemnitz bei Bernstadt, schrieb nicht blos Abhandlungen über Geschichte und Bienenzucht, sondern auch über Landwirthschaft.

Zu S. 56. Durch die Gründung eines Seidenbauvereins für die Oberlausitz wurde im görlitzer Kreise die Anpflanzung von Maulbeerbäumen sehr befördert; im Jahre 1861 waren daselbst 1237 Hochstämme, 1530 Zwergstämme, 106 Stück Sträucher in Gruppen und 6231 laufende Fuß Hecken vorhanden. In demselben Jahre gewann man 60 Metzen Cocons, die als Haspelwaare im Preise von 15 — 23

Sgr., zur Gränirung aber mit 24—30 Sgr. bezahlt worden sind. (v. Seydewitz a. a. O. p. 25.)

Zu S. 60. Im Jahre 1859 wurden in Görlitz von den zur Tuchmacherinnung gehörigen Fabrikanten auf 191 Webstühlen im Ganzen aus ca. 6400 Ctr. Wolle 19,080 Stück Tuche angefertigt. 1861 verarbeitete man daselbst in Folge der Störungen auf fast allen ausländischen Absatzgebieten nur auf 140 Webstühlen ca. 4800 Ctr. Wolle. Die in den eigentlichen Fabriken in Görlitz gefertigten Tuche sind dabei nicht mitbegriffen; in den Fabriken mögen jährlich im Durchschnitt aus ca. 8300 Ctr. Wolle 25,000 Stück Tuche gefertigt werden. (v. Seydewitz a. a. O. p. 27.)

Zu S. 62. Im Jahre 1866 wurde in Bautzen das „oberlausitzer Gewerbeblatt" gegründet, welches ein Organ der Gewerbe- und Handwerkervereine des Königreichs Sachsen sein soll.

Zu S. 67. Das Hüttenwerk Schnellförthel im görlitzer Kreise producirte durch ein Frischfeuer in den Jahren 1859 und 1860: 1701 Centner Schmiedeeisen zum Werthe von 7655 Thlr. und beschäftigte 5 Arbeiter; im Jahre 1861 wurden von nur 3 Arbeitern 850 Ctr. Stabeisen im Werthe von 4250 Thalern hergestellt; der Hohofen war außer Betrieb. (v. Seydewitz a. a. O. p. 27.)

Zu S. 74. Dr. Joh. Christoph Ludwig Riedel, Arzt in Zittau, schrieb 1832: „Ueber die Krankheiten des Ohres und Gehörs, mit Abbildungen und genauer Beschreibung der Gehörorgane. Ein Noth- und Hilfsbüchlein."

Zu S. 94. Der Seminarfond hatte bereits am 5. Juni 1815 eine Höhe von 63,272 Thaler 3 Sgr.; er bestand nämlich aus: 21125 Thaler 13 Sgr. 5 Pf. Kollektengeldern, welche für die salzburgischen Emigranten gesammelt, aber nicht abgesendet und später zu diesem Zweck niedergelegt worden waren; dann aus 2153 Thlr. 21 Sgr. 2 Pf. freiwilligen Beiträgen nebst Zinsen, 20,022 Thlr. 18 Sgr. 4 Pf. gräfl. Wartenburgischer Stiftung, 11,627 Thlr. 16 Sgr. 9 Pf. von Gersdorfscher Fundation und 8342 Thlr. 5 Sgr. 4 Pf. von Schönbergschen Gestifte. Zu verhoffen stand nach der Theilung der Oberlausitz für die Landstände des sächsischen Antheils ein Verbleiben von 35,060 Thlr. 15 Sgr. 8 Pf. (Exposé über das Seminarwesen im K. Sachsen. Als Manuscript 1867 gedruckt.) Nach Wilhelm Leuner: „das landständische Lehrerseminar zu Bautzen (1867)" blieben dem Seminarfond der sächsischen Oberlausitz außer dem von Brüsewitzschen Hause auf dem Burglehn 38,583 Thlr. 12 Sgr. 6 Pf. — Unter den Stiftern des bautzener Seminars sind hervorzuheben: Sophie Dorothea Albertine verw. von Brüsewitz, geb. Gräfin von Wartensleben auf Bolbritz und Oppeln, gest. den 13. September 1813 in Budissin; deren Bruder Karl Wilhelm Graf von Wartensleben auf Bolbritz, gest. in Berlin im Januar 1816; Melchior Heinrich August von Gersdorf, gest. den 11. April 1814 in Budissin; Georg Friedrich Traugott von Schönberg, gest. den 2. Dezember 1813.

Zu S. 95. Im Jahre 1819 wurde mit dem budissiner Seminare eine im Seminarhause errichtete Seminarschule verbunden und ihr ein bestimmter Schuldistrikt zugewiesen. — Als Seminardirektoren wirkten: Der frühere Pfarrer zu Bubendorf bei Borna, Johann Friedrich Ehregott Krinitz, geb. in Zeiz um 1782, gest. den 30. September 1818. — Friedrich Traugott Pomsel, geb. 1780 in Pirna, vor seinem Antritt als Seminardirektor Direktor der Bürgerschule in Kamenz; 1831 Direktor der Bürgerschule in Chemnitz, 1857 in den Ruhestand getreten und in Dresden 1859 gestorben. — Joh. Gottlieb Dreßler (s. über ihn den Text). — Gottlieb Wilhelm Venner, jetziger Direktor, geb. den 21. Mai 1815 in Belmsdorf bei Bischofswerda, früher Bürgerschuldirektor in Kamenz und Pfarrer in Strahwalde, seit 1858 Seminardirektor.

Zu S. 96. Direktoren des reichenbacher Seminars: Als dasselbe noch gehobene Präparandenanstalt war, führte die Leitung der damalige Oberpfarrer zu Reichenbach und jetzige Schulrath in Breslau Ab. Wätzold. Von 1862 an wirkte an dem Seminare als provisorischer Direktor der vorherige Seminaroberlehrer Siegert aus Bunzlau, der aber 1864 als Seminardirektor nach Franzburg berufen wurde. Ihm folgte der Direktor Schumann, von welchem Nachrichten über das Seminar im evangelischen Schulblatt für Schlesien (1867 2. H.) herrühren.

Sein Nachfolger wurde der Pastor G. Langs, aus Stonsdorf bei Hirschberg, am 1. Juli 1867, der sich bereits durch wissenschaftl. theologische Werke (s. z. B. Handbuch zur homiletischen Behandlung der Episteln) einen hohen Rang in der Literatur erworben hat.

Zu S. 99. Vom Kantor H. A. Klose in Löbau erschien 1867 in 3. Aufl. als Schulchoralbuch eine Sammlung der gebräuchlichsten Choräle für 2 Kinderstimmen.

Der Lehrer an der görlitzer Bürgerschule E. Leeder entwarf und zeichnete eine „Wandkarte zur Geschichte des preußischen Staats" in 12 kolorirten Blättern, welche unterm 31. März 1864 von der königl. Regierung zu Liegnitz den Schulen empfohlen ward.

Verzeichniß
von hervorragenden Oberlausitzern.

(Es sind in dem nachfolgenden Verzeichnisse nicht blos geborene Oberlausitzer, sondern auch solche Personen, welche in der Provinz durch längeren Aufenthalt Heimathsangehörigkeit erlangten, aufgenommen worden.)

Alberti, Valentin, geb. 1635 zu Lehn am Bober, in Lauban erzogen, † 1697 als Professor der Theol. in Leipzig. Fleißiger Schriftsteller.

Albertini, Joh. Baptist von, geb. in Neuwied am Rhein, † 1831 als Bischof der Brüdergemeinde in Bertelsdorf bei Herrnhut. Botaniker.

Albinus, Adrian, geb. 1513 in Lauban, † als Dr. der Rechte und kurfürstl. brandenburg. geheim. Rath 1590.

— Petrus, geb. 1534 in Schneeberg, 1553 Rektor in Lauban, † 1598 als kurfürstl. Sekretär in Dresden. Geschichtschreiber.

Aleutner, Tobias, geb. 1574 in Leobschütz in Schlesien, † als Pfarrer in Friedersdorf bei Görlitz 1633. Ein Opfer des 30jährigen Krieges. Gekrönter Poet.

Anton, Paul, geb. 1661 in Hirschfelde, † 1730 als Prof. der Theol. und Konsistorialrath in Halle. Gelehrter Theologe u. Schriftst. f. Faches.

— Konrad Gottlob, geb. 1745 in Lauban, † 1814 als wittenberger Professor in Dresden. Philolog.

— Karl Gottlieb, geb. 1778 in Wittenberg, † als Rektor des Gymnas. in Görlitz 1854. Tüchtiger Schulmann.

— Karl Gottlieb von, geb. 1751 in Lauban, † als Dr. jur. und Rathsherr in Görlitz 1818. Jurist, Historiker, Linguist und Oekonom, Mitstifter der oberlauf. Gesellschaft der Wissenschaften.

Bärenstamm, Joseph Wosky von, geb. 1692 als Bauerssohn in Kroftwitz bei Bautzen, † 1770 als Dechant zu Budissin und Bischof von Pergamus.

Bartisch, Georg, geb. 1535 in Königsbrück, lebte als berühmter Wund- und Augenarzt in Dresden. Schrieb die erste deutsche Monographie über Augenheilkunde.

Baum, Johanna Friederike geb. Schneider, † in Görlitz 1826. Verdient durch Vermächtnisse für Armenunterstützung.

Baumeister, Karl Aug., geb. 1741 in Görlitz, † 1818 als Bischof der Brüdergemeinde in Herrnhut.

— Friedr. Chr., geb. 1709 in Großkörnern im Gothaischen, † 1785 als Rektor in Görlitz. Verdienter Schulmann.

Beer, Ed. Friedr. Ferd., geb. 1805 in Budissin, † 1841 in Leipzig als Professor der Philologie. Paläograph.

Behrnauer, Karl Gottlieb, geb. 1765 in Görlitz, † 1831 als Oberregierungsrath in Berlin. Astronom.

Berger, Heinrich Julius, geb. in Lissa bei Görlitz, † 1845 als Missionar auf der Insel Borneo. Uebersetzer d. Bibel in die Dajakensprache.

Bergmann, Christian Gottlieb, geb. 1734 in Zittau, † daselbst 1822 als emer. Bürgermeister. Mit ein Bahnbrecher der bessern deutschen Literatur.

Bergt, August, geb. 1772 in Oederan, † als Organist in Budissin 1837. Komponist.

Bevilaqua, Friedr. Aug. von, geb. 1777 in Kamenz, † 1845 als sächs. General in Dresden.

Bischoff, geb. Harrer, in Lauban. Stifterin für Schulzwecke und Armenunterstützung 1838.

Blüher, Joh. Aug., geb. 1785 in Neudietendorf bei Gotha, † 1839 in Görlitz als Musikdirektor. Komponist.

Blume, Joh. Aug., geb. 1766 in Sontra in Hessen-Kassel, † 1845 als Kommissionsrath in Zittau. Oekonomischer Schriftsteller.

Böhm, Matthias, geb. 1728 zu Ravensburg, † 1797 als kurf. Kommerzien- und hessen-philippsthaler Medizinalrath. Posamentirer von Haus aus, dann Alchimist und Mechaniker, der sich eines großen Rufs erfreute.

— Jakob, geb. 1575 in Altseidenberg, † den 18. November 1624 in Görlitz. Philosoph.

Bönisch, Joh. Gottfried, geb. 1777 in Pomsen bei Grimma, † als Arzt 1831 in Kamenz. Gründer des Barmherzigkeitsstiftes.

Bolbritz, Anna Brigitta von, vermachte 1711 ein Stipendium für Studirende aus Budissin.

Bornemann, Siegismund, geb. 1781 in Großenhain, † 1852 als Schuldirektor in Budissin. Tüchtiger Schulmann.

Borott, Joh. Baptist, geb. 1757 in Bösing in Ungarn, † 1832 als Prediger der böhm. Gemeinde in Zittau. Fleißiger Schriftsteller.

Böttiger, Karl Wilhelm, geb. 1790 in Budissin. Professor der Geschichte in Erlangen. Geschichtschreiber.

Brescius, Karl Friedr., geb. 1766 in Budissin, † 1842 als Generalsuperintendent und Konsistorialrath in Berlin. Theolog. Schriftsteller.

Brockelt, Joh. Traugott, geb. 1757 in Berthsdorf. Wurde durch sich selbst ein ausgezeichneter Pianofortebauer.

Brückner, Johanna Friederike geb. Bentley, † in Zittau 1838. Verdient durch Stiftungen für Zittau

Brüsewitz, Sophie Dorothea Albertine von, geb. Gräfin von Wartensleben, auf Bolbritz und Oppeln, † den 13. September 1813 in Budissin. Verdient durch eine Stiftung fürs budissiner Seminar.

Budäus, Joh. Chr. Gotthelf, geb. 1702 in Budissin, † 1770 als Stadtschreiber in Kamenz. Historiker.

Buder, Chr. Gottlieb, geb. 1693 in Kittlitz, † als Hofrath und Professor der Rechte und Geschichte 1763 in Jena. Fleißiger Schriftsteller.

— Johann Michael, geb. 1713 in Obergurig, später Advokat, †. als Gutsbes. in seinem Geburtsorte 1789. Hinterließ sein beträchtliches Vermögen d. ober- u. niederlaus. Armuth ohne Unterschied d. Religion.

Bundschön, Andreas, Archidiakonus in Kottbus, stiftete 1748 ein Stipendium für arme Budissiner, welche Theol. studiren.

Burdach, Karl Wilhelm, geb. 1778 in Triebel bei Muskau, † 1842 als Schul- und Seminardirektor in Zittau. Verdienter Schulmann.

Burkhardt, Friedr., geb. 1785 in Surinam, † als Apotheker 1854 in Niesky. Botaniker.

Burscher, Joachim, geb. in Kamenz, † 1649 als Prof. der Medicin zu Soroe in Dänemark. Botaniker.

Burscher, Joh. Friedrich, geb. 1732 in Kamenz, † als Professor der Theologie in Leipzig. Fleißiger Schriftsteller seiner Wissenschaft.

Buschmann, Joh. Gottlieb, geb. 1721 in Görlitz, † daselbst 1790 als Kunstpfeifer und Verfertiger optischer Gläser.

Callenberg, Hermann Graf von, auf Muskau, geb. 1744, † 1795. Erster Präsident der oberlaus. Gesellschaft der Wissenschaften. Beförderer gemeinnütziger Unternehmungen.

Carus, Friedr. August, geb. 1770 in Bubissin, † 1807 als Prof. der Philosophie in Leipzig.

Carpzov, Johann Benedikt, geb. 1675 in Dresden, † 1739 als Kurkreis-Amtmann zu Wittenberg, nachdem er einige Zeit Syndikus und Bürgermeister in Zittau gewesen war. Lauf. Geschichtsschreiber.

— Friedr. Benedikt, geb. 1702 in Zittau, † 1745 als Prof. des Natur- und Völkerrechts in Wittenberg.

Clausewitz, Clem. Andreas Aug., † 1822 als Vicekanzler in Bubissin. Verdient um Bubissin durch Stiftung für das dortige Krankenhaus.

Conradi, Michael, geb. 1730 in Lauban und lebte als wendischer Pfarrer in Kamenz. Schriftsteller auf dem Gebiete der lauf. und sächsischen Geschichte, besonders der sächs. Münzkunde.

Contius, Chr. Gotthold, geb. 1750 in Hauswalde, lebte als Archidiakonus in Dommitsch bei Torgau. Dichter.

Cranz, Gottlob, geb. 1660 in Haugsdorf bei Lauban, † 1733 als Rektor des Elisabethgymnasiums in Breslau. Tüchtiger Schulmann u. Gelehrter, besonders im Gebiete der Geschichte.

Crubelius, Karl Christian, geb. 1727 in Jüterbock, † 1777 als Rathsherr zu Görlitz. Fleißiger Urkundensammler.

— Joh. Abraham, geb. 1764 in Görlitz, lebte daselbst als Landsteuer-Sekretär. Schriftsteller für Kunde der Lausitz.

Crusius, Sam. Gotthelf, geb. 1762 in Droslau in der Niederlausitz, † als Arzt in Lauban. Populärer Schriftsteller auf dem Gebiete der Medicin und Stifter einer Mädchenschule in Lauban (1803).

Demiani, Gottlob Ludwig, geb. den 22. April 1786 in Dresden, † als sehr verdienter Oberbürgermeister von Görlitz auf einer Badereise in seiner Vaterstadt den 5. Juli 1846.

Denicke, David, geb. 1603 in Zittau, † als Konsistorialrath 1680 zu Hannover. Dichter geistl. Lieder.

Dienel, Michael, geb. 1744 zu Friebersdorf bei Görlitz, † 1795 in Lüneburg. Mechanischer Künstler. Auch sein Sohn Gottlieb Dienel, geb. 1775, trat in des Vaters Fußtapfen.

Dietmann, Karl Gottlob, geb. 1721 zu Gruna bei Weißenfels, † 1804 als Prediger in Lauban. Ein Hauptbeförderer lauf. Provinzialgeschichte.

Dietrich, Joh. Friedrich, geb. 1753 in Moys bei Görlitz, † 1833 als emer. Justizamtmann zu Moritzburg. Deutscher und lateinischer Dichter.

Döring, Friedrich Gottlob, geb. 1757 in Frankenthal bei Bischofswerda, † 1827 in Jänkendorf bei seinem Freunde, dem Grafen Reuß Heinrich 38. Schriftsteller und beliebter Prediger.

Dolonsky, Christine Elisabeth, geb. 1695 in Zittau. Gelehrte Frau.

Donath, Hieronimus, geb. 1683 in Gruna bei Ostritz, † 1760 als Hof- und Kabinetsmaler in Dresden.

Dreßler, Andreas, geb. 1530 in Kamenz, † daselbst 1604. Maler.
— Joh. Gottlieb, geb. den 4. Oktober 1799 in Reukirch, † den 18. Mai 1867 als emer. Seminar-Direktor in Bautzen. Tüchtiger Schulmann und Schriftsteller für Pädagogik und Benekesche Psychologie.

Eckerth, Friedrich, geb. 1687 in Herwigsdorf, † daselbst als Landmann und historischer Schriftsteller 1736.
— Gotthelf Traugott, Sohn des Vorigen, geb. 1714, † 1761. Häusler und Tagearbeiter in Herwigsdorf. Historischer Schriftsteller.
— Gottlob, des Vorigen Bruder, geb. 1731 in Herwigsdorf. Lebte als Weber in Neu-Eibau. Historischer Schriftsteller und Dichter.

Edelmann, Gottfried, geb. 1660 in Marklissa, † 1727 als Pastor prim. in Lauban. Theolog. Schriftsteller und Dichter geistlicher Lieder.

Eiffler, Johann Samuel, geb. 1810 in Görlitz, † daselbst als Kaufmann 1835. Verdient durch reiche Vermächtnisse.

Einsiedel, Joh. Georg Graf von, geb. 1730, † als Besitzer der Standesherrschaft Seidenberg 1811. Sächs. Staatsminister bis 1766. Verdient um Einführung verbesserter ökonomischer Einrichtungen.

Engelmann, Georg, geb. 1648 in Meffersdorf, † daselbst 1710 als Diakonus. Kenner der morgenländischen Sprachen und eifriger Liebhaber der Mathematik.

Ettmüller, Ludwig Moritz, geb. in Altgersdorf, wurde 1832 Professor der deutschen Literatur in Zürich. Schriftsteller seines Faches.

Fabricius, Paul, geb. 1529 in Lauban, † 1588 als kaiserlicher Leibarzt und Professor in Wien. Mediziner, Mechaniker und Dichter.

Feller, Christian Gotthold, geb. 1755 in Löbau, † 1788 als Stadtphysikus in Budissin. Medizinischer Schriftsteller, und deshalb nennenswerth, weil er 1784 in Leipzig einen mit Wasserstoff gefüllten Luftballon steigen ließ.
— Eleonore Tugendreich, geb. Ruppolius, geb. 1730 in Löbau, † 1783 in Budissin. Schriftstellerin und Dichterin.

Fichte, Johann Gottlieb, geb. den 19. Mai 1762 in Rammenau, † in Berlin den 19. Januar 1814. Philosoph.

Flaschner von Ruhberg, Gotthelf Benj., geb. 1761 in Ullersdorf bei Zittau, † 1836 in Böhla bei Königsbrück. Volksschriftsteller.

Föhrl, Christian Gottlob, geb. 1753 in Budissin, † als Oberamts-Advokat daselbst. Schriftsteller und Dichter.

Franke, Andreas, geb. in Kamenz, † 1546 als Doktor der Rechte und Professor in Leipzig. Großer Beförderer der evangelischen Lehre.
— Friedrich Gottlob, geb. 1695 in Senftenberg, † 1751 als Landsyndikus in Budissin. Verdient durch zahlreiche Vermächtnisse.
— Johann, geb. 1543 zu Hildesheim, † 1617 als Stadtsyndikus in Budissin. Historischer und botanischer Schriftsteller.
— Sebastian, geb. 1596 in Bertsdorf auf dem Eigen, † 1676 in Görlitz; lauf. Historiker.

Frauenburg, Johannes, geb. in Frauenburg, 1462 Schulmeister und 1474 Bürgermeister in Görlitz, † daselbst 1491. Diplomatischer und historischer Schriftsteller.

Frenzel, Abraham, geb. 1656 in Kosel, † 1740 als Pfarrer zu Schönau auf dem Eigen. Schriftsteller für Sprachwissenschaft und Landesgeschichte.

Frenzel, Joh. Gottlieb, geb. 1715 zu Schönau auf dem Eigen, † 1780 als Oberamts-Advokat in Budissin. Schriftsteller, besonders für Kunde der Lausitz.
— Johann Theodor, geb. 1759 zu Schönau auf dem Eigen. Wurde Professor der Thierarzneikunde und Schriftsteller in dieser Wissenschaft.
— Michael, geb. 1628 in Pitschwitz bei Göda, † 1706 als Pfarrer zu Postwitz. Uebersetzer biblischer Bücher ins Wendische, daher der wendische Glaubenslehrer genannt.
— Samuel Traugott, geb. 1743 zu Schönau auf dem Eigen. War Privatdocent der Arzneiwissenschaft in Wittenberg, da er als medizinischer Schriftsteller auftrat.
Friese, Abraham, geb. 1570 in Lauban, † 1627 als Pastor prim. zu Liegnitz. Vermachte sein Vermögen der Vaterstadt zu milden Stiftungen.
Fritsche, Ambrosius, geb. 1523 in Oschatz, † 1593 in Görlitz. Gelehrter und erster Buchdrucker in Görlitz.
Fritsch, Margaretha, geb. Kämmel in Zittau, legirte 1586 ihrer Vaterstadt Zittau ein akademisches Stipendium.
Frietzsche, Karl Gottfried, geb. 1693 in Sohland am Rothstein, † 1754 als Pfarrer zu Wiegandsthal. Dichter geistlicher Lieder.
— Johann Ehrenfried, geb. 1726 zu Vollersdorf, † 1793 als Pfarrer zu Meffersdorf. Eifriger Spezialgeschichtsforscher.
Frohberger, Christian Gottlieb, geb. 1742 in Wehlen bei Pirna, † 1827 in Hof bei Oschatz. Vormals Pfarrer zu Rennersdorf bei Herrnhut. Schriftsteller und geistlicher Liederdichter.
Funcke, Christian, geb. 1626 in Dietmannsdorf bei Freiberg, † 1695 als Rektor in Görlitz. Tüchtiger Schulmann u. Freund vieler Gelehrten.
— Christian Gabriel, des Vorigen Sohn, geb. 1658 in Freiberg, † 1740 als Jubel-Schulkollege am Gymnasium zu Görlitz. Schriftsteller für Geschichte der Stadt Görlitz.
Gareis, Franz, geb. 1775 in Marienthal. Lebte als Maler in Berlin.
Garve, Karl Bernhard, geb. 1763 in Hannover, † 1841 als Prediger in Herrnhut. Dichter geistlicher Lieder.
Gedicke, Ludwig Gottlob Ernst, geb. 1761 in Boberow in der Westpriegnitz, 1791 Rektor in Budissin, von 1803—32 erster Direktor der Bürgerschule in Leipzig. Pädagogischer Schriftsteller.
Gehler, Bartolomäus, geb. 1601 in Görlitz, † daselbst 1671 als Bürgermeister. Wegen seiner vielen Verdienste wurde er in den Adelstand erhoben.
— Johann Wilhelm, geb. 1696 in Sohrneundorf bei Görlitz, † als Dr. der Rechte und Bürgermeister zu Görlitz 1765. Mathematiker und Physiker.
— Michael, geb. 1587 in Görlitz, † als Dr. der Medizin und Rektor des Gymnasiums zu Sobieslav in Böhmen, das er durch sein Talent in großen Ruf brachte.
— Samuel Traugott, geb. 1751 in Görlitz, † als Dr. der Rechte und Oberhofgerichts-Assessor zu Leipzig 1795. Physikalischer Schriftsteller.
Geisler, Joh. Gottfried, geb. 1726 in Langenau, 1751 Konrektor in Görlitz, † 1800 als gothischer Hofrath und Direktor der herzogl. Bibliothek. Philologischer und pädagogischer Schriftsteller.

Geisler, Joh. Gottlieb, geb. 1753 in Zittau, wo er als Privatgelehrter lebte. Physikalischer und technischer Schriftsteller.
— Siegismund, geb. in Liebenau bei Kamenz, lebte um 1634 als Dr. der Medizin und Philos. in Wien. Verdient durch eine Stiftung für studirende Lausitzer und Schlesier.

Gelansky, Johann, geb. 1699 in Gnauschwitz bei Göda, † in Göda 1767. Wendischer Landmann und Sprachkundiger.
— Anna Maria, Tochter des Vorigen, geb. 1730 in Göda, † als die Frau eines Musik. Petschke 1794 in ihrem Geburtsorte. Gelehrte Wendin.

Gemeinhardt, Joh. Kaspar, geb. 1691 in Lauban, † daselbst 1741 als Arzt. Vaterländischer Geschichtsschreiber und Dichter.

Gerber, Martin, geb. in Lauban, † 1685 als Rektor daselbst. Tüchtiger Schulmann und lateinischer Dichter.

Gerling, Nikolaus, ein geborner Zittauer und geistlicher Vikar zu Cranach in Bayern, vermachte 1566 seiner Vaterstadt ein akadem. Stipendium.

Gersdorf, Adolph Traugott von, auf Meffersdorf, geb. zu Rengersdorf den 20. März 1744, † zu Meffersdorf den 16. Juni 1807. Physiker, Stifter und Förderer der oberl. Gesellschaft der Wissenschaften.
— Andreas von, geb. in Krosta bei Budissin, † 1439 als Professor der Theologie in Leipzig. Philosoph. Schriftsteller.
— Charlotte Eleonore Wilh. v., geb. 1768 zu Bellmannsdorf. Dichterin.
— Johanna Magdalena, geb. 1706 in Großhennersdorf, † als verehelichte von Geuffau 1744. Gelehrte Frau. Dichterin.
— Hans von, auf Weicha und Gröbitz, geb. 1636, † 1697. Stifter der Gersdorf-Weichaischen Bibliothek in Budissin und eines Stipendiums für Studirende.
— Henriette Katharina von, geb. von Friesen, geb. 1648 in Sulzbach, † 1726 in Großhennersdorf. Dichterin und Wohlthäterin.
— Karl Gustav von, geb. 1780 in Weigersdorf, † 1843 als Kreisdirektor in Budissin. Erwarb sich bei Berathung der sächs. Verfassungsurkunde große Verdienste.
— Karl Friedrich Wilhelm von, geb. 1765 in Glossen bei Löbau, † 1829 als General in Dresden. Militärischer Schriftsteller.
— Melchior Heinrich August von, † den 11. April 1814 in Budissin u.
— Karl Gottlob Ferdinand von, auf Weigsdorf, † den 13. Dezember 1833. Beide verdient durch Stiftungen fürs budiffiner Seminar.

Gerlach, Melchior, geb. 1562 in Sorau, † als Rektor in Zittau 1616. Tüchtiger Schulmann und Liebhaber von Schulkomödien.

Geyser, Gottfried, geb. 1699 in Görlitz, † 1764 als Pfarrer daselbst. Geistlicher Liederdichter.
— Christian Gottlieb, Sohn des Vorigen, geb. 1742 in Görlitz. Berühmter Kupferstecher in Leipzig. Ein Bruder desselben, Samuel Gottfried, geb. 1739, wurde Kirchenrath und Professor in Kiel.

Gierig, Gottlieb Erdmann, geb. 1752 in Wehrau, † 1814 als Gymnasial-Professor in Fulda. Philolog. und pädagogischer Schriftsteller.

Giersberg, Hauptmann, geb. von Mobrach, Wohlthäterin durch Stiftungen (1838).

Gräve, Heinrich Gottlob, geb. 1772 in Budissin, † 1847 in Kamenz. Schriftsteller für Kunde der Lausitz.

Gregor, Christian, geb. 1723 in Giersdorf in Schlesien, wurde 1789 Bischof der Brüdergemeinde in Herrnhut. Geistl. Liederdichter.

Gregorius, Immanuel Friedr., † 1800 als Pastor prim. in Lauban. Historiker.

Großmann, Johann Gottfried, geb. 1763 in Goßwitz, wurde Professor der Philosophie in Leipzig. Schriftsteller über Gartenkunst und bildende Künste.

Groß, Charlotte Friederike geb. Meusel, geb in Zittau, † 1827 in Nizza Verdient durch eine Stiftung für die Freischule in Zittau.

— Friedr. Philipp, † 1852 als Kaufmann und Stadtrath in Zittau. Wohlthäter für Zittau durch milde Stiftungen.

Großer, Samuel, geb. 1664 zu Paschkerwitz in Schlesien, † als emer. Rektor in Görlitz 1736. Verdienstvoller Schulmann, Schriftsteller für lauf. Geschichte und geistlicher Liederdichter.

Grünwald, Martin, geb. 1664 in Zittau, † als Archidiakonus daselbst 1716. Verdient durch Waisenerziehung, geistlicher Liederdichter.

Gude, Friedrich, geb. 1669 in Görisseifen bei Löwenberg, † als Past. prim. in Lauban 1753. Geistlicher Liederdichter.

— Gottlob Friedr., des Vorigen Sohn, geb. 1701 in Lauban, † als Pastor prim. in Lauban 1756. Theologischer Schriftsteller.

Günther, Christian Jakob, eigentlich Palko, ein geborener Muhamedaner, der im 4. Lebensjahre im türkischen Lager gefunden und 1687 nach Liegnitz gebracht wurde. Erzogen in Lauban von Dr. J. Günther, † 1722 als Lehrer am Lyceum in Lauban. Stifter der laubauer Schulwittwen-, Collegen- u. Armenkasse.

— Karl Ehrenfried, geb. 1757 in Lauban; war Konrektor in Oels. Pädagogischer Schriftsteller.

Haas, Nikolaus, geb. 1665 in Wunsiedel, † als Pastor prim. 1715 in Budissin. Gelehrter Theologe und theologischer Schriftsteller.

Hänig, Christian Gottlob, geb. 1762 in Ruhland, † als Pastor zu Ueschwitz. Uebersetzer ins Wendische.

Halbe, Johann Aug., geb. 1754 in Budissin; lebte als Schauspieler in Prag. Dramatischer Schriftsteller.

Hamann, Joh. Georg, geb. zu Wendischossig, † als Privatgelehrter 1733 in Hamburg. Schriftsteller im Gebiete der schönen Literatur.

Hammerschmidt, Andreas, geb. 1611 zu Brix in Böhmen, † als Organist in Zittau 1675. Komponist.

Hartig, Christian von, Bürgermeister in Zittau, stiftete 1677 ein Stipendium für zittauer Studirende.

Hartmann, Andreas Gottlieb, geb. 1751 in Budissin, † als Bürgermeister zu Forsta in der Niederlausitz 1787. Dichter.

— Daniel Gottl., Bürgermeister in Görlitz und

— Auguste Henriette, verehelichte Prof. Weicke in Leipzig; beide verdient um Görlitz durch Stiftungen für Studirende, welche 1838 zum Theil in Wirksamkeit traten.

Hartz, Joh. Ludwig, geb. 1781 in Budissin, † 1833 als Kaufmann u. Ratheherr in Leipzig. Hinterließ Vermächtnisse für die Wohlthätigkeits-Anstalten Leipzigs.

Haß, Johann, geb. 1473 in Görlitz, † daselbst 1544. War dreimal Bürgermeister seiner Vaterstadt, deren Annalen er schrieb. Gegner der Reformation.

Haugwitz, Aug. Adolph von, auf Uebigau; geb. 1645 vermuthlich in Königswartha, † 1706; er liegt in Ueschwitz begraben. Lauf. Geschichtsforscher und deutscher Dichter.

Hausdorf, Urban Gottlieb, geb. 1685 in Bernstadt, † als Pastor prim. in Zittau 1762. Tüchtiger Theologe und Freund der schönen Wissenschaften, in welchen Gebieten er auch als Schriftsteller auftrat. Geistlicher Liederdichter.

Hause von Kommersberg, Melchior, geb. 1577 in Zittau, von 1611—20 Rektor in Lauban, † daselbst als Bierhofsbesitzer an der Pest 1632. Guter lateinischer Dichter.

Hahn, Henriette Luise von, geb. 1724 zu Idstein im Nassauischen, † 1782 in Herrnhut. Dichterin geistlicher Lieder.

Heer, Christoph, geb. 1637 in Lauban, † 1701 in Dresden als Ingenieur und Lehrer an der Kadettenanstalt. Schriftsteller seines Faches.

Heffter, Heinrich von, auf Ober-Ullersdorf, Bürgermeister zu Zittau; hinterließ 1603 der Stadt Zittau ein akademisches Stipendium.

— Joh. Karl, geb. 1722 in Zittau, † daselbst als Arzt 1786. Medizinischer Schriftsteller.

Heidenreich, Lorenz, geb. 1480 in Löwenberg, † 1557 als erster evangel. Pastor pr. in Zittau. Durch ihn besonders wurde die Reformation in Zittau eingeführt.

Heidreich, Joh. Adam, geb. 1675 in Ostritz, † 1747 als Abt zu Hohenfurth i. B.

Heinitz, Joh. Gottfried, geb. 1712 in Lauban, † 1790 als Rektor in Löbau. Pädagogischer Schriftsteller.

Held, Joh. Ehrenfried, geb. 1752 in Zittau. Lebte als Portrait- und Landschaftsmaler in Dresden.

Henne oder Hemme, Michael, lebte in der Mitte des vorigen Jahrhunderts als Hauslehrer in Wurschen, dann in Drehsa bei Bautzen. Dichter.

Hennig, Joh. Friedrich, geb. 1688 in Budissin, † daselbst als Arzt 1741. Schriftsteller auf den Gebieten der Medizin, Physik und Naturgesch.

Henricus de Zittavia, Abt des Cisterzienserklosters zu Prag um 1358.

Hentsch, Joh. Jacob, geb. 1723 in Budissin, † 1764 als Professor der Mathematik zu Helmstädt. Mathem. Schriftsteller.

Herberg, Christian, geb. 1677 in Herwigsdorf, † daselbst 1744. Ein Landmann und geschickter Holzschneider und Mechaniker.

Hergang, Karl Gottlob, geb. 1776 in Zittau, † 1850 als Archidiakonus in Budissin. Pädagogischer Schriftsteller.

Hering, Karl Gottlieb, geb. 1769 in Schandau, † als Oberlehrer in Zittau. Musikalischer Schriftsteller. Von seinen Söhnen lebt der eine, K. Eduard, seit 1837 als Organist in Budissin, der andere, Constantin, aber wirkt als homöopat. Arzt in N. Amerika.

— Joh. Andreas, geb. 1703 in Dresden, † 1760 als Advokat u. Domstiftssyndikus in Budissin. Schönwissenschaftlicher Schriftsteller.

— Karl Wilhelm August, Sohn des Vorigen, geb. 1749 in Budissin, lebte daselbst als Advokat und Stadtrichter. Literarisch thätig für lauf. Geschichte.

Hermann, Jonas, geb. 1537 in Görlitz, † 1567 als Pagenhofmeister zu Bethow in Steiermark. Guter lateinischer Dichter, der 1560 in Wien den Poetenkranz erhielt.
— Joh. Gottfried, geb. 1775 in Markersdorf. Naturdichter.
— Karl Gottfried, geb. 1753 in Bischofswerda, † 1834 als pensionirt. Regierungsrath. Freund und Beförderer des lauf. Volksschulwesens; verdient durch Vermächtniß.

Hertel, Joseph Theodor, geb. 1808 in Posen, † 1861 als Oberlehrer am Gymnasium in Görlitz. Verdient um lauf. Höhenbestimmungen.
— Gutsbesitzer auf Daubitz, hinterließ 1840 verschiedene Vermächtnisse.

Herzog, Christ. Aug., geb. 1779 in Ebersbach, † 1825 als Direktor der Stadtschule zu Löbau, die er neu organisirte.
— Joh. Gotthelf, geb. 1738 in Kamenz, wo er als Arzt 1787 in großer Dürftigkeit starb. Mediz. und pädagog. Schriftsteller.

Hiller, Joh. Adam, geb. 1728 in Wendischossig, † 1804 in Leipzig. Komponist.

Hirt, Wilh. Ludwig, geb. 1761 in Jena, † 1827 als sehr verdienter Arzt in Zittau. Durch ihn 1801 die Schutzpockenimpfung in der zittauer Gegend eingeführt.

Hoffmann, Christian Gottfried, geb. 1692 in Lauban, † 1735 als geheim. Rath und Professor der Rechte in Frankfurt a. O. Jurist. Schriftst.
— Gottfried, geb. 1658 in Plagwitz bei Löwenberg, † 1712 als Rektor zu Zittau. Wohlthäter seiner armen Schüler, pädagog. Schriftsteller u. Dichter geistl. Lieder.
— Gottfried, geb. in Hirschberg, um 1716 Schulkol. in Lauban. Histor.
— Joh. Wilhelm, geb. 1710 in Zittau, † 1739 als Hofrath und Prof. der Rechte und Geschichte in Wittenberg. Jurist. Schriftsteller.
— Ortsrichter, vermachte 1835 der Kirche zu Steinkirch (laubaner Kr.) über 9000 Thlr.

Hofmann, Samuel Gottlieb, geb. 1726 in Zittau, † 1801 als Universitätsoptikus in Leipzig. Verfasser einiger astronom. Schriften.

Hofmannsegg, Joh. Centurius Graf von, auf Rammenau, geb. 1766, † 1850 in Dresden. Reisender, Botaniker und Zoolog.

Holzberg, Immanuel Gottfried, geb. 1770 in Ober-Neundorf bei Görlitz, wurde 1796 englischer und deutscher Prediger in Kalkutta in Ostind.

Horn, Joh. Gottlob, geb. 1680 in Pulsnitz, † 1754 als königl. Historiogr. in Moritzburg. Als Schriftsteller besonders für sächs. Geschichte thätig.

Horter, Joh. Traugott, geb. 1805 in Rothwasser bei Görlitz, † 1857 als Pfarrer in See. Fleißiger Schriftsteller, auch Dichter.

Hortschansky, Johann, geb. 1722 in Breitendorf bei Löbau, † 1799 als Gymnasiallehrer in Görlitz. Guter Schulmann und Historiker.

Hosemann, Abraham, geb. 1561 in Lauban, † 1617 vor Magdeburg auf einer Reise, wobei er von Bauern überfallen worden war. Poet und Historiograph.
— Peter, geb. 1527 in Lauban, † 1591 zu Kottbus als Dr. der Medizin und Mathematiker.

Hübner, Johann, geb. 1668 in Türchau, † 1731 als Rektor am Johanneum in Hamburg. Vortrefflicher Schulmann und Polyhistoriker, bekannt durch seine biblischen Geschichten und geographischen Werke.

Hutter, Elias, geb. 1553 jedenfalls in Görlitz, † 1602 in Nürnberg. Philologischer Schriftsteller, besonders Kenner der orientalischen Sprachen.

Jancke, Joh. Christian, geb. 1757 in Görlitz, † daselbst 1834 als Pastor prim. Lauf. Geschichtsforscher.

Jentsch, Kaspar Gotthold, geb. 1681 in Budissin, † 1729 als Kandidat der Theologie. Dichter geistlicher Lieder.

Jörbens, Karl Heinrich, geb. 1757 in Fienstädt im Mannsfeldischen, † als emer. Rektor zu Lauban 1835. Literarhistoriker.

John, Christian Gottlieb, geb. 1756 in Seidenberg, † 1829 als emer. geistl. Inspektor in Pforta. Tüchtiger Prediger und Lehrer.

Käuffer, Christian Gottlieb, geb. 1756 in Zobel bei Görlitz, † 1831 als Superintendent in Reichenbach. Geschichtsforscher.

— Joh. Ernst Rudolph, geb. 1793 in Reichenbach, † als Oberhofprediger und Konsistorialrath in Dresden 1865. Theol. Schriftsteller.

Keimann, Christian, geb. 1607 in Pankraz in Böhmen, † 1662 als Rektor in Zittau. Tüchtiger Schulmann und gekrönter Dichter.

Kellner von Zinnendorf, Joh. Wilhelm, geb. 1665 in Ackendorf im Magdeburgischen; von 1696—1709 Pfarrer in Kieslingswalde, wo er gegen das Tanzen eiferte und in Folge eines Streites mit dem berühmten Walter von Tschirnhausen abgesetzt wurde, † 1731 als Hofrath in Halle.

Kindermann, Balthasar, geb. 1636 in Zittau, † 1706 als Pastor in Magdeburg. Dichter und schönwissenschaftlicher Schriftsteller.

Kloß, Jakob Gottlieb, geb. 1730 in Seidenberg, † 1789 als Pfarrer in Leube. Historiker.

— Weißgerber in Görlitz; verdient um die Stadt durch eine reiche Stiftung für Erziehung armer Kinder (1844).

Knauth, Christian, geb. 1706 in Görlitz, † als Pfarrer zu Friebersdorf bei Görlitz 1784. Fleißiger Historiker.

Knebel, Immanuel Gottlieb, geb. 1772 in Görlitz, † als Arzt in Görlitz 18.. Medizinischer Schriftsteller.

Kober, Tobias, geb. 1587 in Görlitz, † daselbst 1625 als Arzt. Freund Jacob Böhmes.

Köhler, Benj. Friedr., geb. 1730, war Lektor bei Traugott v. Gersdorf in Messersdorf und † 1796 als Regierungsrath in Dessau. Geistlicher Liederdichter.

— Gustav Adolph, geb. 1806, Stadtrath in Görlitz, † 1865 in Berlin. Verdient um lauf. Geschichte durch Forschung und Bearbeitung.

Kohl, Andreas von, geb. 1568 in Zittau, † 1655 als brandenburgischer Hof- und Kammergerichtsrath, sowie Vicekanzler. Hinterließ dem Gymnasium seiner Vaterstadt ein Vermächtniß.

Kohlo, Anton von, Bürgermeister in Zittau, stiftete 1672 ein Stipendium für zittauer Studirende.

Kosche, Christian Traugott, geb. 1745 in Görlitz, † 1789 als Privatgelehrt. in Leipzig. Jugendschriftsteller.

Kotter, Christoph, geb. 1595 in Langenau bei Görlitz. Ein Schwärmer, der sich prophetischer Gaben rühmte und aus den kaiserlichen Erbländern verwiesen, in der Lausitz und hauptsächlich in Görlitz unter sächsischem Schutze lebte; † 1647.

Kretschmann, Karl Friedrich, geb. 1738 in Zittau, † daselbst 1809 als Gerichtsaktuar. Dichter, von seinen Freunden der „Barde Ringulf" genannt.

Kriegelstein, David Siegismund, geb. 1698 in Budissin, und eine Zeit lang Apotheker und Arzt in Herrnhut. Wegen seiner herrnhuter Bestrebungen lange Zeit in russischer Gefangenschaft, † bald darauf (1760) in Kasan, wohin er gebracht worden war.

Krottenschmied, Juliane, stiftete 1584 ein Stipendium für budissiner Studirende.

Krug, Joh. Friedr., geb. 1771 zu Neuenhof bei Großenhain; von 1809 bis 19 Schuldirektor in Zittau, † 1843. Tüchtiger Pädagoge und Erfinder einer Lesemethode.

Küttner, Karl August, geb. 1748 in Görlitz; ward Professor der griechischen Literatur und Rektor des akademischen Gymnasiums in Mietau. Philologischer Schriftsteller.

Kurz, Hermann, geb. 1723 in Ostritz, † 1767 als Abt in Hohenfurth.

Lange, Joh. Balthasar, geb. 1697 in Klein-Bautzen, † 1738 als Pfarrer in Uschwitz. Uebersetzer ins Wendische. Dies Verdienst erwarb sich auch sein Vater Johann L., geb. 1669 in Pohle, † als Pfarrer in Milkel 1727.

— Johann Gottfried, geb. 1718 in Reichenbach, † 1786 als Universitätsbaumeister in Leipzig. Schriftsteller seines Faches.

Leisentritt, Johann, geb. 1520 in Olmütz, † 1586 als Dechant in Budissin.

Leißnig, Wilh. Ludwig, geb. in Hoyerswerda, † 1837 in Oels als invalider Offizier. Militärischer Schriftsteller.

Lehmann, Joh. Christian, geb. 1675 in Budissin, † 1739 in Leipzig als Professor der Naturlehre und Medizin. Schriftsteller für Bergwissensch.

Leonhard, Friedr. Gottlob, geb. 1757 zu Dürrbach, wurde 1782 Professor der Oekonomie und Kameralwissenschaften in Leipzig. Oekonomischer, naturhistorischer und geographischer Schriftsteller.

Leonhardt-Lyser, Karoline, geb. 1811 in Zittau. Schriftstellerin und Improvisatorin.

Leske, Gottfried Nathanael, geb. 1751 in Muskau, 1775 Professor der Naturgeschichte, 1778 der Oekonomie in Leipzig; † 1786 in Marburg, wo er eine Professur antreten wollte. Hauptsächlich naturgeschichtlicher Schriftsteller.

Lessing, Joh. Gottfried (Ephraim Lessings Vater), geb. 1693 in Kamenz, † daselbst 1770 als Pastor prim. Theologischer Schriftsteller.

— Gotthold Ephraim, geb. den 22. Januar 1729 in Kamenz, † den 15. Februar 1781 in Braunschweig. Dichter und Kritiker.

— Karl Gotthelf, des Obigen Bruder, geb. 1740 in Kamenz; er war Direktor der kgl. Münze in Breslau und gab seines Bruders Briefwechsel theilweise heraus. Ebenfalls dramatischer Dichter.

Lindemann, Joh. Friedrich, geb. 1792 in Jöhstadt, † 1854 als Professor und Direktor des zitt. Gymnas. Tüchtiger Schulmann u. Pomolog.

Lindner, Johann Christian, geb. 1743 als Sohn armer Aeltern in Marklissa, † 1824 in seiner Vaterstadt als Kaufmann und Kommerzienrath. Wohlthäter durch zahlreiche Stiftungen.

Lipsius, Karl Heinrich Adalbert, geb. 1805 in Großhennersdorf, † 1861 als Privatdocent und Rektor der Thomasschule in Leipzig.

Lock, Franz Georg, geb. 1751 in Wittigenau, † 1831 als Bischof, Prälat u. Dechant zu Budissin.

Lossa, Joh. Christian Edler von, geb. 1692 in Zittau als Sohn eines bürgerlichen Kaufmannues, † 1754 als Bergrath in Freiberg. Wohlthäter durch zahlreiche Stiftungen.

Ludovicus, Lorenz, geb. 1536 in Siebeneichen in Schlesien, † 1594 als Rektor in Görlitz. Freund und Beförderer der Reformation und ausgezeichneter Schulmann.

Ludwig, Gottfried, geb. 1670 in Baruth, † 1724 als Dr. der Theologie u. Direktor d. Gymnasiums in Koburg. Fleißiger philolog. Schriftst.

Mättig, Gregorius, geb. 1585 in Budissin, † daselbst als Arzt 1650. Wohlthäter seiner Vaterstadt durch Vermächtnisse für deren studir. Jugend.

Manlius, Christoph, geb. 1546 in Görlitz, † 1575 in Prag. Historiker u. Dichter.

Marche, Christian Gottfried, geb. 1694 in Jäukendorf, lebte als Hofmeister in Großhennersdorf und veranlaßte zur Niederlassung der mährischen Brüder da, wo jetzt Herrnhut steht. Zinzendorf nannte ihn deshalb den Stifter v. Herrnhut; er starb daselbst 1768.

Marschner, Heinrich, geb. 1794 in Zittau, † 1861 in Hannover. Kompon.

Maskus, Michael, ein geborner Zittauer u. fürstl. anhaltischer Rath, legirte 1603 seiner Vaterstadt ein akademisches Stipendium.

Massalin, Joseph Peter, geb. 1753 in Wollmar in Liefland, † als Arzt in Herrnhut 1823. Medizinischer Schriftsteller.

Mauke, Joh. Gottlob, geb. 1759 in Niederkerzdorf bei Lauban, † als emer. Pfarrer von Brockwitz bei Meißen 1841. Oekonomischer und naturhistorischer Schriftsteller.

May, Joh. Friedrich, geb. 1697 in Türchau, † 1762 als Professor der Moral u. Politik in Leipzig. Fleißiger Schriftsteller.

Mehner, David, geb. 1685 in Nessen, † 1726 als Diakonus in Seidenberg. Dichter geistlicher Lieder.

Meißner, Christian Gottfried, geb. 1705 in Budissin, † 1766 als Stadtsyndikus in Lauban. Juristischer und historischer Schriftsteller.

— Aug. Gottlieb, geb. 1763 in Budissin, † 1807 als Konsistorialrath in Fulda. Schönwissenschaftlicher Schriftsteller.

Meister, Joachim, geb. 1582 in Görlitz, † daselbst 1587 als Rektor. Tüchtiger Schulmann, Historiker und Poet.

Menzer, Johann, geb. 1658 in Jahmen, † 1734 als Pfarrer in Kemnitz bei Bernstadt. Geistlicher Liederdichter.

Meyer zu Knonow, Karl Andreas von, geb. 1744 zu Schnellförthel, † 1797. Naturhistoriker, Physiker und Tonkünstler.

Michaelis, Joh. Benj., geb. 1746 in Zittau, † 1772 in Halberstadt. Dicht.

— Christian Friedrich, geb. 1727 in Zittau; lebte als Arzt in Leipzig. Uebersetzer medizinischer Schriften aus dem Englischen.

Mirus, Christian Erdmann, geb. 1730 in Zittau, † als Pfarrer in Bertsdorf. Astronom und Physiker.

Möhn, Georg, geb. 1727 in Grubditz bei Bautzen, † 1785 als Pfarrer in Neschwitz. Uebersetzer ins Wendische.

Möhn, Theodor Rudolph, geb. 1767 in Ueschwitz, † 1841 als Pastor prim. in Löbau. Wendischer Dichter.

Möller, Barbara, † 1556 in Zittau. Verdient durch Stiftungen.

Moller, Martin, geb. 1547 in Kroppstadt bei Wittenberg, † 1606 als Pastor prim. in Görlitz. Geistl. Liederdichter.

Morus, Friedr. Nathanael, geb. 1736 in Lauban, † 1792 als Professor der Theologie in Leipzig. Gelehrter Theolog und Schriftst. f. Wissensch.

Müller, Joh. Gottlieb, geb. 1760 in Walddorf bei Löbau, † 1829 als Pfarrer in Neukirch. Historischer und Volksschriftsteller.

— Joh. Gottfried, geb. 1757 in Ebersbach, † 1832 als Professor des röm. Rechts in Leipzig. Juristischer Schriftsteller.

— Polykarpus, geb. 1685 in Stollberg, von 1723 an 15 Jahre hindurch Rektor in Zittau und † 1747 als Bischof der herrnhuter Gemeinde in Urschlau bei Neusalz in Schlesien, wo er eine Erziehungsanstalt errichtete. Tüchtiger Pädagog.

Mylius, Christlob, geb. 1722 in Reichenbach b. Kamenz, † 1754 in London vor Antritt einer wissenschaftl. Reise. Physiker, Naturhistoriker und Dichter.

Nase, Prokop, † 1608 als sehr verdienter Bürgermeister in Zittau. Hinterließ ein Stipendium für Studirende.

Nathe, Christoph, geb. 1753 in Niederbielau bei Görlitz; wurde 1787 Direkt. der Zeichenschule in Görlitz. Namhafter Zeichner u. Kupferstecher.

Nesen, Konrad, geb. im Trierschen; 1533 Syndikus und 1541 Bürgermstr. in Zittau; † daselbst, von Kaiser Ferdinand I. in den Adelstand erhoben, 1560. Lateinischer Dichter.

Neu, J. F., geb. den 4. März 1788 in Lissa; lebt gegenwärtig als Oekonomierath in Görlitz. Verdient durch zahlreiche Vermächtnisse, welche bei der Armenunterstützung, den Schulen und im Nachtrage näher angeführt worden sind.

Neubauer, Joh. Gottlob, Schneidermeister in Görlitz; geb. daselbst 1743, † 1823. Hinterließ verschiedene Vermächtnisse für seine Vaterstadt.

Neumann, Daniel, geb. 1717 in Hahnewalde, † daselbst als Pfarrer 1781. Ein im vorigen Jahrhunderte vielgelesener Dichter.

Neumann, Joh. Gotthelf, geb. in Görlitz, † daselbst als Archidiakonus 1831. Begründer des N. lausitzer Magazins.

— Joh. Gottfried, geb. 1755 in Görlitz, † 1834 in Greifenberg als emer. Rektor der löwenberger Schule. Naturhist. Schriftsteller.

— Samuel Traugott, geb. 1759 in Görlitz, † daselbst als Bürgermstr. 1831. Historiker.

Neunherz, Johann, geb. 1653 in Waltersdorf bei Kupferberg in Schlesien, 1706 Diakonus in Lauban, † 1736 als Pastor prim. in Hirschberg. Geistlicher Liederdichter.

Niavis oder Schneevogel, Paul, geb. in Plauen im Voigtlande, 1490 Oberstadtschreiber in Zittau, 1497 Stadtsyndikus in Budissin, wo er 1517 starb. Philosoph. und philolog. Schriftsteller.

Nicolai, David Traugott, geb. 1733 in Görlitz, † daselbst 1799 als Organist. Ausgezeichneter Orgelspieler.

Nitsche, Andreas, geb. 1731 auf der Seida bei Budissin; † nach vielen Reisen und einem bewegten Leben 1795 auf dem erkauften Rittergute

Mengelsdorf. Er liegt in Budissin begraben und hat sich selbst eine merkwürdige Grabschrift gesetzt.

Nitschmann, Joh. geb. 1712 in Kunewalde in Mähren, lebte längere Zeit in Herrnhut und † 1783 als Bischof der Brüdergemeinde in Sarepta in Asien. Geistl. Liederdichter.

Nostiz, Karl Gottlieb Ferdinand von, auf Weigsdorf, gest. 1833 in Dresden. Edler Stifter für seine Gemeinden und das budissiner Seminar.

Nostiz und Jänkendorf, Adolph Ernst von, geb. 1765 in See, † 1836 in Oppach. Staatsmann und Dichter.

Nuck von Lichtenhof, Joh. Martin, geb. 1720 in Wittichenau von bürgerlichen Aeltern, † als Bischof zu Lisano und Dechant zu Budissin 1780.

Oettel, Christian Karl, geb. 1742 in Pösneck, wurde 1785 Bibliothekar in Messersdorf. Botanischer Schriftsteller.

Orffyreus, Joh. Ernst Elias, geb. 1680 in einem Dorfe bei Zittau, † 1745 in Fürstenberg als hessen-kasselscher Kommerzienrath. Ein Mechaniker und Abenteurer.

Otto, Gottlieb Friedrich, geb. 1751 in Dresden, † 1815 als Pfarrer in Friedersdorf bei Görlitz. Der fleißige Verfasser d. oberl. Schriftstellerlexikons.

— Eduard Karl, geb. 1791 in Budissin; wurde 1832 Profes. d. Rechte und kaiserl. russischer Hofrath in Dorpat. Jurist. Schriftsteller.

Ottomann, Georg, geb. 1520 in Görlitz, erst Rektor und dann Bürgermstr. daselbst; † 1590. Ein sehr gelehrter Mann.

Pannach, Samuel Traugott, geb. 1748 in Jänkendorf, † 1798 als Pfarrer zu Malschwitz. Schriftst. für Kunde der Lausitz.

Pauli, Johann, Kaufmann in Budissin, † daselbst 1806. Setzte das dortige Männerhospital zu seinem Erben (83,260 Thlr. und das Rittergut Wawitz) ein.

Pentzig, Anna Helene von, geb. von Borau, auf Nieder-Rubelsdorf, † 1714 in Görlitz. Wohlthäterin durch Stiftungen für die Armenanstalt in Weigsdorf.

Pescheck, Christian Adolph, geb. 1787 in Jonsdorf, † 1860 als Archidiakon. in Zittau. Geschichtsforscher.

— Christian, geb. 1676 in Zittau, † 1744 als Lehrer am Gymnasium daselbst. Mathematiker u. berühmter Rechenmeister.

— Christian August, geb. 1760 in Eibau, † 1833 in Dresden. Lebte als Arzt in Zittau. Medizinischer und historischer Schriftsteller.

Petri, Gottfried Erdmann, geb. 1783 in Budissin; Kirchenrath daselbst, † 1850 in Schwerin. Pädagog.

— Friedrich Erdmann, geb. 1776 in Budissin, † 1850 als Konsistorialrath in Fulda. Verfasser des bekannten Fremdwörterbuchs.

Petrus de Zittavia, geb. um 1260 in Zittau, † um 1338 als Abt des Cisterzienserstifts in Königssaal bei Prag. Staatsmann und hochverdient als Chronist des 14ten Jahrhunderts.

Peucer, Kaspar, geb. 1525 in Budissin, † 1602 als fürstlicher Leibarzt in Dessau. Früher Professor der Math. zu Wittenberg; Melanchtons Schwiegersohn. Mediziner, Mathematiker und Theolog, sowie latein. Dichter.

Pfalz, Chr. Augustin, geb. 1629 in Ostritz, † 1702 in Prag als Dr. theol.

und Archidiakonus, auch oberster Steueramts-Direktor des K. Böhmen. Gelehrter Mann u. eifriger Verfechter seiner Religion.

Pfeffer, Paul, geb. 1651 in Neustadt in Schlesien, † 1735 als Bürgermstr. in Budissin. Geistl. Liederdichter.

Pietzschmann, Christian Gottlob, geb. in Taubenheim, † 1745 als Archidiakonus in Zittau. Liter. u. Kirchenhistoriker.

Pilz, Karl Philipp Emanuel, geb. 1771 in Görlitz, wurde 1795 Kantor und Organist in Guben. Komponist.

Plato, Karl Gottlieb, geb. 1758 in Halbau, † 1833 als Direktor der Rathsfreischule in Leipzig. Ausgezeichneter Pädagog.

Platz, Joh. Gottlob, geb. 1656 in Budissin, † 1731 daselbst als Oberamtskanzler. Stifter eines Vermächtnisses für Studirende des budissiner Gymnasiums.

Polack, Joh. Friedrich, geb. 1700 in Bernstadt, † 1771 als Professor der Rechte und Mathem. in Frankfurt a. O. Mathem. u. jurist. Schriftst.

Prätor, Friedr. Liebegott, geb. 1777 in Dresden, † 1843 als emer. Konrektor der löbauer Schule in Budissin. Pädagogischer Schriftsteller.

Prasse, Joh. Gottfried, geb. 1725 in Seifhennersdorf, † 1799 in Zittau als Mechanikus u. Uhrmacher v. großem Ruf. Autodidakt u. Schriftsteller seines Faches.

Prenzel, Joh. Christoph, geb. 1718 in Lauban, † 1794 als Senator und Oberkämmerer in Budissin. Hinterließ der Stadt Budissin Vermächtnisse für Schulen, Kirchen und Armuth.

Preusker, Karl Benjamin, geb. 1786 in Löbau; lebt noch als emer. Rentamtm. in Großenhain. Schriftst. für Geschichtskunde und Volkswohlf.

Probst, Johann Friedrich, geb. 1716 in Budissin, † daselbst 1793 als Arzt nach längerem Aufenthalte in Amerika. Er führte die Schutzpockenimpfung ein.

Puell, Johann Franz, geb. 1774 in Ostritz, † 1823 als Pfarrer in Seitendorf. Wohlthäter seiner Gemeinde, die er z. Universalerben einsetzte.

Puschmann, Adam Zacharias, um 1570 Kantor in Görlitz. Meistersänger.

Raabe, Abraham Gottlieb, geb. 1764 in Bernstadt, † 1845 als Professor der griechischen Sprache in Halle.

Rätze, Joh. Gottlieb, geb. 1764 in Rauschwitz bei Kamenz, † 1839 als Gymnasiallehrer in Zittau. Philosophischer Schriftsteller.

Rechenberg, Hans Ernst von, geb. 1595 in Kleinbautzen (?), † 1648 als Herr auf Krostau, für dessen Kirche er eine Bibliothek stiftete. Latein. Dichter.

Reinhard, Christian Tobias Ephr., geb. 1779 in Kamenz, † als Arzt in Sagan. Medizin. Schriftst. und latein. Dichter.

Renger, Jakob, geb. 1725 in Bertsdorf, †1786 als Pastor prim. in Zittau. Verdient um Zittaus Volksschulwesen.

Riccius, Christian Gottlieb, geb. 1697 in Bernstadt, † 1784 als Professor der Rechte in Göttingen. Jurist. Schriftsteller.

Richter, Adam Daniel, geb. 1709 in Chemnitz, † 1782 als Rektor in Zittau. Sehr fleißiger Schriftst. besonders in den Gebieten der Geschichte und Oekonomie.

— Gregorius, geb. 1550 in Ostritz, † 1624 als Pastor prim. in Görlitz. Heftiger Gegner Jakob Böhmes.

Rietschel, Friedr. Aug. Ernst, geb. den 15. Dezember 1804 in Pulsnitz, † den 21. Februar 1861 als Prof. der bildenden Kunst in Dresden.

Rößler, Benj. Gottlieb, geb. 1769 in Reichenau, † 1833 als Organist und Musikdirektor in Zittau. Komponist.

Rost, Christoph Jeremias, geb. 1758 in Grimma, † 1790 als Rektor in Budissin. Gelehrter Schulmann.

Roth, Joh. Andreas, geb. 1688 in Lissa bei Kamenz, † 1758 als Pfarrer in Thommendorf. Geistl. Liederdichter.

Rückert, Ernst Friedrich, geb. 1795 in Großhennersdorf, † 1843 als Arzt in Königsbrück. Homöopath und botan. Schriftst.

— Leopold Immanuel, geb. 1797 in Großhennersdorf, 1825 Subrektor in Zittau, später Professor in Jena. Philos. und theolog. Schriftst.

Rudolph, Friedr. Wilhelm, geb. 1771 in Buchholzhausen bei Eckertsberge, † 1826 als Gymnasialdir. in Zittau. Tüchtiger Schulmann; philos. und mathem. Schriftsteller.

Rüdiger, Andreas, geb. in Görlitz, † 1495 als Prof. der Theol. in Leipzig. Gelehrter, sich eines großen Ansehens erfreuender Theologe.

Rupertus, Franz, erster evangel. Pfarrer in Görlitz; geb. daselbst 1479, † 1570.

Sack, Ludwig August, geb. 1759 in Görlitz, lebte als Portrait- u. Historienmaler in Petersburg.

Schachmann, Karl Adolph von, geb. 1725 in Hermsdorf, † 1798 als Herr, auf Königshain in Herrnhut. Archäolog u. Künstler. Mitstifter der oberl. Gesellschaft der Wissensch.

Schäfer, Joh. Gottfried, geb. 1738 in Kamenz, † 1802 als Rekt. in Dresden. Gekrönter Poet.

Schefer, Leopold, geb. den 30. Juli 1784 in Muskau, † daselbst den 13. Februar 1862. Dichter.

Schicht, Johann Gottfried, geb. 1753 in Reichenau, † 1823 in Leipzig. Komponist.

Schindel, Otto August von, geb. 1776 auf dem Schlosse Tschocha, † 1830. Literarhistor. Uebersetz. aus d. Ital. Wohlthäter.

Schirach, Gottlob Benedikt von, geb. 1743 in Holzkirch; lebte, in den Adelstand erhoben, als dänischer Etatsrath in Altona. Besonders staatswissenschaftlicher Schriftsteller.

— Adam Gottlob, geb. 1724 in Nostitz, † 1773 als Pfarrer in Kleinbautzen. Bienenzüchter und Schriftsteller seines Faches.

Schmidt, Karl Friedrich Eduard, geb. 1789 in Seifhennersdorf, † 1844 als Advokat in Zittau. Politischer Schriftst.

— Johann, geb. 1594 in Budissin, † 1658 als Prof. der Theologie in Straßburg. Ausgez. Gelehrter.

Schneider, Friedrich, geb. 1786 in Waltersdorf, † als Kapellmeister u. Komponist in Dessau.

— Johann, geb. 1789 in Altgersdorf, † als Hoforgan. in Dresden.

— Joh. Traugott, geb. 1788 in Friedersdorf a. d. Landeskrone, † 1835 als Polizeiamts-Sekretair in Görlitz. Gründer der naturforschenden Gesellschaft daselbst.

Schöneberg, Heinrich Adolph, geb. um 1780 in Budissin, † 1852 in Zittau. Belletrist. Schriftst. unter dem Namen Bellmont.

Schönau, Johann Eleazar, eigentlich Zeißig, geb. 1734 in Großschönau; lebte als berühmt. Maler in Dresden, wo er 1806 starb.

Schön, Adam Ehregott, geb. 1725 in Görlitz; lebte als Diakon. in Messersdorf. Astronom.

— Joh. Adam, geb. 1675 in Ruppertsdorf, † 1730 als Archidiakon. in Görlitz. Geistl. Liederdichter.

Schönberg, Georg Friedr. Traugott von, † den 2. Dezemb. 1813. Verdient durch eine Stiftung für das budiss. Seminar.

Scholze, Joh. Friedr., geb. 1708 in Zittau, † das. 1774 als Steueraktuar. Ohne gelehrte Schulen besucht zu haben, wurde er ein ausgez. Mathematiker und Dichter.

Schüller von Ehrenthal, Joh. Joseph, geb. 1738 in Ostritz von bürgerlichen Aeltern, † als Bischof zu Danabe und Dechant zu Budissin 1794 in Lauban auf einer Berufsreise.

Schröer, Erdmann, geb. 1772 in Zittau, † 1831 in Mittelhorka. Oekonom. Schriftsteller.

Schulz, Ferd. Moritz, Kaufmann in Zittau, hinterließ 1838 eine Schulstift. für Kunnerwitz bei Görlitz.

— Theodor Immanuel, † 1824 als Kaufmann in Zittau. Hinterließ ein Stipendium für Studirende Zittaus.

Schulz, Joh. Gottfried, geb. 1734 in Görlitz, † 1819 in Niesky. Historiker, besonders verdient als Urkundensammler.

Schulze, Gottlob Leberecht, geb. 1779 in Hirschfelde bei Kirchberg; von 1833 an Kirchenrath in Budissin; † als geh. Kirchenrath in Dresden. Pädagog. Schriftst.

Scultetus, Bartholomäus, geb. den 14. Mai 1540 in Görlitz. Berühmter Mathem. und Bürgermeister seiner Vaterstadt; † d. 21. Juni 1614.

Seidel, Karl August, geb. 1754 in Löbau, † 1822 als Inspektor der Töchterschule in Dessau. Romanschriftsteller.

Seifert, Gottlob, geb. 1752 in Wittgendorf bei Zittau, † 1826 als Pfarrer in Kemnitz bei Bernstadt. Verfasser zahlreicher Abhandl. über Gesch., Bienenzucht u. Landwirthsch.

Seltenreich, Karl Christian, geb. 1765 in Kamenz, † 1836 als Oberkonsistorialrath in Dresden. Theol. Schriftst.

Siebelis, Karl Gottfried, geb. 1769 in Naumburg, † als Rektor zu Budiss. 18.., nachdem er 1841 in den Ruhestand getreten war. Tüchtiger Schulmann.

Sintenis, Theodor, geb. 1772 in Torgau, † 1846 als Archidiakonus in Görlitz. Schriftst. in den Fächern der Erbauungsschrift. u. d. Gesch.

Sohr, Wilhelm Heinrich, geb. 1785 in Görlitz, † 1861 als Oberregierungsrath in Breslau. Seit 1829 Redakteur der schles. Provinzialblätter.

— Samuel August, geb. 1751 in Görlitz, † daselbst 1838 als emeritirt. Bürgermeister. Verdient um Volksbildung.

Struve, Christian August, geb. 1767 in Görlitz; lebte daselbst als Arzt und ärztl. Schriftsteller.

Spangenberg, Aug. Gottlieb, geb. 1704 in Klettenberg in der Grafschaft Hohenstein, † 1792 als Bischof der Brüderkirche in Bertheldsdorf. Geistl. Liederdichter.

Spazier, Christ. Wilh., † 1795 als Pfarrer zu Waltersdorf. Dicht. v. Grabl.

Sperbach, Karl Gottlob, geb. 1694 in Königsbrück, † 1772 als Profess. in Wittenberg.

Stoll, Philipp Adolph, ein geb. Zittauer, von 1758 bis 91 Kaufmann daselbst, † 1826 in Dresden. Stiftete für Zittau ein akademisches Stipendium.

Sylverstain u. Ponickau, Ferdin. Rudolph, Freiherr von, auf Buchwalde, geb. 1628 in Böhmen, † 1720. Hinterließ dem görlitzer Gymnasium mehrere Vermächtnisse.

Tentschmann, Joh. Paul, geb. 1746 in Tscharnitz, † 1827 als Abt zu Hohenfurth.

Thieme, Karl Traugott, geb. 1744 in Kauitz bei Oschatz, † als emer. Rekt. der Schule zu Löbau 1802 in Görlitz. Pädag. Schriftsteller.

Trautmann, Christian, geb. 1678 in Löbau, † daselbst 1740 als Bürgermeister. Mitgl. der kais. Akademie d. Naturforscher, Naturhistoriker, Physik. u. Astronom.

Treubluth, Johann Friedrich, geb. 1739 in Weigsdorf und lebte als Hof-Instrumentenmacher in Dresden. War seiner Zeit einer der geschicktesten Künstler seines Faches.

Treutler, Friedr. August, geb. 1766 in Budissin, wo er eine Zeit lang als Arzt lebte. Mineralogischer Schriftsteller.

Trotzendorf, Valentin, eigentl. Friedland, geb. d. 14. Febr. 1490 in Troitschendorf bei Görlitz; zuletzt Rektor der Schule in Goldberg, † den 21. April 1556 in Liegnitz. Ausgez. Pädagog.

Tutenberg, Joh. Karl, † im 71. Jahre als Hauptzolleinnehmer in Bernstadt 1824. Er war Assessor d. k. deutsch. Gesellsch. in Göttingen.

Tzschirnhausen, Ehrenfried Walter von, auf Kieslingswalde, geb. das. den 10. April 1651, † in Dresden den 11. Oktober 1708. Physik. und Mathematiker.

Uestritz, Friedrich Wiegand von, geb. 1787 in Obersohland, † 1845 als preuß. Generallieutenant.

Veit von Zittau, von 1501—1551. † als Musikdirekt. einer Kirche in Prag. (Großer Kirchenkomponist.

Vincentius, Peter, geb. den 26. April 1519 in Breslau, † den 1. Oktob. 1581 als Rektor in Görlitz. Ausgezeichneter Pädagog.

Vogel, Joh. Georg, geb. 1739 in Steindörfel bei Budiss., † 1826 als Superintendent in Muskau. Pfleger und Beförderer der Bienenzucht.

Volckelt, Joh. Gottlieb, geb. 1721 in Lauban, † 1795 als Konrektor in Liegnitz. Naturhistorischer Schriftsteller.

Walde, Michael Johann, geb. 1721 in Zscharnitz, † 1794 als Kanonikus in Budissin. Wendischer Schriftsteller.

Wartensleben, Karl Wilhelm Graf von, auf Bolbritz, † im Januar 1816 in Berlin. Verdient durch Stiftung für das budiss. Seminar.

Watteville, Friedrich Freiherr von, geb. 1700 in Bern, † 1777 in Herrnhut. Treuer Gehilfe Zinzendorfs.

Weise, Christian, geb. 1642, † als emerit. Rektor des Gymnasium in Zittau 1708. Tüchtiger Schulmann und geistl. Liederdichter.

— Christian Heinr., geb. 1688 in Steinigtwohnsdorf, † 1730 als Rektor zu Altenburg. Vater des bekannt. Jugendschriftst. Christian Felix Weise.

Wendschuh, Georg, geb. 1610 in Wittigenau, † 1641 als Abt zu Hohenfurth.
— Franz, Ritter von Zbier, geb. 1654 in Wittigenau, † 1690 als Abt zu Hohenfurth in Böhmen.
Wenzel, Joh. Christoph, geb. 1659 in Unterellen in Thüringen, † 1723 als Rektor in Zittau. Seine vielen Schriften zeichnen sich durch kernige Sprache und Witz aus und wurden gern gelesen. Dichter.
Werner, Abraham Gottlob, geb. den 25. September 1749 in Wehrau am Queis; lebte als Bergrath in Freiberg und † den 30. Juni 1817 in Dresden. Berühmter Mineralog.
Wiedmer, Gottfried Rudolph, geb. 1740 in Schönberg; lebte als Sekretär bei der Zolldirektion in Breslau. Schönwissenschaftlicher Schriftsteller.
Wilhelmi, Joh. Gottlob, geb. 1721 in Budissin, † 1796 als Pfarrer in Diehsa. Naturhist., physikal. und mathem. Schriftsteller.
Willkomm, Karl Gottlob, geb. 1776 in Zittau, † als Pfarrer in Herwigsdorf. Fleißiger Schriftst. und Vater des Botanikers Moritz W., sowie des belletrist. Schriftst. Ernst Adolph W.
Winkler, Joh. Heinrich, geb. 1703 in Wingendorf, † 1770 als Professor der Physik in Leipzig. Erwarb sich besonders durch seine elektrischen Versuche große Verdienste.
Wolfersdorf, Adam von, ein geborner Oberlausitzer, welcher um 1653 lebte. Dichter in deutsch. Sprache.
Wünsche, Karl Siegfried, geb. 1804 in Gersdorf. Verfertiger eines mechan. Kunstwerkes ohne empfangene Vorbildung.
Zehmen, Heinrich Ludwig von, geb. 1743 in Stauchitz, † 1832. Verdient um Gründung der sächs. Kriminal- und Brandversicherungskasse, als deren eigentlicher Stifter er gelten kann.
Zeibler, Salomo, gebürtig aus Budissin, Erbsasse auf Hopfenbach in Krain; stiftete 1598 ein Stipendium für Studirende aus seiner Vaterstadt.
Zeißig, Joh. Eleazar, s. Schönau.
Ziegenbalg, Bartolomäus, geb. 1683 in Pulsnitz, † 1719 als Missionar in Tranquebar.
Ziegler und Klipphausen, Joachim Siegmund von; stiftete 1722 das weltabelige Fräuleinstift Joachimstein im Dorfe Groß-Rahmeritz.
Zinzendorf, Nikolaus Ludwig Graf von, geb. den 6. Mai 1700, † den 9. Febr. 1760. Gründer der Brüdergemeinde und Dichter geistl. Lieder.
— Erdmuthe Dorothea Gräfin von, geb. Gräfin Reuß zu Ebersdorf, Gemahlin des Gr. Nikol. v. Z.; geb. d. 7. Nov. 1700, † d. 19. Juni 1756. Geistl. Liederdichterin.
Zobel, Joh. Gottlob, geb. 1747, † 1816 als Ehrenbürgermeister in Görlitz. Um die lauf. Geschichte als Urkundensammler sehr verdient.
Zumpe, † 1840 als Schreiblehrer in Budissin. Bekannt durch den nach ihm benannten eckigen Duktus.

www.ingramcontent.com/pod-product-compliance
Lightning Source LLC
Chambersburg PA
CBHW032154160426
43197CB00008B/908